本书得到福州大学劳动与移民社会学创新团队（项目号：G17TD02）和福州大学著作出版基金的资助，特此感谢。

福州大学群学论丛
丛书主编 甘满堂 吴兴南

农民工家庭的性别政治

Gender Politics in Rural Migrant Workers' Family

罗小锋 著

社会科学文献出版社
SOCIAL SCIENCES ACADEMIC PRESS (CHINA)

目 录

导 论 ··· 001
    第一节 研究背景 ·· 001
    第二节 研究问题和研究思路 ··· 004
    第三节 研究意义 ·· 006

第一章 相关文献回顾 ·· 009
    第一节 农民工跨地域流动与性别研究 ······································· 009
    第二节 香港-内地跨境移民与性别研究 ······································ 026
    第三节 跨国移民与性别研究 ··· 028

第二章 研究设计 ·· 037
    第一节 概念界定 ·· 037
    第二节 理论视角的选择 ·· 039
    第三节 研究方法 ·· 055

第三章 农民外出流动：宏观背景与微观动因 ································ 063
    第一节 宏观制度背景：制度变迁与农民外出流动 ······················· 064
    第二节 微观间接动因：家庭理性与农民外出流动 ······················· 070
    第三节 微观直接动因：家庭经济多元化与农民外出流动 ·············· 080

第四章 单流动家庭的夫妻平等问题 ·· 087
    第一节 单流动家庭的决策与夫妻平等问题 ································ 088
    第二节 单流动家庭的夫妻分工与夫妻平等问题 ·························· 096
    第三节 单流动家庭的夫妻关系维系与夫妻平等问题 ···················· 115

第五章　双流动家庭的夫妻平等问题 ………………………… 131
第一节　双流动家庭的决策与夫妻平等问题 ………………… 131
第二节　双流动家庭的夫妻分工与夫妻平等问题 …………… 138
第三节　双流动家庭的夫妻关系维系与夫妻平等问题 ……… 176

第六章　流动家庭的走势：延续或终结 …………………………… 187
第一节　土地制度与家乡情结 ………………………………… 189
第二节　家庭生计与流动家庭的生存策略 …………………… 195
第三节　户籍制度与身份认同 ………………………………… 206

第七章　结论、讨论、反思、贡献与局限 ………………………… 213
第一节　外出流动：制度变迁与家庭成因 …………………… 213
第二节　流动家庭的夫妻平等问题 …………………………… 221
第三节　流动家庭的走势：延续或终结 ……………………… 242
第四节　研究反思 ……………………………………………… 245
第五节　研究贡献、局限及有待进一步研究的问题 ………… 250

参考文献 …………………………………………………………… 252

附　录 ……………………………………………………………… 276

后　记 ……………………………………………………………… 280

导　论

第一节　研究背景

一　现实背景

当前我国正处于急剧的社会变迁时期，整个社会正经历从以农业为主的传统社会向以工业为主的现代社会的转型。与此相对应，资源的配置方式由以行政计划为主向以市场为主转型。

改革开放之前，中国社会中的城乡二元结构是一种"行政主导型二元结构"（孙立平，2003：149）。"行政主导型二元结构"有如下一些特征：城乡之间的户籍壁垒；城乡之间实行两种不同的资源配置制度；以户籍制度为核心的城乡壁垒，事实上将城乡两部分居民分为两种不同的社会身份（孙立平，2003：149~151）。基于此，有研究者把改革开放前的中国社会称为典型的"身份制社会"（李强，2004：286）。以中国农村严密的组织管理系统和全国商品（尤其是粮油）、服务及就业的计划供应与分配制度为基础的城乡户籍制度，一度限制着人口的流动，尤其是农村人口的流动。在这样的制度体系下，国家垄断了绝大部分资源，而农民没有生产经营的自主权和对自身劳动力的支配权，因而无法获得"自由流动资源"和"自由活动空间"（孙立平，1993：64）。

随着改革的推行和市场机制的引入，许多社会资源从国家的垄断中游离出来。改革开放后，国家垄断绝大部分资源的状况开始在农村发生改变。家庭联产承包责任制的推行使农民获得了土地耕作和经营的相对自主权，以及对自身劳力的支配权。家庭重新成为生产、生活和消费的单位，也重新成为家庭资源配置的主体。该制度的推行使农民重获自主权，农民长期积压的活力重新释放出来，极大地调动了农民的积极性和主动性，农业生产的效率因此得到极大提高。但与此同时，农村劳动力富余的问题开始凸显出来。人民公社的解体，使得对农民的行为控制也消失了。从农业中释放出来的劳动力迫切需要在农业之外寻求出路。

为了适应农村剩余劳动力凸显的状况，1984年中共中央下发的文件提出：农村工业适当集中于集镇，允许农民"自理口粮到集镇落户"。1985年中共中央、国务院下发的文件则首次提出：允许农民进城开店、设坊、兴办服务业，提供各种服务。户籍制度以及其他相关制度安排的松动，为农民进城务工、经商提供了可能性与合法性。

在此背景下，20世纪80年代末期尤其是90年代初期以来，以农民工形式发生的农村劳动力大规模跨区域流动日渐成为令人瞩目的社会现象（白南生、何宇鹏，2003；孙立平，2003；李强，2004）。目前全国常年跨区域流动的人口有8000多万，占农村劳动力的15%～20%。他们主要来自经济欠发达的中西部地区，主要流向大中城市和沿海经济发达地区，仅珠江三角洲常年流动的农民工就有1000多万人（周大鸣等，2004）。据统计，目前农民工的规模已达1.2亿人（蔡禾、王进，2007：86）。

从婚姻状况看，农民工包括已婚农民工和未婚农民工；从性别来看，包括男性农民工和女性农民工。在改革开放引发的历史性变迁中，相当数量的妇女也脱离土地，完成了由农民向非农民的经济身份转变。这一历史性变迁给农村和农村妇女自身发展带来了极大变化，妇女的社会参与程度、生活方式、价值观念及家庭地位都有了较大改变（高小贤，1994：84）。研究指出，从性别分层的角度看，女性和男性在向非农转移过程中，女性明显表现出滞后性。这表现在数量上女少男多，依据各种不同的调查资料推算，女性占25%～30%；就业层次上女低男高，在异地转移中女性占20%左右，许多集中在低技能的家务劳动市场，在乡镇企业中妇女也主要集中在技术构成低的劳动密集型行业；而在逆向转移（指从城市回农村）的比例上，女性较男性大（高小贤，1994：83～84）。

市场化的改革带来了新的资源能量，这必然影响两性的资源配置和分工格局。改革开放之前，国家垄断了绝大多数资源，资源配置通过行政方式进行。改革开放之后，个人、家庭和市场也成为资源配置的主体。有研究认为，对于农村人来说，非农转移无疑是一个新的机会，是一项"发展性资源"（金一虹，2000）。外出从事非农活动，不仅可以增加家庭的经济收入，而且有助于开阔视野，增长见识，提升人力资本，增强个人自主性。有研究指出，外出有助于农民实现从"传统人"向"现代人"的转变，即"现代性"的获得（周大鸣、郭正林，1996：52）。虽然外出流动有利于改善家庭经济状况，也有助于农民工个人的发展，然而向非农转移的机会对于男性和女性而言是不同的，这就形成了农村劳动力流动中的性别差异（谭深，1997：42）。谭深指出，婚姻对已婚男性农民和女性农民造成了不同影响，结婚成家带来的责任感鼓励男性外出，却制约了女性的外出。

有研究指出，农村劳动力外出就业成为农民就业和增收的主要途径。我国农村土地资源少、农业劳动力多，是农民增收难和农村贫困的主要根源。农民外出务工经商，拓宽了农民就业的渠道，已成为农民增加收入的重要方式（白南生，2008：116）。该研究指出，农村劳动力的外出流动对家庭产生了影响，如农村"留守族"的出现。据估计，目前中国农村留守妇女为4700万人（白南生，2008：118）。

农民工夫妻的流动还对婚姻产生了影响。有研究指出，外出导致获得婚姻信息的成本降低和选择市场的扩大，情感的寄托与性的需求更容易得到满足，因此外出打工有可能导致夫妻长期分离，进而引起婚姻变化。这主要是因为农民工家庭外出就业人员个人条件的变化，他们改变了对婚姻效用的评价并追求婚姻效用的最大化（白南生，2008：118）。

二 理论背景

国外学者在研究移民和性别平等方面一般有两种看法：乐观派认为，流动会推进性别关系走向平等（Chavira, 1988；Curry Rodriguez, 1988；de la Torre, 1993；Grasmuck and Pessar, 1991；Hondagneu-Sotelo, 1992, 1994；Lamphere, 1987；Rouse, 1992）。悲观派则认为，流动并不能推进性别关系走向平等（Manuel Barrajas and Elvia Ramirez, 2007：371）。

目前国内外学术界在研究农民工外出流动与性别平等方面一般有两种看法：乐观派认为，流动会推动性别关系走向平等（Rebecca Matthews and Victor Nee, 2000：606~632；马春华，2003；马洁，2006；潘鸿雁，2006d，2008a）。悲观派则持相反意见，认为流动并不会带来性别的平等（Barbara Entwisle et al., 1995；高小贤，1994：83~84；谭深，1997：44）。

纵观国内外有关研究，我们发现已有研究多采用资源理论和父权制理论对流动引发的性别关系的变化进行解释，且过于重视经济因素而忽视其他因素如文化因素对夫妻性别关系的影响，多从结构维度用家务分工、家庭权力分配结果来衡量性别之间的平等。已有研究缺少对过程维度的考察，也就是说，缺少对家务分工和家庭权力分配形成过程的考察。然而，同样的家务分工和家庭权力分配结果可以通过不同的过程而形成。已有研究很少考察社会文化背景对性别关系的影响，也很少考察被研究者自身对家务分工和家庭权力分配的看法，本研究拟克服已有研究的上述局限。

第二节　研究问题和研究思路

一　研究问题

已婚农民工夫妻外出务工、经商必然带来两方面的变化：一是由于绝大多数农民工外出流动是跨区域（县、市、省）流动，因而外出流动必然引起家庭形态的变化；二是外出流动也可能引起农民工夫妻分工，如家务分工、家庭经济分工（指夫妻从事的职业上的分工）和家庭权力分配（家庭事务的决策权）的变化。

那么，这些因外出流动引起的变化对农民工夫妻的平等意味着什么？这些变化是否会对作为两性的夫妻关系产生影响？原因是什么？

二　研究思路

首先，探讨农民工外出流动的影响因素。已有研究多从宏观层面探讨农民外出流动，而从家庭层面对农民工外出流动进行探讨的还不多见。因此笔者一方面考察影响农民工外出流动的制度因素，另一方面重点考察家庭因素。

其次，农民工夫妻流动可能引起夫妻在家务分工、家庭经济分工和家庭权力分配等方面的变化，根据已有研究发现这些变化会影响夫妻平等。通过文献回顾发现，已有研究多从结构维度用家务分工、家庭权力分配结果对农民工夫妻平等问题进行探讨，多用资源理论和父权理论进行解释。有研究认为，研究夫妻平等问题不仅要考察家务分工、家庭权力分配等客观指标，而且要考察夫妻对这些方面的态度（左际平，2002：44）。Thomas Burns（1973：189）提醒我们，社会互动过程只有结合其发生的社会背景才能加以理解。受此启发，笔者既从结构维度用家务分工、家庭权力分配结果来对农民工夫妻的平等问题进行探讨，也从过程维度（夫妻社会交换过程）考察夫妻之间的平等问题。也就是说，从农民工夫妻的日常交换过程对家务分工和家庭权力分配的形成过程进行考察。之所以要进行过程维度的考察，是因为同样的家务分工和家庭权力分配结果可以通过不同的过程来实现，而不同的过程展现出来的夫妻关系可能是不同的。

再次，农民工夫妻的流动引起了其家庭形态的变化：一是夫妻一方流动过程中出现的单流动家庭；二是夫妻共同流动过程中出现的双流动家庭。本研究发现，农民工夫妻流动最初多是一方流动，随着时间的推移，夫妻一方流动会过渡到夫妻共同流动阶段。随着夫妻一方流动过渡到夫妻共同流动，单流动家庭会演变为双流动家庭。因此笔者的行文逻辑是先探讨单流动家庭的夫妻平等问题，然后探讨双流动家庭的夫妻平等问题。

最后，笔者从制度层面和家庭层面探讨流动家庭的走势。

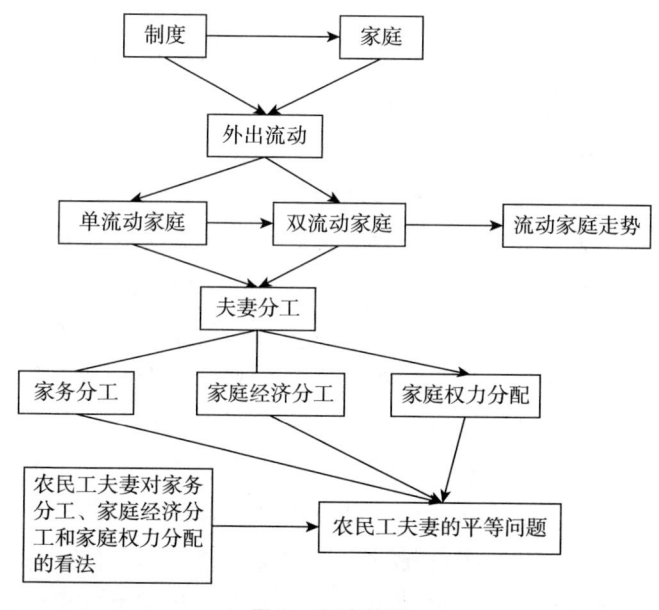

图 1　研究框架

第三节 研究意义

一 理论上可能存在的创新

目前，国外有关流动与性别的研究一般有两种看法。一种看法比较乐观，认为流动会推动性别关系走向平等。这类研究多用资源理论来解释。资源理论认为，通过流动，妇女们获得了从事有薪工作的机会，由此增加了对家庭的经济贡献以及对家庭资源的控制，相应地拥有了对家庭事务更大的决策权；妇女从事有薪工作，因而也可能导致夫妻在家务分工上发生变化，如要求男性承担比从前更多的家务劳动。因此女性的流动会有助于推动性别之间的关系走向平等，父权制会因流动而弱化。另一种观点则认为，流动不会推动性别关系走向平等。解释逻辑是：流动尽管可以导致女性就业参与率的增加，但由于父权意识形态、阶层和种族背景等的存在，流动后妇女即使从事有薪工作，也只是低层次的工作。妇女们从事有薪工作所带来的收入难以转化为家庭中的权力和权威。父权文化赋予了男性更多的家庭权力，男性的责任是养家糊口，女性的角色是料理家务。即使女性对于家庭的经济贡献超过男性，女性也要承担更多的家务劳动。妇女们不仅在家庭中要与男性对抗，而且在就业过程中还要与男权制抗争。

综上所述，国外的研究多用资源理论（经济资源）和父权制理论对流动与性别关系进行解释。已有研究的缺陷在于：在研究性别关系时，主要是从经济地位、家务分工、家庭权力等客观指标来研究性别之间的平等问题，没有从主观方面考察被研究者对家务分工、家庭权力分配以及家庭经济分工的看法，缺乏主体视角；多从结构维度如家务分工、家庭权力分配结果考察夫妻平等问题，缺少过程维度的考察，即没有对家务分工、家庭权力分配的形成过程进行考察。

国内关于农民工外出流动与性别的研究也分为两派。乐观派认为，流动会推动性别关系走向平等，因为外出从事非农活动导致女性农民工对家庭经济贡献的增加，进而增强了其对家庭经济资源的控制，这使得妇女在家庭中的权力和地位上升，所做家务劳动减少，从而推动性别关系走向平等。悲观派则认为，流动并没有推动性别关系走向平等，因为受户籍制度以及其他相关制度安排的影响，农民的这种非农转移是过渡性的。也就是说，这些女性农民工迟早要回到农村，回归到传统中去的（谭深，1997：45）。流动对传统的改变是有限的，而农村传统就是男权。

已有研究过多强调经济因素在推动性别关系走向平等方面的作用，而忽视了对其他因素如文化因素的考虑。另外，已有研究只从家务分工、家庭权力分配的结果来衡量性别平等，缺少过程维度的考察，没有对家务分工、家庭权力分配的形成过程进行考察。

另外，国内已有的研究很多是照搬国外的理论。国外的理论确实有一定的解释力，但我们知道，每一种理论都有其适用的背景。对于国外的理论，我们在借鉴的时候，必须考虑我国的特殊社会文化背景。

已有研究认为，夫妻之间的交换类似于市场中的直接交换。夫妻之间用各自所拥有的资源进行交换，因此资源拥有量多的配偶一方在交换中获得了权力，而资源拥有量少的一方选择了顺从。笔者认为，家庭中夫妻交换模式受社会文化的影响。受儒家伦理本位和家庭本位文化的影响，我国农民工夫妻间的交换更多是间接的交换，这种交换是关系取向的。它不同于市场取向的交换，市场取向的交换由市场规则引导，市场取向的交换认为交换双方的利益是对立的，交换双方追求各自的利益，追求交换的公平。而关系取向的交换则强调关系的和谐与利益的一致，它受社会规范如互惠、信任、义务等引导。

鉴于此，在理论视角上，笔者采用关系取向的社会交换视角。采用社会交换视角一方面可以继承已有研究成果，整合已有研究的理论视角，如资源理论和父权制；另一方面，笔者试图采用一种与以往不同的视角来分析家庭中的平等问题，尝试从夫妻日常互动过程来揭示其中隐含的夫妻关系。本研究认为，用于交换的资源不仅包括经济资源，而且包括非经济资源如家务劳动、理解、体贴、爱、尊重、性别角色意识等。

另外，国内关于流动与性别的研究主要针对丈夫一方流动而妻子留守这种情形下的夫妻性别平等问题，而对于夫妻双方共同流动可能引起的夫妻性别关系的变化则缺少研究。笔者拟从上述方面做出努力。

二 方法上可能存在的创新

本研究采用定性研究中的多个案研究。首先笔者对农民工的夫妻流动进行了分类，在分类的基础上进行了比较研究；其次笔者在研究过程中对反面证据保持开放心态，运用相反个案进行对比研究。

对农民工夫妻关系的考察，笔者采用"过程－事件分析"策略或"关系/事件分析"策略。"过程－事件分析"策略由孙立平提出，该研究策略能够再现复杂而微妙的事件并能够对其进行清楚解释。能够解释事物深层逻辑的是那些社会行动形成的事件和过程，甚至可以说这种"微妙性"也正是隐藏在人们的社会行动中，特别是事件性过程中，而研究的目的就是对这样的事件和过程进行叙事性再现和动态关联分析（孙立平，2005：347）。

"关系/事件分析"策略是指对任何一件事总是作为关系来加以把握，而任何一种关系又并不是以化减（凝固化）为结构，而总是将之视为事件（李猛，1997：6~7）。

必须说明的是，"过程－事件分析"策略与"关系/事件分析"策略并无本质上的不同。两者都是通过事件的分析，揭示事件中展现出来的关系。两者都主张，关系通过事件展现出来，关系同时通过事件来形塑。

本书的研究问题是农民工夫妻流动是否会引起作为两性的夫妻关系的变化及其原因。而夫妻关系无论是平等的还是不平等的，都是通过家庭生活中的一系列事件尤其是家庭大事体现出来的，通过对发生于家庭的事件尤其是大事的分析，就可以了解到事件中展现出来的夫妻关系。关系既是结构性的，也是过程性的。任何关系结构都是在过程中形成的。本研究既关注夫妻关系的结构，也关注夫妻关系结构形成的过程。要了解夫妻关系的形成过程，"过程－事件分析"与"关系/事件分析"策略具有可行性。"过程－事件分析"与"关系/事件分析"具有同一性，本质上是相同的。两种分析策略都是从过程的角度分析关系的结构及其形成过程，都是通过对事件的分析，把握事件中展现出来的关系。

三 现实意义

对于个人而言，绝大多数的人已经、正在或即将进入婚姻过程。本研究有助于读者了解、分析是什么因素影响了夫妻平等，进而有助于读者调适夫妻关系，促进个人的婚姻幸福。

对社会而言，家庭是个人生存的基本单位，也是社会的细胞。了解家庭中的夫妻平等问题，对于夫妻关系的和谐、家庭的稳定乃至社会的稳定都有重要作用。

因此本书具有现实意义。

第一章　相关文献回顾

结合研究问题与研究内容，笔者将回顾三个方面的有关文献。一是农民工跨地域流动与性别研究；二是香港－内地跨境移民与性别研究；三是跨国移民与性别研究。

第一节　农民工跨地域流动与性别研究

20世纪70年代末期开始的经济体制改革推动了中国的社会变迁，在这个社会变迁过程中出现了一个被关注的群体——农民工。农民工是社会变迁的一个缩影。从20世纪80年代中后期开始，农民大规模地从落后农村地区进入发达城市、从内地来到沿海，这种大规模的乡－城跨区域流动现象引起了广泛关注。关注的主体很多，包括政府机构、科研机构、新闻媒体、社会大众等。不同学科如人口学、社会学、人类学、经济学、城市规划等都从不同角度、不同层面对农民工的流动，以及由此引起的变化进行了研究。可以说，与改革开放给中国社会带来的巨大变化一样，已有的农民工外出流动研究也取得了丰硕成果。

对于农民工外出流动的文献回顾，本书主要关注社会学方面的研究，与此同时借鉴相关研究成果。根据本书的研究问题及研究内容，农民工外出流动的文献回顾主要围绕如下几个方面进行：外出流动的动因、流动的状况、流动的影响等，其中主要介绍农民外出流动的动因以及农民工外出流动对性别关系的影响。

一　农民外出流动的动因

农民为何离开生于斯、长于斯的老家，甘冒风险而外出流动？农民外出流动的动因是什么？已有研究对农民工外出流动动因的探讨主要从以下几个层面进行。

（一）宏观层面的探讨

从社会和经济结构层面进行的研究。李若建（1991）探讨了中国农村劳动力外流问题，把影响农村劳动力外流的结构性因素概括为农民与土地之间的联系松弛、农民抵御自然灾害的能力差、宏观经济的波动。

从制度政策层面进行的研究。有研究指出，改革开放之后，国家对农村劳动力流动就业政策的放开经历了一个从内到外、由紧到松、从无序到规范、由歧视到公平的过程。其中1979~1983年为控制流动阶段、1984~1988年为允许流动阶段、1989~1991年为控制盲目流动阶段、1992~2000年为规范流动阶段、2000年以后为公平流动阶段（宋洪远、黄华波、刘光明，2002）。相应地，有研究指出，改革开放以来农民的非农政策经历了如下演变过程：1978~1991年，逐步放开对农民的就业限制，但限制向城镇流动；1992~1996年，建立劳动力市场机制；1997~2002年，强调有序流动和就近转移；2003年至今，保障权益和促进公平流动（白南生，2008）。

（二）微观层面的研究

理性视角的研究。农民外出流动不是盲目的，而是理性的。针对一度流行的所谓"农民盲目外出流动"的说法，研究者从不同角度提出了理性的概念，如经济理性、迁移理性，这些研究一致认为外出流动是利益最大化的选择（杜鹰、白南生等，1997：81~82；蔡昉，1996）。黄平基于对斯科特生存伦理的解读，提出了"生存理性"概念，他认为农民外出是为了寻求生存而非在市场上追求利润最大化。文军（2001）则基于对科尔曼社会理性选择理论的解读，提出用社会理性来解释农民的外出，他认为农民外出也有非理性的一面，应关注制度文化对农民个人偏好和目的的影响作用。文军指出，农民选择外出的初期主要表现为生存理性，随着外出次数的增多和时间的拉长，社会理性和经济理性的选择会越来越多。

有研究认为，家庭是利益共同体，农民外出流动的直接目的是获取经济收入，外出流动是为了家庭利益最大化（杜鹰、白南生等，1997：40~43）。该研究还认为，从性别角度看，男性外出比例之所以高于女性，是受传统历史文化形成的家庭分工格局的影响。农村大多数家庭女性，尤其是已婚女性要承担诸如抚育子女、家庭饲养和日常生活操持等家务活动，这些家务活动男性难以替代。对于家庭决策来说，已婚女性外出会使家庭成员外出的机会成本大大高于男性。因此农村家庭普遍形成"男主外、女主内"的分工格局，这被认为是一种合理的安排（杜鹰、白南生，1997：53）。

家庭策略视角的研究。家庭策略的研究突出家庭的能动性，特别是在应对问题时的主动性。如孙朝阳（2008：136~138）认为，与未婚农民工外出打工的个人策略不同，已婚农民工的外出打工主要体现为家庭策略。作者发现，婚姻对不同性别农民工的外出具有显著影响，已婚青年农民工在决定外出务工人选时实现性别选择策略，最经常的结果是：男性外出务工而妻子留守。之所以如此选择，在作者看来是由于农村土地政策、二元社会管理体制、性别收入差距以及传统性别分工等因素的影响。虽然该研究运用了家庭策略视角，看到了农民工家庭的能动性，但作者并没有对外出决策的制定过程进行考察。

国内研究者对农民工外出行为的微观分析普遍认为，家庭决策和经济目标是中国农民工外出流动的特点。针对这一研究现状，有研究者指出，几乎所有对农民工外出动机的调查结果都主要集中在"挣钱"和"求发展"两项，两者的比例不相上下，仅仅强调经济目的是否过于简单？另外，家庭能否简单化为一个整体，所有的决策都是从家庭整体利益最大化的角度出发？谭深（2004：210~214）的调查结果显示，如果将外出动机的指向分为"为家庭"和"为自己"，相当大比例的外出者主要从自身的需要出发而不是从家庭的需要出发外出打工，最保守的估计，在总体中这个比例在1/5至1/3，在未婚者中占一半。根据这一调查数据，作者对仅仅从"家庭利益最大化"角度来解释农村劳动力的外出动因提出了质疑。

必须指出的是，谭深的研究数据来自对川湘两省的调查，而这两个省份的家族主义可能确实比较弱，然而其他省份如江西、福建的家族主义就不同于上述两省。因此，该研究的结论适用边界是有限的。

（三）既从宏观层面又从微观层面进行的研究

针对社会学研究中方法论方面存在的整体论和个体论之争，有研究认为整体论和个体论视角都能解释农民的外出，但都不全面，因而需要整合两种方法论的视角。如黄平（1997）在其主编的《寻求生存——当代中国农村外出人口的社会学研究》一书中用结构化理论来解读农民的外出行为。

二 农民工的状况

(一) 农民工的就业研究

中国是一个关系本位的社会。每一个中国人都生活在关系网中，并受到关系的影响。对于关系、社会网络与农民工经济地位获得之间的关系，学界已经进行了很多研究，并取得了很多成果。笔者通过阅读有关文献发现，国内学者对社会网络与农民工求职的研究更多是沿着格兰诺维特（Granovetter）关于"强关系"和"弱关系"在求职中作用的思路进行的。格氏发表的《弱关系的力量》（The Strength of Weak Ties）一文对美国社会的劳动力流动问题进行了研究，该研究发现在西方市场经济体制下弱关系有助于寻找到好职业。该研究认为，强关系存在于内群体内，内群体内存在大量重复的同质信息；弱关系存在于群体之间，具有弱关系的人分属于不同群体，异质性较强，弱关系可以充当信息的桥梁。对于求职者而言，通过强关系获得的信息不如弱关系获得的信息。沿着格氏的思路，边燕杰通过对天津和新加坡的研究发现，在受儒家文化影响的华人社会，人们在求职过程中动用的不是弱关系，而是强关系。

基于格氏和边燕杰的研究，国内学者开展了大量的研究。这些研究对上述两项研究的发现做了进一步的推进，主要表现为细化关系的种类、关系之间的联系。如刘林平（2001）运用个案研究方法对深圳"平江村"这样一个由异地迁移来的群体组成的社区进行了研究，发现一个来自内地的外来人群体在深圳这个陌生的城市求得生存和发展靠的就是关系的运作。该研究从过去和现在两个时点对关系进行了定义，在此基础上将关系划分为四类：强关系、弱关系、弱强关系和强弱关系。在作者看来，关系是会变化的，是可以运作的，弱关系可以向强关系转化，强关系也可以变为弱关系。作者认为，除了先赋关系外，其他关系不是一种既定的社会结构，而是外在于人的活动中，是可以通过后天努力建构的（刘林平，2001：112~123）。

大约从 2003 年开始，在珠江三角洲、长江三角洲以及其他地区发生了较为严重的工人短缺现象，舆论称之为"民工荒"。有研究认为，在劳动力市场信息不充分的条件下，外来工（农民工）主要（只能）通过私人网络关系寻找工作。利用网络求职虽然可以节省找工作的成本，但他们不一定能得到工资较高的工作岗位。由于工资低，所以他们不安心在企业工作，这造成了高流动率。高流动率造成了劳工短缺，即"民工荒"。外来工群体之所以工资低，主要源于最低工资标准未能有效发挥作用，即制度短缺。该研究还进一步讨论了农民工高流动率和不能转为真正职业工人的制度背景，即"半工半耕"和城乡二元户籍划分的正式制度、乡土社会的传统社会规范和社会公众对农民工的心理认知等非正式制度（刘林平、万向东、张永宏，2006：45~53）。

有研究利用珠三角农民工调查数据，对网络的差异性和求职效果之间的关系进行了探讨。该研究发现，使用内网络对农民工工资的影响显著，而使用外网络和一般性网络的效果不显著；在内网络求职的个案中，获得企业负责人帮助的农民工比获得工友或主管帮助的农民工拿到的工资更高，接触的联系人种类越多的农民工能够拿到的工资越高。该研究认为，探讨"嵌入性"对劳动力市场的作用时有必要分清行动者嵌入具体网络的层次性，嵌入性对劳动力市场的影响会因网络的差异性而不同（张春泥、刘林平，2008：138~162）。该研究提出了网络差异性命题，推进了有关网络与求职关系的研究。

翟学伟（2003：1~11）也就关系强度和农民工的求职策略进行了探讨。作者从中国社会文化的角度重新分析社会网络与社会流动之间的关系。作者认为，格氏关于强关系与弱关系的划分是建立在社会上任何两个独立性的个体之上的，这样的两个人只有通过增加交往的时间、感情的紧密度、相互信任和交互服务才能获得关系上紧密性。而对中国社会的关系构成的前提不能做这样的假设，因为传统中国人的关系建立靠的是天然的血缘和地缘关系，然后进行复制或延伸出其他关系。基于这样的理解，作者认为农民工求职的关键是确认信息的真假，以防止上当受骗。尽管通过内群体获得的大量信息会被重复，然而这些重复的信息可以相互证实。作者的结论是农民工外出打工的信息主要是建立在关系信任的基础上。作者认为，处于传统社会与现代社会交汇点的农民工群体之所以在求职过程中是通过内群体的方式获取职位信息和谋得职位，源于他们对内群体的信任。

(二) 农民工的就业特点研究

万向东（2008：63~74）对农民工非正式就业的进入条件和渠道进行了研究，认为总体而言农民工处于一个分割并被隔离的、低水平的劳动力市场中，该市场是按照自由放任原则实现供求平衡的。农民工就业分为企业内与企业外两种，企业外的就业还可细分为自雇和受雇两种。由于企业内就业的农民工的生存状态恶劣，农民工在正式和非正式就业的分流中，倾向于选择非正式就业。与受雇的农民工相比，自雇农民工更有可能实现向上的社会流动。李培林（1996：50）关于农民工的调查研究证实，农民在"离土又离乡"的社会流动中，其信息来源、找到工作的方式、进城工作的行为方式都更多地依赖于以亲缘、地缘为纽带的社会关系网络；而且这种依赖相对于他们可以利用的社会资源而言，是一种非常理性的行为选择，与他们期望获得更高的收入和更舒适的生活的功利性目标是完全一致的。

李强（2004：76）认为中国城市农民工的劳动力市场是一个典型的次属劳动力市场，这个市场上的职业结构都是体力劳动型的，其收入水平明显低于总体工资水平，其待遇和环境是比较差的。李强认为，非正规就业是中国城市农民工的就业主渠道。

（三）农民工阶层地位及权益维护的研究

李培林（1996）认为，流动民工还不是一个独立的社会阶层，流动民工与乡镇企业职工一样，都是从农村到市民、农民到工人的过渡性阶层。流动民工的经济社会地位，在其生活的当地农村属于中等偏上阶层，而在其打工的城市属于中等偏下阶层。该研究发现，流动民工内部出现了分化，剔除流动民工所拥有的分配非常平均的"责任田"，民工按收入的高低可分为三个阶层：一是占有一定资本并雇佣他人的业主；二是除了劳动力之外一无所有的打工者；三是占有少量资本并自我雇佣的个体劳动者。李强（2004：29）认为，我国户籍制度导致了农民工低下的社会地位。户籍制度本质而言是一种身份制度。城市农民工是农村中的精英群体，然而即便如此，农民工在城市中依旧处于底层地位（李强，2004：129）。

有研究对城市外来女民工所受性骚扰问题进行了研究。该研究发现，城市外来女民工因身份和就业身份而受到双重歧视（唐灿，1996：117～126）。与西方女权主义普遍将性骚扰归因于不平等性别制度不同，该研究认为，外来女民工性骚扰问题的更深刻原因在于社会转型过程中的制度缺失，以及因就业身份差别而产生的经济和社会关系的不平等（唐灿，1996：117）。

李强（2004：244~245）的研究发现，在农民工的身上，绝对剥夺现象经常发生，如收容、过长的劳动时间和拖欠农民工工资问题。万向东、刘林平和张永宏（2006，37~45）对珠三角和长三角外来工的工资福利、权益保障与外部环境进行了对比研究，发现珠三角外来工人的状况不如长三角，可能的原因除了人力资本差异外，还有企业结构等因素造成的制度性差异。近年来，农民工为争取合法利益的抗争行为不断增多，他们或采取体制内投诉的方式，或采取体制外集体行动的方式，但也有相当一部分农民工保持沉默。是什么因素影响了农民工抗争方式的选择？有研究对此进行了探讨。研究发现，整体而言，农民工的相对剥夺感、对劳动法的认知水平、社会网络规模和企业集体宿舍制度对其利益抗争行为有影响。但是在投诉和集体行动方式的选择上，影响因素表现出差别，教育和网络对投诉有更显著影响，企业集体宿舍制度对集体行动有更显著影响，但企业所有制对减少农民工在企业外部展开利益抗争，或者在引导农民工用体制内方式解决利益纠纷问题上没有显著影响（蔡禾等，2009：139）。

（四）农民工的城市社会适应研究和农民工在城市的居住状况研究

如农民工聚居区的研究，浙江村的研究（王春光，2000；项飚，2000；李汉林，2002）。珠江三角洲是吸引外来工最多、最集中的地区。有研究讨论了外来人口流入珠江三角洲的过程、外来人口的分布以及外来人口对输入地的影响，并提出"二元社区"概念。所谓"二元社区"，指在现有户籍制度下，同一社区外来人与本地人在分配、就业、地位、居住上形成不同体系，以致心理上互不认同，构成所谓的"二元"（周大鸣，2000：107~112）。

中国的大多产业劳动者并非来自工厂所在地，而是来自地区之间的流动。这些外来农民工作为产业工人在工厂的停留是暂时性的，他们通常居住在工厂提供的宿舍之中。有研究据此提出"宿舍劳动体制"概念。通过宿舍劳动体制，产品的生产空间与劳动力的日常再生产空间合二为一，工人与工厂紧密地黏合在一起。该研究从跨国劳动过程的视角，对当代中国宿舍劳动体制作为一种生产空间的政治经济学意义进行了理论上的探索。该研究认为，宿舍劳动体制是全球资本的经济逻辑与国家制度的政治逻辑共同作用之下所产生一种独特而具体的生产空间形态（任焰、潘毅，2006）。

李培林（1996：45）发现，民工进城后尽管生活在城市，但没有融入城市生活，没有建立起以业缘为纽带的生活圈子。他们的生活圈子依旧建立在亲缘和地缘关系上，尽管他们已经在城市生活工作多年，但依然是城市生活的"陌生人"。城市生活对民工自身而言，依旧是"外在的"和"他们的"，而不是"我们的"。

（五）农民工迁移意愿研究

有研究对影响农民工迁移意愿的因素进行了探讨。该研究发现，从是否愿意放弃农村土地来看，影响农民工迁移意愿的主要是个体层面的迁移动力，相对集中在个体的人力资本和城市生活方式认同上，是基于经济理性的选择；从是否愿意将户口迁入城市来看，影响因素则主要集中在地域性因素和制度合法性压力上，是基于社会理性的选择（蔡禾、王进，2007）。该研究主要从行为和制度层面探讨了个体农民工的迁移意愿，没有考察家庭因素的影响。

三 农民工外出流动的影响

（一）宏观影响

中国改革和发展中产生的大量从农业向非农产业转移的农民工，通过推动劳动力市场的形成，为中国的市场化转型和现代化发展发挥了重要作用。针对西方学者和国内一些学者对中国大规模的民工流动可能造成的社会后果所表现出的担忧，有研究通过调查发现，农民工对社会的态度是积极的（李培林、李炜，2007：1）。该研究发现农民工的收入和地位更多是由教育、工作技能等获得性因素决定的，而不是由身份歧视因素决定的；尽管农民工在收入和经济社会地位方面相对较低，但他们却意外地具有比较积极的社会态度。影响农民工态度和行为的因素，在作者看来，更重要的可能不是社会横向方面的利益比较，而是自身的纵向利益比较，由此更显著地遵循历史决定逻辑，而不是经济决定逻辑。该研究的贡献在于：针对过往研究更多关注改革开放对社会结构变迁的推动，该研究探讨了社会结构本身带来的社会效益，即农民工出现带来的社会效益，农民工外出流动对中国社会结构的影响。李强（2004：388）认为，由于农民工生活方式的出现，中国由原有的二元社会结构变为三元社会结构。

(二) 微观影响

1. 农民工外出流动对农民工个人的影响

有研究指出，农民跨区域自由流动既促进了村落经济的发展，又促进了农民个人现代性的获得（郭正林、周大鸣，1996：52）。李强（2004：182）对外出农民工及其汇款进行了研究，发现农民工外出打工以来，汇款成为改变农民家庭生活，甚至是推动农村经济发展的最重要的资金来源。有研究通过对江西省的调查发现，农村劳务输出导致中部农村经济结构发生变化，即打工经济的形成。打工经济的形成促进了村庄以及家庭经济实力的增强，有利于农民现代性的获得，与此同时也导致农业劳动力不足、留守老人以及留守妇女的劳动强度增大等（周大鸣，2006：5~11）。

2. 农民工外出流动对其家庭形态的影响

李强（1996）的研究发现，农民工的家庭模式与社会学以往的关于家庭模式的各种分类不相吻合。农民工家庭的最主要特征是家庭成员的长期分居。不同于以往的分居问题，农民工家庭分居的规模比较大，而且是农民工社会流动的结果，因此可以看作一种主动的模式。一方面由于城乡差距的存在，另一方面由于城市生存空间的限制、人口的压力、户籍制度的限制等，农民工分居的家庭在数量上不断增加。就我国农民总体而言，在未来很长一段时间，分居家庭模式都会是农民家庭的主要形式。

周伟文（2002）分析了"半流动家庭"中夫妻关系的变化。该研究发现，分离式的家庭生活并不是影响夫妻感情的主要因素，但婚姻危机已经出现在少数家庭，且与丈夫的经济收入和职业地位变化高度相关。迟书君（2005）分析了流动人口家庭的特点：家庭成员的分离，夫妻的分离，父母与未成年子女的分离。

潘鸿雁（2005a，2005b）以中国的社会变迁、家庭变革为背景，通过对河北翟城村的实际考察，揭示了一种特殊的家庭结构类型——分离的核心家庭。分离的核心家庭又叫"缺损的核心家庭"或"不完整的核心家庭"。分离的核心家庭的特征是夫妻两地分居。她认为分离的核心家庭是中国社会变迁的产物，是社会变迁过程中由农民外出流动引起的。作者还对分离的核心家庭的走势进行了分析，认为"只要农村剩余人口不断向城市、城镇迁移，而城市或城镇又不能接纳他们，则这种分离的核心家庭就将继续存在"。潘鸿雁（2006d，2008）用"非常规核心家庭"概念替代

"分离的核心家庭"概念，两个概念并无实质不同。非常规核心家庭是指人口流动过程中，由于部分家庭成员流出、部分家庭成员留守在原地而形成的事实上分居的特殊家庭类型。作者将其特征概括为具有血缘关系，并且在社会和经济上具有共同利益的家庭成员没有居住在一起。其家庭生命周期的特点是：在家庭发展的各个阶段，妻子是家庭的主要和固定成员；丈夫在大多数阶段都处于缺位状态，家庭的空巢期延长。因此得出结论：在非常规核心家庭中，经济支持取代了传统的共同居住和生活，成为现代家庭存在和发展的一个物质条件，家庭的自我认同意识延续至今，成为家庭存在和维系的精神条件。

3. 关于农民工外出流动与性别的研究

农民的外出流动推动了非农化进程，农民的非农化根据就业地点的不同，可以分为"就地非农化"和"异地非农化"两种类型。不同的非农化模式下，农民的外出流动与性别之间是什么关系？学术界对此进行了研究。目前，学术界在研究农民工外出流动与性别平等方面一般有两种看法。

乐观派认为，农民工外出流动会推动性别关系走向平等。孟宪范（1995）从人的发展的层面分析了"男工女耕"分工格局对中国农村女性发展的推动作用。作者认为，"男工女耕"的分工格局使中国农村妇女成为农业劳动的主力军，她们承担了60%以上的农业劳动，为我国农业的发展做出了重大贡献。在作者看来，"男工女耕"的分工从如下几个方面推动了女性的发展：一是使农村女性由自在的劳动者变为自由的劳动者，从而推动了农村女性社会劳动的参与进程；二是农村女性有了对农业生产和家庭事务的"缺席领导权"，这极大地增长了她们的才干和自我意识、自主意识；三是使农村男女劳动力的劳动内容异质化，从而使农村女性对家庭的经济贡献显现化，这使他们的自我意识增强；四是农业生产在农民家庭经济中的特殊地位，使"男工女耕"下的农村女性社会声望提高，从而强化了她们的自我意识。

该研究的贡献在于看到了"男工女耕"分工格局对于女性成长的正面作用。该研究的不足在于作者只看到了事情积极的一面，没有看到事情的另一面。正如有关研究所指出的，"男工女耕"加大了男女两性在发展上的差距，丈夫外出使留守妻子的负担加重，这其实加剧了夫妻之间的不平等。

另有研究探讨了市场驱动的经济发展对妇女就业机会和家庭内的性别

不平等的影响。该研究分别分析了女性非农就业和农业女性化对女性家庭地位和家庭权力的影响。研究发现，女性从事非农活动增加了其对家庭的经济贡献，相应地增强了其在家庭中的权力和地位。丈夫外出后，留守在家从事农业生产的女性以及其他女性拥有了更多的家庭决策权。男性农民工寄回的钱以及对家庭最有价值的财产——土地的控制，提高了妇女在农村社会的相对地位（Rebecca Matthews and Victor Nee, 2000: 606~632）。

马春华（2003）在其博士论文中就市场化对农民家庭性别关系的影响进行了研究。作者采用吉登斯的结构化理论来解析父权制度。作者的分析思路是这样的：农村妇女从市场化程度较低的地区或省份（如川西竹村）流动到市场化程度高的省份（如珠江三角洲地区）就业，市场化给普通农村妇女提供了大量的非农就业机会，在特定的非农就业模式（异地就业模式）下，她们获得的就业机会甚至超过男性劳动力。就业机会的增加使得妇女对于家庭的经济贡献增加，进而在经济分配上的权力也上升。这使得夫妻之间的性别分工、性别关系发生变化。

对于市场化对农村家庭的性别关系的影响，作者得出了比较乐观的结论：农村女性劳动力外出务工，改变了父权制的生产方式（从农业生产方式转变为工业生产方式），塑造了新的更为灵活的性别分工模式（根据情境进行分工），突破了父权制婚姻模式对女性的束缚，增强了女性对家庭收入和财产的支配权（经济上贡献的增加导致支配权的增长）；也改变了作为父权制保障模式基本单位的父系家庭的范围，削弱了"孝"的运作，塑造了新的自我肯定的自我意象和社会定位，减轻了性别偏好意识。也就是说，农村女性外出务工改变了或影响了父权制体系的规则和资源，促进了家庭性别关系趋向平等。

该研究的贡献在于用吉登斯的结构化理论对父权制理论进行了重新解读，比较早地关注农村妇女异地就业对其夫妻关系的影响。其不足有以下几点。其一，该研究仅考察了外出妇女的观点，丈夫（包括留守丈夫以及同样外出的丈夫）的观点没有考察到。而研究性别关系仅仅考察夫妻一方的观点是不够的。其二，该研究在未考察流动前农村家庭的性别关系的情况下，把流动前农村家庭的性别关系同质化为父权制下的不平等关系。其三，作者过分强调经济资源在促进性别关系走向平等方面的作用，忽视了对其他影响因素的考察。其四，作者没有对外出流动的决策进行分析，其实外出决策的制定过程隐含着性别之间的某种权力关系。

马洁（2006）在其硕士论文中分析了外出务工对夫妻关系的影响。研究发现，外出使夫妻权力关系趋于平等，在重大事务的决策权方面，夫妻共同商量的居多；外出务工没有严重影响已婚夫妇的情感交流和夫妻关系的稳定。

潘鸿雁（2006d）运用社会互构论的视角，对社会转型背景下农村非常规核心家庭内部夫妻权力关系的变化进行了探讨。作者认为，农村非常规核心家庭的形成既是社会变迁的产物，也是农民家庭的自主选择，是农民家庭决策的结果。该研究考察了夫妻双方如何在权力分配上进行调适以适应外出打工的策略安排，如何适应双方的性别分工模式，如何实现家庭整体利益。该研究认为，丈夫外出后妇女由于经济收入的提高，其对家庭经济资源的占有和支配增强了，在自身家庭中的话语权加强了，思想观念的变化则改变了其在家庭中的地位。丈夫外出后，非常规核心家庭中妻子的决策能力已大大提高，权力领域得以扩大和地位得以提高，作者把这些变化归因于家庭决策、夫妻协商的结果，归因于丈夫对自己权力的让步，归因于家庭整体主义观念的影响。

该研究的贡献在于：认为国家与家庭是互构关系，即国家主导的社会变迁推动了家庭的变迁，与此同时家庭也做出让丈夫外出的决策，家庭方面的变迁反过来也会推动社会的变迁。从中我们可以看到，家庭是能动的，不是被动的、消极的。其不足在于：尽管作者认为"外出打工"是农民家庭的一种策略，但文中看不到这种家庭策略是如何制定的。

潘鸿雁（2008a）在其专著《国家与家庭的互构：河北翟城村调查》中以社会转型加速期定州农村非常规核心家庭为研究对象，结合定性与定量的研究方法，运用社会互构论研究视角，对户籍制度变迁与外出打工家庭策略相互作用下的定州农村非常规核心家庭关系的变化进行了分析。在该著作中，作者对以往的研究成果进行了综合，即分别从经济和家庭权力分配方面探讨外出丈夫与留守妻子的性别关系。作者指出，在非常规核心家庭中，夫妻在经济关系方面既分工又合作；在权力关系方面，丈夫与妻子协商并让渡权力。该研究认为丈夫外出后妇女家庭地位得到提高、社会活动能力得到增强；在情感和性方面，夫妻之间的交流频率较低，交流时间较短，交流内容多以家庭事务为主，日常的夫妻感情表达很少，夫妻之间的亲热行为更谈不上，因此非常规核心家庭的夫妻在情感和性方面付出了代价。尽管如此，非常规核心家庭依然能维持相对稳定状态。原因在于夫妻之间的互助互爱、互相理解、互相认同，受传统文化的影响，夫妻双方对情感和性生活的期待不高。

该著作的贡献在于：运用社会互构论的视角对丈夫外出、妻子留守的非常规核心家庭的家庭关系的变化进行了探讨，分析了国家与家庭之间的互构关系，强调了家庭的主动性。其不足在于：其一，过于强调家庭内部的和谐与统一，没有看到在社会转型加速期农民流动引发的非常规核心家庭内部也成为一个竞争场域，忽略了家庭内部成员之间的利益、矛盾与冲突，特别是夫妻之间的矛盾；其二，方法论上的问题，没有对外出打工的丈夫和留守的妻子同时进行访问，从单方面访问得出的结论不那么令人信服；其三，非常规核心家庭内部也是多元的，而不是同质的，该研究将非常规核心家庭视为同质的；其四，虽然该研究强调丈夫外出是家庭的策略安排，但把丈夫外出看作家庭的既定安排，看不到丈夫外出的决策是如何做出的，无法考察到外出决策制定过程中隐含的性别关系。

"男工女耕"——农业女性化是中国农村经济改革中出现的一种新趋势。那么这种新趋势对夫妻平等意味着什么呢？有研究综合运用定量和定性研究方法对此进行了调查研究。研究发现，在经济欠发达地区，改革中形成的"男工女耕"格局不仅是传统的"男主外、女主内"的新形式，而且是农民为摆脱贫困所采取的"一家两业"的措施。在贫困地区，由于夫妻间高度的相互依赖性和传统观念的影响，"男工女耕"的夫妇不具有西方式的以个人为本位的权利、平等概念，而更多的是个人对家庭的义务感（左际平，2002）。

悲观派则认为，农民工外出流动并没有推动性别关系走向平等。有研究通过评估拥有女性劳力的家庭开办家族企业的发生率来探讨中国市场化驱动的经济发展对妇女从事非农就业机会的影响。该研究探讨了开办家族企业的家庭内工作的性别分配，发现拥有男性劳力的家庭更可能开办家族企业，已开办家族企业的家庭中，男性成员更可能参与经营。由此得出结论：中国农村妇女在向市场化转型中落后于男性，因为她们的劳动被认为在建立和维持家族企业方面不怎么有价值（Barbara Entwisle et al.，1995）。

有研究对农村劳动力外出流动中的性别差异进行了探讨（谭深，1997：42）。该研究认为，婚姻对外出女性和外出男性在发展上有不同的影响，表现为在是否外出、外出类型上，未婚人士与已婚人士的差异很大。对未婚者而言，是否外出取决于自己的意愿和条件，无论是对儿子来说还是对女儿来说，父母的干涉都是不多的。因此未婚者的外出属于个人的自主性流动。而对于已婚人士而言，夫妻考虑的基点立即转向家庭整体，家庭的性别分工也立即鲜明起来。如果有条件，夫妻会共同外出；如果条件不具备，如没人帮忙照顾孩子或种责任田，那么外出一方当然是丈夫。结婚后女性外出的机会比男性下降了一半。因而，结婚成家的责任感鼓励了男性的外出，但却制约了女性的外出（谭深，1997：44）。

关于外出流动对性别发展的影响。与在老家种田、做家务相比较，外出务工无疑被农民视为更具发展性的选择。当这种选择有限时，总是优先给男性。不论是在婚前还是在婚后，男性在流动中的地位基本是不变的，他总是外在主体或处于支配的地位（谭深，1997：44）。因此，丈夫外出、妻子留守对男性发展有利，而对妻子不利。改革开放以来，女性获得比过去更多的经济收入和发展机会，家庭内地位提高，因而得到更多的尊重和自主权。作者推测，按说流动应有助于改变从夫居的传统以及父系家庭制度，尤其是有大量全户外出的农民工家庭长期生活在城市。谭深在调查中发现，某种变化确实出现了，有的夫妻不仅寄钱给男方父母，也寄钱给女方父母；有的夫妻把儿子寄放在女方父母家，让女方父母帮忙照料。然而，由于外出不论时间多长，本质上是一种过渡状态，受现行户籍制度、土地制度制约，对绝大多数农村流动者而言，他们最终还要回归农村，回归到传统中去。因此，作者得出了比较悲观的结论：流动对传统的改变是有限的（谭深，1997：45）。

有研究从性别分层的角度对农村劳动力的转移进行了分析。该研究发现，女性在转移的数量、转移的层次、转移的速度三方面都不如男性，而在逆向转移（向农业转移）的比例上较男性大，女性在非农转移中明显表现出滞后性，致使全国不同程度地出现了农业女性化的趋势（高小贤，1994：83～84）。作者认为，农业女性化对妇女地位的提高明显不利，它使妇女劳动在家庭收入和社会总产值中的比重相对下降。尽管从事农业生产成为妇女的主要活动，但这并不意味着妇女在农业生产中占主导地位。由于农村劳动力向非农产业转移中往往带有兼业性，转移出去的男性劳动力除了依然是家庭农活的管理者，负责决定责任田种什么、种多少以及是否售出等外，每逢农忙时节他们都要回家帮忙，这使得大多数妇女劳动力在农业生产中扮演了无技能的角色。针对妇女在家里照顾责任田，但却没有在农业生产中占据主导地位这一现实，作者认为，与其说农业女性化，不如说女性农业化（高小贤，1994：87）。女性之所以在非农转移中滞后于男性，是由于家务劳动的拖累、来自土地制度的制约以及较低的教育程度（高小贤，1994：88）。

类似的，有研究探讨了农业女性化对女性的不利影响。该研究把向非农转移的机会视为发展的资源，并指出男女两性在分配非农转移这一资源时出现了不利于女性的状况：男性依然是流动的主体，农村女性向上流动的机会少。受"男主外、女主内"的性别分工模式的影响，女性外出的劳动力多以未婚者为主，形成了以男性为跨域流动主体的格局。女性多数沉积在弱质行业，如农业。农业女性化对女性的发展是不利的，因为从劳动性别分工看，农业劳动中技术构成高的劳动由男性承担，非技术性劳动由女性承担；对农业生产资源的掌握上，承担了大部分农业生产的妇女，无论是在土地、资金、技术还是信息方面都供给不足，农田流转制度对妇女不利（妇女出嫁或改嫁后有可能失去土地）。另外，"男的管、女的干"的格局依然没有改变，妇女尚未确立其在农业生产中的主体地位，生产经营的决策权基本还是掌握在男人手中，无论是家庭内还是社区范围内，生产和经营管理者大多处于分离状况（金一虹，2000：73~76）。该研究指出，对农村妇女发展而言，重要的不是在农业劳动力中占多大比例，而是能否通过新的分工获得与新的生产要素结合的机会，能否改变资源分配中的不利位置，使自己成为农业发展的主体（金一虹，2000：73）。

金一虹（1998）对非农化过程（就地向非农转移）中非制度因素如血缘与地缘对两性间的资源分配的影响进行了探讨。文章描述了血缘和地缘对本社区女性完成第一次职业转换的积极意义，也描述了非农转移过程中表现出来的差序性、女性职业低层化的形成以及新的性别利益结构，分析了乡村工业化怎样"复制"、扩大了性别等级并通过工业组织使之制度化。作者把非农转移分为"瓶颈期"和加速期，在"瓶颈期"不具备优势的女性更多要依赖血缘关系进入非农产业。因为被血缘关系所掩盖，这一阶段性别差异没有显现出来。在加速期，利益"溢出"血缘集团，注入地缘集团。在这一阶段，转移的机会进一步增多，可以考虑亲属以外的人了。这时的分配逻辑遵循的是"户公平"原则，然而当机会对于一个家庭来说也是稀少的时候，家庭对于非农化资源的分配遵循父系制，以亲缘疏密区分，遵循先男后女、先长后幼、先内后外的差序原则。也就是说，在非农转移的加速期，利益分配出现了性别差异。即使成功向非农领域转移了，在转移后的职业上也存在明显的性别差异，女性主要集中于低层职位。研究认为，非农化一方面能在一定程度上改善农村女性的生存状况，如经济状况的改善、发展空间的扩大、上升渠道的增加等，另一方面非农化发展的性别差异依旧存在，而且有扩大趋势。

魏翠妮（2006）在其硕士论文中对留守妇女问题进行了研究。该研究指出，留守妇女是在工业化和城市化的大背景下出现的独特的社会群体。研究发现，丈夫外出打工后，家庭的生产劳动、子女的养育、老人的照料等多重角色的扮演加重了留守妇女的生活和心理负担。但这些责任的承担并没有提高她们在家庭中的权力地位，因为家庭权力地位主要是由经济收入、个人的素质和文化价值观念决定的，与她们承担家庭责任的多少的关系不大。沉重的家庭和劳动负担挤压了她们的闲暇时间，限制了留守妇女的发展空间，进一步加剧了男女之间的不平等；留守妇女对公共事务参与的增加，并没有改变她们在公共生活中的弱势地位。分居生活虽然对夫妻感情没有造成普遍的负面影响，但农民工婚姻较其他婚姻存在较多不稳定的因素[①]。

丈夫外出流动与夫妻经济关系。潘鸿雁（2007，2008）以定州为例，考察了在制度变迁与定州农村社会转型的背景下，农村家庭制定外出打工策略并实践的过程。该研究发现，家庭成员会从自身的位置、角色出发积极调适和建构一种新的家庭关系以适应外出打工策略，适应社会变迁的环境。夫妻之间的经济关系在打工前后经历了如下两个阶段：外出打工前"夫妻相守望天收"、外出打工后"夫妻别离共为家"。作者在此基础上分析了外出打工后家庭经济职能的变化，即出现了强化与分离的双向进程。强化指家庭联产承包责任制恢复和强化了经济功能在家庭功能中的核心地位；分离指农业生产率的提高极大地解放了劳动力，使得一部分农民脱离了世代相守的土地。

该研究的贡献在于看到了社会变迁过程中家庭的能动性，即家庭成员围绕着外出打工这一行动在其他方面做出能动的安排；不足在于虽然作者以家庭策略视角来进行研究，但研究过程中看不到家庭决策是如何制定的。

[①] 魏翠妮认为，深层次的维系农民工家庭的纽带是以家庭整体利益为本位的家庭价值观念。

夫妻流动与夫妻关系维系。龚维斌（1999）探讨了农民外出就业对其夫妻感情关系的影响。由于已婚劳动力外出就业是基于家庭整体利益考虑而做出的理性选择，因此总体而言外出就业对夫妻感情关系的影响不大。调查发现，外出挣到钱，加上两地相思，增进了夫妻感情。由于外出就业的目的是养家糊口，且由于就业的不稳定，因此劳动力外出就业期间夫妻关系得到不同程度的增进。当然，也有夫妻关系在一方外出就业过程中破裂的。

潘鸿雁（2005a）探讨了丈夫外出打工、妻子留守这种安排对夫妻感情和性生活的影响。作者认为，由于丈夫外出打工、妻子留守，夫妻之间缺乏一种正常的家庭生活，情感和性的功能被置于次要地位，甚至被看作一种可有可无的事，而经济的功能成为首要的。因此家庭的维系与其说是一种夫妻情感的维系，不如说是生存压力与传统伦理道德的维系。

综上所述，学术界对农民工外出流动与性别进行了一定的研究，也取得了一定的成果，已有研究增进了我们对有关问题的了解与认识。与此同时，我们也注意到已有研究存在的不足。其一，已有研究多关注夫妻一方（主要是丈夫）外出对夫妻关系的影响，而夫妻双方共同外出对夫妻关系的影响则缺少研究。其二，已有研究缺乏主体视角，即没有站在农民工的立场来看待他们的性别关系；已有研究多从结构维度用家务分工和家庭权力分配的结果来考察夫妻之间的关系，缺少过程维度的研究，即没有对夫妻家务分工以及家庭权力分配的形成过程进行考察。其三，已有研究仅从妇女的角度考察夫妻之间的关系，没有考察到丈夫的观点。其四，已有研究多从经济维度考察经济资源的变化所造成的夫妻关系的变化，缺少对其他因素的考察。其五，已有研究大都在研究初始把农民工家庭的性别关系预设为不平等，没有看到农民工家庭内部性别关系的多样性。

通过对上述文献的梳理与分析，本书拟对农民工外出流动与夫妻平等问题进行探讨。为了更好地对农民工夫妻平等问题进行研究，本书将在如下方面进行努力，不仅从结构维度用客观指标如家务分工、家庭权力分配的结果来考察夫妻流动对夫妻性别关系的影响，而且从过程维度考察夫妻家务分工和家庭权力分配的形成过程，考察被研究者对这些（家务分工、家庭权力）方面的主观态度。同时本书将在对农民工夫妻关系进行分类的基础上，对流动前与流动后的夫妻关系进行比较。本书还将结合我国社会文化背景对农民工夫妻平等问题进行探讨。

第二节 香港-内地跨境移民与性别研究

关于香港-内地跨境移民的研究，主要围绕如下两个主题进行：一是从生命历程视角分析香港-内地跨境家庭的生计策略，二是从性别化的家庭策略视角分析跨境家庭内部的性别政治。

一 香港-内地跨境移民家庭的生计策略

Leung 和 Lee（2005）采用生命历程视角考察了跨越内地-香港边界的家庭如何受到移民政策的影响，以及如何能动地运用各种策略规避移民政策的限制。传统移民研究对移民的分析强调个体为了更好地工作和经济前景而单向移民，而该研究则把移民行为视为家庭的决策。跨越边界的移民家庭在可持续生计框架内做出了旨在裁决和协调个体家庭成员之间相互依赖的生命历程轨迹的决策。在这个框架中，每个家庭都有一定的混合资产可以动用，以使整个家庭的幸福最大化，迁移是这样一种可以用来适应宏观冲击的家庭生计策略。国家实施的移民限制妨碍了家庭资源的有效部署和家庭福利的最大化。这些障碍直接限制了跨界家庭成员对工作地点的选择，也干预了对老人和儿童的代际照顾安排。

该研究采用深度访谈法研究了 24 个跨越香港与内地边界的家庭。跨境家庭分为两类：家庭成员主要居住在香港，包括没有居港权的家庭成员；家庭成员主要居住在内地，包括在香港工作和学习的有香港居民身份的家庭成员。他们研究了这些家庭如何通过各种各样的生活和通勤安排应对这些限制。应对的方式如每天跨越边界去工作和学习，这种应对方式比较昂贵，不是所有家庭尤其是贫穷家庭能采用的。因此，一些家庭设法回避法律，非法进入、通行证到期后延期滞留香港。上述不同阶层不同的应对方式显露一个分层系统，这个分层系统使得劣势家庭的处境变得更糟糕。

该研究的贡献在于引入生命历程视角分析香港-内地跨境家庭的能动性，即灵活地做出安排以满足家庭的生计以及赡养老人和抚养子女。其不足在于看不到跨境家庭内部性别政治与代际政治的内部轮廓。该文分析焦点在于作为整体的家庭如何应对国家的措施，以及因为策略性资源的不同分布所导致的分层（Hon-Chu Leung and Kim-Ming Lee，2005）。他们关注家庭与社会之间的政治关系，但是我们必须注意到在由迁移和家庭分居引起的家庭变迁过程中家庭内部也成为一个竞争场域（Chan and Seet，2003；Chan，1997）。该研究没有看到跨境家庭内部个别家庭成员的压力，为了家庭的共同利益，个别家庭成员放弃了他们自己的希望和欲望。谁做出了牺牲？又是为了谁做出牺牲？可能与个体在家庭内部的权力份额有关。因此，我们有必要分析家庭迁移和分散过程中妇女和儿童的困境。

二 香港-内地跨境移民家庭的性别政治

Wong Wai Ling（2002）在其硕士论文《性别和跨境家庭组织的政治学》中采用质性研究方法详细地探讨了大陆和香港移民法律之间的不协调以及由此造成的不完整的家庭团聚和跨境家庭现象，并且分析了这些家庭如何能动地维系家庭以及在此过程中展现出来的性别关系。作者认为跨境家庭的组织形态是社会制度的限制和家庭成员主动互动的结果。作者依据夫妻安排的不同，将跨境家庭分为合法团聚型、双重国籍型和分离型，并探讨了不同类型家庭组织中的性别关系。

该研究比较系统地对香港-内地跨境家庭进行了研究，综合运用性别视角和策略视角，对跨境家庭进行了合理的分类。该研究发现，家庭形态和性别关系是动态的、灵活的且能对情境做出应对。夫妻在家庭中地位的变化是家庭策略安排的结果，夫妻双方都在获得了一些新的权威的同时失去了一些先前的好处。研究指出，跟家庭团聚前相比，家庭团聚后性别角色和夫妻协商的根基有所变化，但父权的家庭意识形态阻止了性别关系朝更为平等的方向发展，父权家庭秩序仍得以持续。

该研究首先质疑了女权主义理论的部分假设，女权主义关于家庭嵌入在更大的社会经济背景中的看法是正确的，但作者指出，制度未必以统一的方式塑造家庭，因为不平等的结构在塑造社会关系时是相互影响的。其次，作者认为一般的性别分层理论中没有考虑到能动性。这些分层理论倾向于把妇女视为受父权制和资本主义压迫的次要的和消极的受害者。最后作者指出，对家庭内性别结构的研究不能仅仅注意家庭劳动的分工，因为家务仅仅是家庭生计的一部分。

该研究的局限在于：首先，作者没有对不同阶级的跨境家庭进行比较，其实作者所划分的三种跨境家庭是与家庭的经济状况有关的，尤其是与户主（丈夫/父亲）在香港的社会经济地位有关。父亲（丈夫）在香港的经济地位直接影响着跨境家庭的组织形态。其次，作者选择的个案都是成功的，没有包括失败的案例。是不是所有的跨境家庭都能得以维系呢？这是一个值得探讨的问题。

第三节　跨国移民与性别研究

本节回顾了国外关于移民与性别关系以及跨国家庭生存策略方面的文献。关于移民对性别关系的影响，已有研究分别得出了乐观和悲观的结论。乐观派认为，移民到外国会推动跨国家庭的性别关系走向平等；悲观派则认为，跨国家庭的性别关系并没有因移民到国外而发生变化，原有的不平等关系依得以维持。

一　移民与性别关系

（一）移民推动性别关系走向平等

性别和移民的早期研究一般认为，就业和迁移到美国通常会提高移民妇女在家庭中的权力（Chavira, 1988；Curry Rodriguez, 1988；de La Torre, 1993；Grasmuck and Pessar, 1991；Hondagneu-Sotelo, 1992, 1994；Lamphere, 1987；Rouse, 1992）。流动通常对妇女的劳动力参与有正面影响。增加的就业机会以及经济上更大程度的独立，有利于促进妇女们对家庭财政和其他决策领域的控制以及施加更大程度的影响，以便让男人参与做家务（Boserup, 1970；Grasmuck and Pessar, 1991；Lamphere, 1987）。这些研究大部分使用资源理论来解释，资源理论认为妇女从事有薪工作会增强她们对家庭资源的控制，因此会增加妻子的权力和权威。由此，妇女从事有薪工作应该会减少妇女对家庭劳动的贡献，增加男人对家庭劳动的贡献。

与上述学者强调有薪工作不同，其他学者强调迁移和定居过程在增强移民妇女权力中的作用。例如，Curry Rodriguez（1988）和 Hondagneu-Sotelo（1992, 1994）认为，由迁移和定居引起的夫妻长期分居推动墨西哥移民家庭朝更为平等的性别关系转变。类似的，其他研究者（Hagan, 1994；Hirsch, 2003；Rouse, 1992）认为，通过移民到美国，墨西哥移民妇女获得了更大的权力意识，尤其是她们的空间流动性增加、获取资源和经济的机会增加、实现伙伴式婚姻的机会增加和法律保护她们免受家庭暴力。

Pierrette Hondagneu-Sotelo（1992）在《克服父权限制：墨西哥移民妇女和男人性别关系的重构》一文中运用质性研究方法考察了性别如何影响美国的墨西哥男性与女性移民的迁移、定居经历，以及迁移经历又如何重构性别关系。

该文通过对家庭阶段性迁移的研究发现，迁移经历如夫妻分离使得妇女们获得更大程度的性别独立，男士们则在妻子不在时学习承担传统上由妇女们来做的工作。作者认为这种迁移经历重塑了性别关系。文章比较了不同时期的两类移民家庭：一类是丈夫1965年前离开墨西哥的家庭前往美国，另一类则是丈夫1965年后离开墨西哥的家庭前往美国。作者认为配偶间的长期分离改变了父权模式和传统家庭内部的性别劳动分工，墨西哥家庭定居美国后朝着更为平等的夫妻关系方向变化。对迁移的不断变化的环境的考察，阐释了在墨西哥移民家庭中父权控制流动变化的特征。

该研究的贡献在于：作者在文章中对将墨西哥移民家庭中父权弱化归因为受现代美国文化的影响、接受了女权主义意识形态或者妇女对家庭经济贡献的增加的观点进行了挑战，她认为是迁移过程本身导致了父权的弱化。她挑战了移民文献中的家庭策略，认为家庭策略过于强调家庭中的和谐与统一，忽视了家庭内部不同成员尤其是男性与女性之间利益上的分歧和冲突。她认为家庭策略模型没有考虑到性别的影响，因而只能捕捉到家庭内部的部分现象。

Pierrette Hondagneu-Sotelo（1994）在《性别变迁》（*Gendered Transitions*）一书中探讨了性别与移民之间的关系。作者认为移民和性别之间的关系相互交织在一起，即性别关系如何塑造了不同的迁移模式；反过来，迁移经历又重塑了性别关系。作者详细地分析了家庭和社会网络中的性别关系塑造了墨西哥男人和妇女不同的迁移模式。家庭外的力量既提供了压力，也提供了资源和机会。正是父权制下家庭和社区中的性别关系以及代际阶层和文化，共同决定了这些来自外部的压力和机会形成不同的迁移模式与定居模式。父权制下的性别关系，宏大的经济和政治因素通过父权制性别关系对实际的迁移模式产生影响。迁移和定居模式弱化了父权制度下的性别关系，表现在家庭劳动的性别分工、家庭内的决策权力和妇女与男人的空间流动。作者发现墨西哥移民家庭中出现了一种趋势，即性别关系走向更为平等。妇女在家庭定居美国的过程中起到了重要作用，这种作用甚至超过了男人。作者认为，出现父权弱化的原因是丈夫北上美国打工客观上增强了妇女独立自主的能力，这种迁移所造成的夫妻长时间的分离虽有负面的功能，但也具有正面的功能。作者认为不是受现代化和女权主义的影响，而是迁移的经历导致父权的弱化和女性家庭地位的提高。作者不仅挑战了文化方面的现代化和女权主义的解释，而且认为性别关系是流动的，性别关系会随着环境的变化而变化。

Pierrette Hondagneu-Sotelo（1992，1994）研究的不足。首先，她仅仅对在美国的墨西哥移民妇女进行了研究，而没有与边界另一端未移民的妇女的情况进行对比，就把墨西哥移民家庭性别关系的变化归因为迁移经历。其次，作者遵循的是母国与客国二分的分析范式，把美国假设成性别平等的国家，把墨西哥假设为性别不平等的国家，因此认为与那些未移民的墨西哥妇女相比，移民到美国的墨西哥妇女会更有权并从父权中解放出来。实际上该研究范式的缺陷在于忽视了美国家庭中也存在性别不平等。例如，罗林斯（Rollins, 1985: 104, 183, 184）的研究表明，白人中产阶级妇女经常坚持"家庭工作是妇女的工作"这样一种传统的观念。白人妇女通过雇佣有色移民妇女来完成自己的家庭责任（主要是家务，包括照顾子女），这些佣工的雇用者实际上促成了性别以及种族和阶层不平等的持续。

（二）移民与性别不平等的延续

随着研究的推进，研究者们开始重新评价他们关于就业、迁移、定居经历导致移民妇女解放的初始结论。越来越多的研究者认为，有薪工作和迁移在给移民妇女增权的同时也给她们带来了难以承担的责任。例如，很多学者现在挑战经济上简化论和资源理论性别中立的假设，对于妇女就业会带来性别平等的观点也不再那么乐观（Espiritu, 2003; Foner, 1998; Lim, 1997; Pessar, 2003; Zentgraf, 2002）。实际上，这些研究表明，移民妇女就业与性别之间的关系是相当复杂的，不是单单用经济资源就能解释的。相反，许多中间变量（结构和文化因素）如阶层和种族、族裔背景、父权意识形态、社会歧视等复杂化了移民家庭内部移民妇女就业与性别之间的关联。因此，移民妇女的就业未必导致更大程度的性别平等。

如上所述，关于移民和性别的研究多采取母国/客国两分法。也就是说，母国主要是第三世界不发达国家和地区普遍存在性别的不平等，而在发达国家或地区（如欧美）则存在性别平等，因此移民从第三世界迁移到发达国家，性别会经历从不平等到平等的变化。例如培萨就认为，在美国就业和迁移或定居的经历最终会缩小性别不平等的物质和社会根基（Pessar，2003：20）。

对于上述这种看待迁移和性别关系的二元论视角，Manuel Barajas and Elvia Ramirez（2007）是持批判态度的。作者认为，在没有将墨西哥移民妇女与那些未移民的妇女进行比较的情况下，是不能肯定地将墨西哥移民家庭性别关系的改变归因为移民妇女的就业或迁移经历的。性别和移民学者通常仅对边界一端（通常是发达国家如美国）的移民妇女进行研究，而对边界另一端的情况则鲜有研究。为了推进对墨西哥移民家庭性别关系的理解，作者从比较的跨国的视角来考察就业、迁移和性别关系之间的关系。作者基于对一个跨国移民社区中妇女的质性研究，考察了妇女对性别增权的看法、对性别理想模式的坚持及其实践和代际之间、边界两端的家务分工。该文采用跨国界比较的视角考察和评估了墨西哥妇女的就业、迁移和性别关系。具体地说，该文考察了代际和边界两端家庭权威模式和家务的性别分工。

该研究质疑了上述这种盛行的看法，即认为与在墨西哥时相比，在美国移民妇女们会越来越有权，移民妇女们会从父权专制中解放出来从而获得自由。研究发现，边界两端的性别意识形态不仅在代际之间经历变化，而且性别意识形态与实践之间存在差距。研究表明，尽管性别平等的理想模式受到边界两端越来越多人的接受，但是性别理想模式被持续性的性别不平等实践缓和了。因此，尽管跨国背景下性别理想和主体性的特性在不断变化，但是边界两端的墨西哥家庭中性别不平等仍在延续。因此，迁移、有酬工作和定居美国没有把墨西哥妇女从男权中解放出来。墨西哥妇女不仅在母国而且在客居国（美国）都必须与男权抗争。美国妇女表面的增权更多是一种幻想，而不是现实。美国妇女比起墨西哥妇女有更高的家庭权威，但同时承担了更多的家务琐事和有酬工作。研究发现，边界两端的墨西哥年轻一代妇女不像老一代妇女那么坚持传统的男性权威的理想模式。

作者认为，许多移民和性别的研究常常缺少比较的、跨国的、代际的视角，在没进行比较的情况下就假定在墨西哥及其他发展中国家性别关系是静态的和传统的，而在美国及其他工业化国家则是现代的和动态的。

有别于以往的研究，作者认为不能采用母国与客国的两分模式来研究跨国家庭中的性别关系模式，建议将来的移民研究要走出这种两分法，要采用比较的、跨域的分析和田野研究，同时注意移民社区内部的多样性。

二 跨国移民家庭的生存策略

跨国家庭指的是分隔于两个国家、保持紧密联系、依靠跨界的劳动分工，即在客居国进行生产活动而再生产活动留在母国的家庭（Leah Schmalzbauer，2004）。

美国学者 Susan Rose and Sarah Hiller（2006）运用口述史的方法探讨了跨国移民家庭和社区的形成及循环，移民对妇女、儿童的影响。

首先，作者探讨了美国-墨西哥跨国家庭的形成。美国与墨西哥边界的移民已经成为墨西哥家庭的一种重要经济策略，为寻求生计的循环，移民经常造成家庭成员的分离。

其次，作者分析了美国-墨西哥跨境家庭面临的苦楚。虽然墨西哥移民为了生计循环迁移，对移民工人及其家庭以及对美国雇主和消费者都有好处，然而循环移民也给移民及其家庭带来了损失，如造成家庭成员两国分居。分居生活对墨西哥家庭的影响表现为：在家的成员见不到不在场的其他成员，如父母、丈夫、孩子、兄弟和姐妹；缺少面对面的互动，不利于亲密感情的培养，感情上容易产生隔膜。

再次，作者探讨了美国-墨西哥跨国家庭的维系方式。汇款是墨西哥移民保持与家庭物质联系的方式，其他方式包括电子信箱、手机、不昂贵而又可获得的交通工具。长期的循环移民在美国与墨西哥之间形成了锁链移民模式，亲带亲、故带故，家庭成员跟随其他的家庭成员来到美国。锁链移民模式给后来的移民提供工作及居住的场所。在美墨西哥移民经常与家庭成员保持联系，在美国与墨西哥之间形成了非正式的人际网络，这种非正式网络是一种重要的社会资本，方便潜在移民找工作和为后来的移民提供住所。在美国，墨西哥移民社区形成的强大网络不仅有利于后续的移民，而且也有利于分居家庭的团聚。男性通过网络找到工作，妇女则借此实现家庭团聚。尽管迁移致使关系紧密的家庭成员分离，但迁移不仅被当作一种经济策略，而且有助于家庭的维持。

最后，作者探讨了跨国家庭得以维系的原因。在美墨西哥移民与边界另一端的家庭成员忍受着分离之苦，但是爱支撑着他们。一些家庭分裂了，一些家庭成员之间的关系则得以延续并且加强了。墨西哥人移民美国多是受经济驱动，为的是改善家庭的经济状况，提高家庭在当地的社会经济地位，提高家庭的生活水平。墨西哥人移民美国不是为了个人，而是为了给家庭提供支持，特别是为了给孩子提供更好的生活。家庭的责任感使得在美墨西哥移民可以忍受分离之苦。虽然经济因素是墨西哥人移民美国的主要动因，文化因素的影响也不可忽略。在墨西哥的一些地方，向美国移民不仅是一种经济策略和生活方式，而且已经成为当地的一种文化。男性将此视为一种历程仪式，看作男人对家庭应当承担的责任，因为这不仅可以使个人成长，而且可以改善家庭的经济状况。

Leah Schmalzbauer（2004）进行了为期两年、涉及两国 157 个个案的研究，探讨了洪都拉斯跨国家庭的生存策略。该文将跨国文献和家庭文献联结起来。作者指出，跨国文献关注宏观的过程，而家庭文献则强调邻近性，跨国移民文献很少与家庭研究文献进行对话。跨国移民文献主要讨论政治、经济、文化和身份，然而关于家庭研究的文献很少考虑迁移或者长期生活于跨国情境中的家庭。作者利用访谈和田野研究，通过分析贫穷家庭如何跨越边界组织的生产和再生产劳动来填补跨国移民和家庭文献的空白，从而将上述两种文献联结起来进行对话。

首先，作者探讨了跨国家庭形成的宏观原因。跨国迁移是这样的一个过程，移民通过这个过程形成和保持多种社会联系，以将来源地与居住地联结起来。对于贫穷和失业的工人来说，母国与客居国之间的跨国路径是他们的生存路径。跨国迁移是对结构性不平等做出的应对，结构性的不平等使得家庭难以在母国维持生计，不得已迁移到其他国家进行谋生。跨国移民通过在两地之间保持资源基地来保证生计安全（Levitt，2001）和通过进入两个市场使家庭收入多元化（Massey，1999）。跨国移民理论克服了传统移民框架的不足，它解释了个人和家庭的生活是如何在社会、政治和经济方面扎根于两个国家的。作者在研究贫穷的洪都拉斯人的家庭结构及其生存策略时，将家庭理论和照顾置于跨国的架构中。

其次，作者探讨了跨国家庭的照顾结构和维系策略。该研究发现，亲属和"其他妈妈"的照顾工作构成了贫穷的洪都拉斯跨国家庭的照顾结构和策略，跨国移民通过汇款从物质上维系跨国家庭，而"其他妈妈"如在美国打工的洪都拉斯人的亲人尤其是他们的母亲、妹妹、姐姐等所提供的对他们子女的照顾，是他们家庭收入的一个重要的补助。洪都拉斯家庭依靠在美国打工的亲人的汇款满足家人日常的生活、就医、上学等需求。

再次，作者探讨了跨国分离面临的痛苦。在美国打工的洪都拉斯人为了积累钱财、汇款回家做出了巨大的牺牲，他们不仅要忍受与亲人分离的情感痛苦，面对子女对他们在美国打工的不理解以及与子女关系的亲密感的丧失，而且在低薪酬、没有保险和恶劣的工作环境下工作的他们同时要遭受经济上和身体上的不安全感。

最后，作者从文化的角度分析了跨国家庭得以维系的原因。他们主要通过汇款、电话和偶尔回家探亲与家人及其家乡保持联系。他们之所以会汇款回家，是因为物质和经济上的汇款扎根于抚育工作的价值中。也就是说，他们觉得从经济上支持和照顾家庭是他们的责任，是他们的义务。

Evelyn Nakano Glenn（1983）对华裔美国人的家庭策略进行了研究。作者指出，相对于频繁使用制度主义视角研究黑人及西班牙裔家庭生活，对华裔美国家庭的研究排他性地使用文化视角。文化视角的研究强调华裔家庭的连续性，将华裔家庭描绘为静态的。作者在研究中没有采用文化视角，而是运用制度视角，强调华裔美国人家庭形态不断变化的特点，这个特点源于不断改变的制度限制与华裔家庭在面对这些限制时所做出的不断努力。历史分析揭示，不同时期的特定政治和经济条件下出现了三种家庭类型：分居家庭、小生产者家庭和双职工家庭。这些不同的家庭类型的存在表明，实际上反映了华裔家庭应对美国生活条件的策略。作者将家庭定义为通过婚姻和血缘联系在一起，合作完成生产、消费、生育和社会化等基本活动的一个群体。

在分隔家庭中，家庭的正常功能及父母与孩子的关系受到影响。在分隔家庭中，暂居美国的华人移民汇款支持家里的妻子、子女、父母、兄弟和其他亲戚。在一些村庄，海外的汇款构成了收入的主要来源。分隔家庭中，生产活动由远在美国的中国移民来完成，与生产活动分离的其他活动如再生产活动、社会化、消费活动则是由留守在家的妻子和亲戚完成的。尽管面对地理上的分隔，家庭仍旧是一个相互依赖和合作的单位。由于再生产和家庭维持的成本是由家庭的妇女和老人来承担的，因此这些华工的工资被压得很低。暂居美国的华工的汇款，虽然按照美国的标准来说很少，却可以给中国的家庭成员提供舒服的生活。分隔家庭的特征是：男性旅居美国、两个家（一个在美国一个在中国）、工作与家庭生活是分离的、跨国劳动分工如丈夫或父亲在美国从事有酬工作而妻子或其他亲戚则在中国从事无酬家务和生计工作、分离的夫妻角色与代际关系。

小生产者家庭具有如下几个特征。首先，家庭生活和工作没有明显的界线。子女的照顾、家庭的维持以及收入与生产活动在同一时空中发生。其次，家庭作为生产和消费单位本质上是自给自足的，所有的家庭成员包括孩子都为家庭收入和家庭维持做贡献。再次，依年龄和性别进行劳动分工，根据能力和经验划分责任等级。丈夫和妻子的经济角色是相似的。最后，强调整体胜于个人，高度重视家庭成员之间的合作，可能引发家庭冲突的自我表达受到约束。

双职工家庭的特征是夫妻都在次属劳动力市场找工作，在劳动密集型行业、低资本服务业和小型的制造部门从事有薪工作。尽管夫妻双方挣的工资都低，但通过集中夫妻所挣收入仍能维持家庭。工作与家庭生活完全分离。夫妻的角色是对称的，即夫妻共同养家，夫妻都要从事有酬和无酬工作，但在分离的场景中。

周敏（1995）对唐人街的华裔移民妇女进行了研究。作者采用文化视角考察了移民妇女担当的多种角色和在劳务市场的经历，并考察了她们的经历对适应社会所起的重要作用。研究指出，虽然移民妇女在经济方面所做的贡献已大大提高了她们在家庭和社区中的地位，但是要想在唐人街实现男女平等，还有一段很长的路要走。受男权主义的影响，移民妇女从事的职业是低档的，经济上的作用和表现往往被忽视，她们的工作得不到赏识，她们的贡献被贬低，不受重视。为了提高家庭的社会地位，为了达到家庭的目标，她们参加工作，与丈夫共同挣钱养家，与此同时承担传统规定的家庭角色。为了家庭的整体利益，她们心甘情愿牺牲自己。尽管在工作中和家庭中受到男权制的影响，但她们并没有把自己看成男女不平等和歧视女性的受害者。按照中国文化传统，个人是不首先考虑个人成就的，要首先考虑家庭和社区的利益。对于移民妇女而言，家庭的利益总是高于一切。她们参加工作，是全家人为提高社会地位而采取的策略的一部分。周敏指出，唐人街虽然被包围在世界最先进的文明之中，却长期保持着最传统的中国文化和价值观。移居美国后，中国移民妇女仍然保持传统的价值观和期望，并受家庭义务的约束。唐人街的移民妇女参加工作是经济上的需要，她们的收入和丈夫的收入加在一起作为家庭的收入。可是，妇女就业和挣到的收入并没有改变家庭对她们的观念和态度。即使成了挣工资的就业者，人们仍期望妇女履行作为贤妻良母的义务。虽然有些妇女意识到移居外国是摆脱家乡社会长期压迫她们的那套家长制传统的一条途径，但是不少妇女仍然带着传统的价值观并扮演传统的角色。因此，妇女想得到与男子同等权利的愿望，仍然像移居美国以前一样，可望而不可即。总体而言，妇女所起的作用对提高家庭的社会地位是必不可少的，移民妇女们认为这样做是理所当然的。

通过对国外跨国家庭文献的梳理，我们发现已有研究围绕如下几个主题进行。一是探讨跨国家庭的形成。跨国家庭主要是由迁移引起的，迁移原因有宏观层面也有微观层面。二是跨国家庭面临的困境及其生存策略。困境主要是时空上家庭成员不能在一起，由此引发了分隔于两国之间的家庭成员之间的相思、情感上分离的痛苦、角色扮演的困难等。维系策略主要是物质维系和情感维系。三是跨国家庭内部的性别政治。跨国家庭成员围绕着迁移而出现的权力博弈。

综合国内外流动与性别研究成果，我们发现，已有研究在推动我们对性别关系理解的同时也存在一些局限，表现在以下三方面。其一，已有研究多从资源理论和父权制理论对流动引起的性别关系变化进行解释，已有研究对资源的理解还比较狭隘，仅限于经济资源，非经济资源对性别关系的影响没有被考察。其二，已有研究更多的是从结构维度用家务分工、家庭权力分配的结果来考察性别之间的平等，缺少过程维度的考察，即没有对家庭分工和家庭权力分配的形成过程进行考察，因为同样的家务分工、家庭权力分配结果可以由不同的过程来形成，不同的过程可能隐含着不同的性别关系。其三，已有研究很少结合社会和文化背景来对性别关系进行理解，而人的行动是嵌入社会结构（Mark Granovetter, 1985）、嵌入社会文化背景中的。正如 Thomas Burns（1973）所言，必须结合社会文化背景，行动的意义才能得到理解。本研究尝试克服已有研究的不足。

第二章 研究设计

第一节 概念界定

一 农民工

究竟如何界定农民工，迄今还没有明确的、公认的说法。有研究认为农民工外出流动包含地域流动、职业流动和阶层流动（李培林，1996）。该研究认为"流动民工"的流动具有三重含义：一是在地域上从农村向城市、从欠发达地区向较发达地区流动；二是在职业上从农业向工商服务等非农产业流动；三是在阶层上从低收入劳动者阶层向其他收入较高的职业阶层流动。流动民工中的"工"泛指非农行业，既包括工业又包括商业，既包括被雇又包括自雇。本研究认为，农民工指从农村外出流动到城市或发达地区从事非农活动，家乡还有承包地，户籍身份还是农民的劳动者。本研究所指的农民工不包括在本地从事非农活动的劳动者，指跨县、市或省就业的农民工。

二 流动

本研究把流动定义为农民从农村进入城市务工或经商，主要包括职业上的流动和空间上的位置移动，指跨区域（县、市、省）的流动。

三 单流动家庭与双流动家庭

单流动家庭又称"分隔家庭"或"分离式家庭"。单流动家庭指农民夫妻一方外出务工或经商而另一方留守的家庭。双流动家庭指农民夫妻共同外出务工或经商的家庭。

四　家庭理性

受儒家伦理本位和家庭本位文化的影响，已婚农民工的理性不是个体层面的个人理性而是集体层面的家庭理性，即作为家庭成员的个体思考问题的出发点以及行为的目的不是为了个体的利益，而是为了家庭的整体利益。

五　家庭策略

家庭策略是一系列行动，这些行动旨在平衡家庭资源、消费需求和替代性生产活动方式（Pessar，1982）。本研究认为，家庭策略是指面对社会转型过程中制度变迁所提供的机会与空间，为使家庭资源与家庭消费需求得以平衡，农民家庭安排家庭成员外出从事非农活动，以及由此引发的种种活动安排。

六　父权制

从字面上理解，父权制指的是"父亲的统治"。中国学者对父权制进行了如下定义。

>"父权制是以父系的血缘关系为纽带结成原始社会基本单位的制度，又称父系氏族制。继存时间大体相当于新石器时代晚期至金石并用时代。父权制家庭中的各项事务由父亲或年长男人决定，父亲是家长，是家庭的统治者，妻子及其子女处于附属地位，亲属传袭规则依父系传递并按父系计算。"（潘允康，2002）

中国传统社会是农业社会，而所有的农业文明都是以父权制的家庭为基础的。中国的家族是父权家长制的（patriarchy）（瞿同祖，1996：5）。儒家学说为中国人的家庭生活提供了可能的范本，它描述了一个父权制的、父系的和从夫居的家庭体系。在这个体系中，性别、年龄和辈分共同决定了一个人在家庭秩序中的位置、角色、权利和义务。男性支配女性，年长的支配年轻的。家长都是由最年长的男性担任的，支配全家的财产和经济，同时决定着家庭成员的工作、生活甚至婚姻。这一整套严格的等级和性别原则构成了儒家父权制的中心（马春华，2003：31）。董仲舒从本来表示相互之爱的"父子有亲，君臣有义，夫妇有别，长幼有序，朋友有信"中抽离出三纲:"君为臣纲,父为子纲,夫为妻纲",强化了中国父权制关系中被支配者对于支配者的绝对服从,强调君臣、父子和夫妻这三种支配关系的同一性:前者对后者的绝对权力和后者对前者的绝对服从。这形成了一个严密的父权制的伦理体系(刘广明,1993:47~76)。

七 性别关系

女性主义者在分析社会性别关系(gender relationship)时,多采用父权制这个概念来说明为什么在社会性别关系中,男性与女性的权力关系不平等,以及它们造成男性统治和妇女被剥削和压制的后果(马春华,2003:19)。家庭中的性别关系表现为夫妻关系、亲子关系、兄弟姐妹之间的关系。在中国的父权制下,女性出嫁前从父,出嫁后从夫。

对中国人影响最大的儒家学说,为中国人的家庭生活提供了一个以严格的性别和等级原则为中心的范本,每个人在家庭秩序中的位置、角色、权利和义务,都是由其性别、年龄和辈分共同决定的。男性支配女性,年长的支配年轻的。最年长的男性担任家长,拥有对家庭所有成员和所有家庭财产的支配权和处分权。子女对父母、妻子对丈夫,都要保持绝对服从。汉代儒家学说的基本思想为"三纲":君为臣纲,父为子纲,夫为妻纲。"三纲"强调父权和夫权的合理性,父子、夫妇间的统治与被统治的关系,子、妇应该对父、夫绝对服从。简单地说,性别关系就是男性与女性之间的社会关系。在本研究中,性别关系主要指作为两性的丈夫和妻子之间的社会关系。

八 社会交换

根据霍曼斯的观点,社会交往过程可以被设想为"一种至少在两个人之间的交换活动,无论这种活动是有形的还是无形的,是多少有报酬的,还是有代价的"(布劳,2008:88)。社会交换具有广泛性,包括市场交换和非市场交换。本研究所讲的社会交换是非市场交换,交换的主体仅限于夫妻之间。用于交换的资源既包括经济资源,又包括非经济资源。

第二节 理论视角的选择

根据文献回顾,笔者注意到研究性别关系的理论主要有父权制理论、女权主义和资源交换理论。本研究理论视角的选择建基于已有研究之上。

一　父权制理论

19 世纪，人类学家梅因的著作是最早探讨社会性别支配的论著之一。梅因的重要贡献在于将"父权制"这一术语引入自己关于法律体系的描述之中。梅因认为，在现代法律制度化之前，社会由家庭构成，而家庭本质上普遍是父权制的（Maine，1963：118~119；沃特斯，2000：268）。在梅因看来，父权制组织具有如下特点。

> 在家庭中，年龄最大的男性家长，也就是最老的长者，是至高无上的。他的统治扩展到了生与死，无条件地加在他的孩子和家人身上，就像加在他的奴隶身上一样。实际上，这种为人孩子的关系与为人农奴的身份之间要说显出什么不同，大抵也不过就是血缘上的孩子有朝一日会成为自家之长（Maine，1963：118；沃特斯，2000：268）。

由于父权制家庭是经济单位，所以它们都带有帝国主义的性质，试图通过征服和收养而不断增加它们的土地和劳力供给。因此，它们能成长为共同体，但维系纽带仍然是对在世的最年长的男性保持普遍服从（沃特斯，2000：268）。

据沃特斯（2000）的分析，古代罗马法典型地体现了父权制的最初发展。在罗马法中，妇女们在婚姻中实际上变成了她们丈夫的"女儿"。丈夫可以对她们实行严格约束和统治，而不会受到法律或国家保护的牵制。与此相反，在 19 世纪的法律中，未婚妇女在形式上是自由的，只有已婚妇女才要服从其丈夫的意志。在正式的法律条文中，直到 19 世纪之前，妇女们是基于个体之间的契约安排，而自愿地服从男人的意志。沃特斯（2000：268）将梅因的社会性别观点概括为"契约下的从属"。

沃特斯（2000）指出，韦伯对社会性别的兴趣限于它作为一套组织化支配系统的发展，而不是作为一种权力的一般性结构的发展。韦伯将父权主义看作传统型支配类型的最根本的例子，在传统型支配的情况下，对支配的诉求所依据的是习惯上确立起来的规则和权力。

"父权主义"指的是这样一种情况：在一个通常按照经济基础和亲属关系组织起来的群体［家户（household）］当中，由一个根据特定继承规则确定的特定个体进行统治。长老统治和父权主义通常是并肩建立起来的（Weber，1978：231；沃特斯，2000：269）。

沃特斯（2000：269）指出，在高度成熟的组织类型体系中，父权主义是一种严格限定的支配类型。当家长仅在他自己的家户中实施权威时，才会出现父权主义。在父权主义下，家长的权力是不受限制的。妇女和儿童构成了家户的财产，妇女的地位是依附性的。

恩格斯认为对妇女的压迫是阶级结构的一个方面。对私有财产的控制使得一些男人可以控制另一些男人，不仅如此，所有男人都得以控制妇女。妇女们被限制在家庭领域，这意味着她们需要辛苦工作以确保系统的再生产。她们生育、抚育新的工人，要服侍并在感情上支持作为工人的丈夫。妇女还构成了劳动力的预备军，在需要的时候投入生产系统，在不需要的时候退回家庭领域。妇女预备军的存在充当了劳动力的蓄水池，减弱了男性劳动力讨价还价的能力，有利于统治阶级的利益（沃特斯，2000：270）。

恩格斯认为男性支配的根源在于财产制度。马克思本人并没有对妇女问题进行广泛的论述，而他的合作者恩格斯却创建了一种有关家庭的原始人类学。恩格斯在《家庭、私有制和国家的起源》一书中接受了摩尔根的观点，认为可以把史前史划分为如下几个阶段（见表1）。

表1 恩格斯论婚姻关系发展各阶段

阶段	婚姻形式	社会性别模式
蒙昧	群婚制	分化（男人狩猎，女人采集）但平等
野蛮	对偶婚制 纳妾制 一夫多妻制	妇女是父权制家庭的财产
文明	一夫一妻制（专偶制）	夫妻间女性处于从属地位

资料来源：沃特斯《现代社会学理论》，杨善华等译，北京：华夏出版社，2000。

在蒙昧阶段，财产是公有的，婚姻关系建立在自由开放的基础上。这个阶段不存在任何特定手段，可以由某一性别支配另一性别。从属关系是随着私有财产的出现，在野蛮阶段出现的。在这个阶段，牧群和农业用地所有制已经变成了一种决定性的权力之源。男人们建立父权制家庭，而这些父权制家庭能够聚敛地产、禽畜和奴隶。婚姻体现为一夫多妻制和纳妾配对，妇女处于男性的绝对统治之下。

财富的家庭私有化以及财富的迅速增加，给了以对偶婚和母权制氏族为基础的社会强有力的冲击。随着财富的增加，财富一方面使丈夫在家庭中占据比妻子更重要的地位；另一方面，又产生了利用这个增强了的地位来废除传统继承制使之有利于子女的原动力。母权制随着财富的增加而被废除了，从按母系计算世系的办法和继承权向按父系计算世系的办法和继承权转变（恩格斯，1999：54～56）。母权制的被推翻，乃是女性的具有世界历史意义的失败。丈夫在家中掌握了权柄，而妻子则被贬低、被奴役，变成了丈夫淫欲的奴隶，变成单纯生孩子的工具了。父权支配着妻子、子女和一定数量的奴隶，并且对他们握有生杀之权（恩格斯，1999：57）。随着家庭形式从对偶婚向专偶婚（一夫一妻制）过渡，为了保证妻子的贞操，从而保证子女出生自固定的父亲，妻子便落在丈夫的绝对权力之下了，即使打死她，那也不过是行使他的权利罢了（恩格斯，1999：58）。一夫一妻制建立在丈夫的统治之上，目的在于生育确凿无疑的生父的子女；而确定这种生父之所以必要，乃是因为子女将来要以亲生的继承人资格继承他们父亲的财产（恩格斯，1999：62）。

在恩格斯看来，妇女的从属地位在一夫一妻制当中达到了顶峰，这是母权制向父权制的转移，是对孩子控制权的转移。恩格斯指出，一夫一妻制不是以自然条件为基础的，而是以经济条件为基础的，即以私有制对原始自然产生的公有制的胜利为基础的第一个家庭形式（恩格斯，1999：65～66）。

> "在历史上出现的最初的阶级对立，是同个体婚制下的夫妻间的对抗的发展同时发生的。个体婚制是一个伟大的历史的进步，但同时它同奴隶制和私有制一起，却开辟了一个一直继续到今天的时代。在这个时代中，任何进步同时也是相对的退步，因为在这种进步中一些人的幸福和发展是通过另一些人的痛苦和受压抑而实现的。"（恩格斯，1999：66）

上述这段阐述对社会主义女性主义理论影响颇深，恩格斯认为社会性别之间的关系是一种阶级关系（恩格斯，1999：76）。

在恩格斯看来，女性家务劳动的价值随着家长制家庭，尤其是专偶制个体家庭的产生，情况改变了。原来包括许多妇女和他们子女的古代共产制家户经济中，委托妇女料理家务，与由男人获取食物一样，都是一种公共的、为社会服务的事业。一夫一妻制家庭出现后，家务料理失去了它的公共性质，不再与社会相干了，变成了一种私人的服务。妻子成为主要的家庭女仆，被排斥在社会生产之外。只有现代的大工业，才又给妇女——只是给无产阶级的妇女开辟了参加社会生产的途径。但在这种情况下，如果她们仍然履行自己对家庭中私人服务的义务，那么她们就仍然被排除在公共的生产之外，而不能有什么收入了；如果她们愿意参加公共事业而有独立的收入，那么就不能履行家庭的义务。现代的个体家庭建立在公开的或隐蔽的妇女的家务奴隶制之上，而现代社会则是纯粹以个体家庭为分子而构成的一个总体。现在在大多数情形之下，丈夫都必须是挣钱的人、赡养家庭的人，……这就使得丈夫占据一种无须任何特别的法律特权的统治地位。在家庭中，丈夫是资产者，妻子则相当于无产阶级（恩格斯，1999：75～76）。

恩格斯认为，妇女解放的第一个先决条件是，一切女性重新回到公共事业中去；而要做到这一点，又要求消除个体家庭作为社会的经济单位的属性（恩格斯，1999：76～84）。恩格斯指出，男子在婚姻上的统治是他的经济统治的简单后果，它将自然地随着后者的消失而消失。恩格斯关于家庭发展的理论，主张将资本主义条件下的一夫一妻制看作男性压迫女性的一种形式。

帕森斯以功能主义的视角看待家庭中的性别分工。他认为，所有人类群体都需要完成两种类型的活动：其一是执行任务的"工具性活动"，其二是旨在通过性或感情的表达来维持团结的"表达性活动"。他认为，在作为小群体的家庭中，妇女履行表达性的任务，而男子完成工具性的任务。而这种工具性和表达性的分化在他看来是一件不成问题的事实。对于为什么男人应该普遍性地代表工具性，而妇女则代表表达性，他从生物学的角度给予了解释。

孩子的出生和早期养育，建立起一种很强的假设，即母亲与孩童的关系是首要的，而这又进而建立起另一种假设，即男人因为无须承担这些生物功能，理当专门致力于另一个工具性的方向（Parsons and Bales, 1995：23；沃特斯，2000：273）。

帕森斯没有满足于生物学角度给出的解释，他进而分析了产生社会性别差异的社会化过程（沃特斯，2000：273）。

沃尔比试图分析男权制的整个结构，她对男权制的界定与米莉特的界定很相似："一种内部相互关联的社会结构系统，男人可借此剥削妇女。"（Walby, 1986：51；沃特斯，2000：300）沃尔比主张，构成社会性别关系当代模式的，是资本主义生产方式和她所谓的男权制生产方式间的一种关联。男权制生产方式受到其他领域的男权制关系的影响，特别是依赖资本主义生产领域中排他性封闭的实践。在这种情况下，妇女进入某些职业受到限制，而在其他的职业中，妇女的职业生涯也会被婚姻或育子方面应尽的义务所打断。这些实践确保了妇女被迫回到对家庭的依赖和从属关系中（沃特斯，2000：300）。沃尔比概括出社会性别关系中的两个阶段：一是私人男权制，二是公共男权制。在私人男权制当中，男人借助于他们作为丈夫或父亲的角色，对女人进行直接的剥削。这里，妇女被排除在公共领域之外。在公共男权制中，妇女虽然也进入公共领域，但在其中也是处于从属地位。在这里，对妇女劳动的征用是基于家庭领域和公共领域的共同基础而实现的（沃特斯，2000：301）。

沃特斯（2000：266）指出，男权制理论常常将私密领域和公共领域区分开来，前者由家庭和家族的活动构成，后者指家庭外的经济和政治活动。妇女局限在私密领域内从事家务活动，男人则在公共领域内从事经济和政治活动。如果这种区分被维持以及维持其与妇女和男人之间区分的联系，往往会导致社会性别的物化，那么妇女对公共事务的贡献和男人对家庭事务的贡献都得不到认识。

男权制受到宗教、符号、语言和文化各系统的支持，并通过它们实现再生产，这就把妇女排除在外，或者说贬低了女性的价值。因此在男权制社会中，不仅在物质上，而且在精神上，妇女都要低于男人（沃特斯，2000：266）。沃特斯将男性支配类型分为四种类型：直接父权制、扩大父权制、直接男权制和扩大男权制（2000：304）。

康纳尔（Connell, 1987）认为，男权制是在一系列与社会性别相关的实践中建构起来的，主要涉及权力（男人控制女人以及彼此控制的方式）、劳动（分配工作的方式）和欲力投入（人与人之间形成依恋和纽带的方式）（沃特斯，2000：297）。

二 女性主义

西蒙娜·波伏瓦的著作《第二性》（*The Second Sex*，1972）可能是当代女性主义思想开创性的基本文献（沃特斯，2000：277）。波伏瓦拒绝了有关男女之间差异和不平等的三种盛行的男性主义解释。首先，她拒绝了社会生物学的解释；其次，拒绝了弗洛伊德的精神分析理论（如帕森斯）；再次，拒绝了恩格斯的历史唯物主义解释。波伏瓦坚持整体论的分析视角，她认为一方面妇女所拥有的身体和心理是被建构出来的；另一方面妇女所面临的社会和文化也是被建构起来的，这两方面之间的相互作用共同强化了妇女的从属地位（沃特斯，2000：278）。

沃特斯指出，波伏瓦作为一位文学理论家，最感兴趣的是文化作品，尤其是文学是怎样巩固了妇女的不利地位。归根结底，她的理论始终是物质论的："从人类一开始，男性的生物优势就已经使他们确立了自己独一无二、至高无上的支配地位。"（De Beauvoir，1972；沃特斯，2002：279）

波伏瓦试图确定男性支配的起源，但弗莉丹却要探询妇女何以自己始终接受次等、无权、受剥削的地位。她的解释是，"女性的神秘性"这种特定的意识形态而非她们自己的生物原因使她们成为受害者（沃特斯，2000：279）。

波伏瓦指出了男性支配的事实，而米莉特则确定了它的社会结构形式。正是米莉特的功劳，"男权制"这个术语才被引入现代女性主义的话语和社会科学话语（Millett，1971；沃特斯，2000：281）。她将男权制描述为一个政治支配的男性体系。在米莉特看来，男权制存在于社会的各个机构、各个行业、各种职业中，如军事、工业、技术、科学、政府和金融机构等。在梅恩和恩格斯的著作中，男权制还只是一个描述性概念，只限于前现代社会。而米莉特却认为，男权制是一种历史普遍现象。在米莉特看来，在那些妇女们正式获得自由并接受教育的地方，男权制之所以还能如此稳固持久，是因为男人实践着一种未曾言明的"性政治"（sexual politics），他们参与"各种由权力而建构的关系之中，正是经由这些安排，一个人群受到另一个人群的控制"（Millett，1971；沃特斯，2000：281）。米莉特坚持，而且大多数社会学家现在也都承认，社会性别是社会建构起来的，独立于生理性别（沃特斯，2000：283）。

米莉特在社会性别与生理性别之间做了本质的区分，但许多女性主义者的理论却明确地试图将二者联系起来。菲尔斯通（S. Firestone）和奥特娜（S. Ortner）直接将文化实践与生物因素联系起来。菲尔斯通将社会性别结构定位在生物再生产体系之中："……在两性之间生殖上的天然差异直接导致了基于生理性别的第一次分工。以此为起源，才有了所有进一步的分工，即划分为各个经济上和文化上的阶级……"（Firestone，1972：9；沃特斯，2000：284）菲尔斯通物化了社会性别差异，把它当成似乎永恒不变的自然模式，而不是人类的社会建构（沃特斯，2000：284）。在此基础上，菲尔斯通提出了她的激进主张：文化必然控制自然。她认为，妇女必须重新占有生殖过程，这是她们社会地位的基础。为了实现这个目标，孩子应该人工繁殖，公共养育。奥特娜也关心女性从属地位的普遍性问题（Ortner，1974；沃特斯，2000：285）。人类文化假定有一种比自身更低等的存在秩序，那就是"自然"秩序。奥特娜主张，与男人相比，女人更接近自然。

乔多萝的作品是女性主义理论中最具弗洛伊德主义色彩的（Chodorow，1974；沃特斯，2000：291）。乔多萝继承了弗洛伊德的传统，但是又试图将这些传统"去男性气质化"（demasculinize）。她主张，社会性别认同是婴儿时期经历的个性形成的必然产物。女孩很早就开始帮助她们的母亲操持家务，而男孩子们则"逃到"同龄群体中去。

米切尔用结构主义的视角分析了资本主义社会妇女在生产、子女的生育、性和子女的社会化四个方面所处的从属地位。她认为，家庭是妇女从属地位的核心领域："……妇女被排除生产……她们被局限在家庭这个统一体中，由各项功能凝聚而成的单一整体里，并且这个统一体恰恰是每种功能的自然部分统一起来的，这就是当代的社会界定视妇女为自然存在的根本原因。"（沃特斯，2000：289~290）

德尔斐在男权制和资本主义之间做了区分，她认为，资本主义生产是当代社会中的主要剥削场所。她确定了两个这样的场所：家庭场所和公共场所（Delphy，1984；沃特斯，2000：295）。德尔斐指出，妇女具有如下阶级地位。

> 在我们的社会中，有两种生产方式。绝大多数商品在工业模式中生产出来。而家庭服务、养育孩子和某些其他物品的生产，则是在家

庭方式之中完成的。第一种生产方式产生了资本主义的剥削。第二种方式则产生了家庭剥削，或更准确地说，产生了男权制剥削（Delphy, 1984：69；沃特斯, 2000：296）。

西方女权主义将家庭看作妇女受压迫和隶属的场域（Walby, 1990；Delphy and Leonard, 1992）。西方女权主义觉得最成问题的是：首先，公私（public-private）领域的划分，即基于性别的劳动分工将女性角色限制在家务上，而男性角色在公共世界；其次，妇女在经济上依赖男性。女权主义认为上述两方面是相互加强的：妇女的家庭责任妨碍了女性进入劳动力市场，反过来，女性在劳动力市场上的脆弱性使得她们用家务来交换丈夫的工资。女权主义者认为，男性养家的角色和他们缺席家务凸显了男人的权力。公共和私人这种二元划分在家庭学者看来从功能上有利于资本主义，然而这种角色分工却是女性受压迫的根源。

当代西方女权主义者继续寻求对不断变动的经济形势下性别劳动分工的持续进行解释。大量研究发现，女性劳动力的增长和对家庭收入的贡献并没有对家庭内部的性别化的劳动分工带来多少影响。一些人用妇女在劳动力市场上的次要位置来解释这种现象（Chafetz, 1991），其他一些人则用界定妻子身份的家务的符号意义来解释这种现象（Ferree, 1990）。

女权主义的不足主要在于过于强调家庭中女性、妇女被压迫和隶属的一面，忽视了家庭内女性能动的一面。

三 资源交换理论

研究家庭权力最经常使用的理论框架是资源交换理论（Blood and Wolfe, 1960）。社会交换视角认为，一般而言，权力和依附影响对公平的评价（Lennon and Rosenfield, 1994：508）。交换论认为，对其他人所拥有的权力取决于个人所拥有的资源及他们在特定情境或关系中是否有选择权（Thibaut and Kelley, 1959；布劳, 2008）。经济资源尤其被视为权力的主要基础（Weber, 1946；Blood and Wolfe, 1960；Rodman, 1967）。夫妻间经济上的差距直接导致了他们在家庭权力上的不平等关系（Blood and Wolfe, 1960）。权力也取决于使个人保持关系的约束条件（Lennon and Rosenfield, 1994：508）。如果从情境中撤出的成本很高，那么人们就更愿意忍受（Thibaut and Kelley, 1959）。尽管已婚就业妇女做的家务大约是丈夫的两倍，但大多数的妇女认为这种分工是公平的。有研究对家务分工和公平感之间的关系进行了探讨，研究发现支持了社会交换的解释：在婚姻上选择机会少和拥有的经济资源少的妇女更可能把特定的家务分工视为公平。然而，在婚姻上拥有较多选择机会的妇女会把同样的家务分工看作不公平（Lennon and Rosenfield, 1994：506）。

把社会交换论应用到家庭中，研究者们发现，拥有较少社会经济资源却更需要社会经济资源的配偶一方在家庭决策权上的影响较少（Safilios-Rothschild, 1976）。必须说明的是，配偶间资源交换的本质以及配偶对交换的相对利益和成本是否满意，取决于配偶如何看待正在进行的交换（Safilios-Rothschild, 1976：356）。在Safilios-Rothschild（1976）看来，配偶间用于交换的资源不仅包括社会经济资源，而且包括家务劳动、理解、情感支持、爱、照顾孩子等。Mirowsky（1985）认为，所拥有的技术和投资难以转移的配偶一方选择会较少，因此其在婚姻中的权力也较少。例如，与丈夫挣钱的能力相比，妻子做家务的能力就较难转移（Mirowsky, 1985）。妻子们把精力更多地投资在家庭成员上，这使得她们更依赖于丈夫，丈夫们因为把精力投资在婚姻外，因此他们可以在婚姻外产生更多的收益（England and Kilbourne, 1990）。

资源交换理论是在社会交换理论的基础上发展起来的，可用于对家庭劳动性别分工的分析。这一理论从霍曼斯的交换理论出发，强调人是理性行动者，个体间的交往以利益最大化为原则。因此夫妻关系是一种交换关系，夫妻双方各自拥有一定的可供交换的资源，以满足对方的需求。丈夫因为所拥有的经济资源更多，妻子不得不承担较多的家务以补偿丈夫提供的经济资源，并认为这种分工是公平的（Lennon and Rosenfield, 1994：508）。该理论认为，在一个既定的性别不平等的社会制度下，男性能够从家庭之外获得更多资源，而女性只能够从家庭内部或通过婚姻或家庭获得资源。那么妻子的交换方式只能是通过对丈夫的依附和尊重来获得经济支持和外部资源，其结果是丈夫获得了优于妻子的权力。布劳承认对偶交换中可能存在着权力差异。当一个人在交换中处于匮乏境地时，就有这种可能，只有使自己服从他人，才能使交换维持下去。他人获得一种权力信用，也就是一种可用于以后交换的命令权力（沃特斯，2000：79）。

有研究认为，只有当妻子有了一定的经济实力，她们的讨价还价能力才会提高，才可以通过与丈夫谈判来获得真正的平等（左际平，2002：43）。

四 本研究的理论视角：关系取向的社会交换[①]视角

如前所述，研究性别之间的不平等，主要有父权制理论、资源交换理论和女权主义理论。本研究拟运用关系取向的社会交换视角整合父权制理论和资源交换理论。之所以这么选择，原因是：其一，可以继承已有的研究成果；其二，试图从夫妻交换过程来分析夫妻之间的关系；其三，笔者研究发现，受儒家伦理本位和家庭本位文化影响，绝大部分农民工夫妻都尽力去贡献家庭，这是典型的社会交换（布劳，2008）或关系取向的交换（Jiping Zuo, 2002, 2004, 2008; Jiping Zuo and Yanjie Bian, 2005; 左际

[①] 关于社会交换，学术界如经济学、人类学和社会学已经进行了诸多研究，取得了丰富的成果。这里主要简述人类学和社会学有关交换的研究成果。弗雷泽从物质或经济的动机出发对交表联姻进行了研究。他概括了社会组织的思想：交换过程是人们努力实现其基本需求而产生的；当进行交换的人们觉得有利可图时，交换过程产生了互动模式，这种互动模式不仅满足了个人需求，而且限制了接着可能产生的各种社会结构；在交换过程中，人们根据其获取有价值商品的难易程度区分出各种群体，并造成权力、威望和特权的差异（特纳，2001：261）。与弗雷泽对于直接交换只进行物质或经济动机分析不同，马林诺夫斯基对库拉交换的研究，指出库拉交换是一种非物质交换。关于礼物交换，莫斯关注控制社会交换过程的社会结构的重要性以及交换过程对维持社会结构的作用。马克思在其冲突论中，对资本家与工人之间的交换进行了研究。齐美尔在《货币哲学》一书中，描述了金钱对社会关系和社会结构的影响。在齐美尔看来，社会交换包含如下几个要素：对自己不具有的有价值物品的渴望，某一可辨识的人拥有这一物品；提供有价值物品以及从他人那里得到自己想要的有价值物品，拥有这一有价值物品的人接受其物品。齐美尔还概括了社会交换的原则：吸引原则、价值原则、权力原则和张力原则。其中权力原则指的是行动者越是认为另一人的资源价值大，后者对其拥有的权力越大；行动者的资源越是易于改变，则在交换中的选择和变更能力越强，从而在交换中的权力越大（特纳，2001）。霍曼斯的交换理论强调面对面的互动，主要研究个体之间有限而直接的交换，认识到个体的行为创造并且维持了社会结构（特纳，2001）。霍曼斯概括了基本交换的六个原理：成功命题、刺激命题、价值命题、剥夺/满足命题、攻击/赞同命题以及理性命题。与齐美尔相似，布劳也努力去发现在微观和宏观层次上的交换过程的形式，并且找到了个体和组织中集体单位之间的交换都共有的精彩部分（特纳，2001）。布劳概括了社会交换中隐含的原则：理性原则、互惠原则、公正原则、边际效用原则和不均衡原则（布劳，2008）。埃默森追随齐美尔的理论传统，探讨基本交换过程的形式。埃默森的分析始于至少发生在两个行动者之间的现存的交换关系。埃默森在发表于《美国社会学评论》(*American Sociological Review*) 上的一篇论文《权力-依赖关系》(*Power-Dependence Relations*) 中具体地阐述了权力本身不平衡的条件。比如A对B有权力优势，那么B可以通过如下一些策略使权力的不平衡向平衡转化：行动者B可以降低A所提供的强化物或报酬的价值，减少对A的依赖；行动者B可以增加A所提供的强化物或报酬的替代品的数量，减少对A的依赖；行动者B可以试图提高其提供给A的强化物的价值，增加A对B的依赖；行动者B可以减少其所提供的强化物或替代性资源，增加A对B的依赖（特纳，2001）。

平，2003）。

为整合资源交换理论和父权制理论，本研究对资源概念进行了拓展。本研究认为，用于交换的资源不仅包括经济资源，而且包括非经济资源，如家务劳动、理解、信任、尊重、体贴、性别角色规范等。本研究持泛化的资源观。

鉴于资源理论发源于西方，西方市场经济比较发达，人的独立性和自主性都比较高，个人的权利意识比较浓，因此西方家庭夫妻之间的交换更多是直接交换，夫妻交换更多强调的是个人的利益（左际平，2002，2004）。而我国广大农村地区，尽管也正在经历社会转型，并且经受了一定的市场化洗礼，但广大农民的集体意识，特别是家族意识仍然很浓厚。因此我国农民工夫妻之间的交换就与西方市场化背景下的夫妻之间的交换不同：西方社会引导夫妻交换的是公平规则，而中国社会中引导夫妻交换的是社会规范。有研究指出，西方有关人际行为及交易法则的研究应当扩大其视野，不应当只假设每个社会的社会化都是要求个人依据自我的利益做出理性的决定。中国社会所遵循的法则与西方迥然不同，中国社会十分重视"报"的规范以及人际间彼此的义务（黄光国，2004：1）。

有研究指出，中国农民家庭绝大部分是集体取向的，配偶较少关注个人的自我利益（左际平，2004：512）。在集体取向的家庭文化以及集体土地家庭生产的经济背景下，当代中国农民工夫妻间的交换过程重视的是彼此关系的和谐。因此中国农民工家庭夫妻间的交换强调的不是个人的自我利益，而是对家庭的贡献。

先前的研究通常关注婚姻交换的市场模型，强调交换的公平（沃特斯，2000：73）。市场交换模型将家庭劳动分工的不公平以及妇女不公平感的缺少归因为配偶双方带入婚姻关系中的资源交换价值的不同（Blood and Wolfe, 1960; Brines, 1994）。男人通常挣钱多，职业声望高，他们作为家庭主要抚养者的角色使他们有更多的本领运用权威和权力。他们做较少的家务，却拥有较多的家庭权力（England and Farkas, 1986）。类似的，女人在经济上依赖婚姻，因此通常把不平等的家庭劳动分工视为公平（Lennon and Rosenfield, 1994）。

Thomas Burns（1973）指出，市场交换模型的主要问题在于未能考虑到交换行动发生的社会背景，而行动是嵌入社会背景中的。Thomas Burns（1973：189）提醒我们，社会互动过程只有结合其发生的社会背景才能被理解，要考虑规范性控制、资源的分布、交换的内容和关系的稳定性以及社会交换的时间和结构背景。同样的行为或结构模式，如不平等的家庭劳动分工，未必代表了同样的交换过程。个体行动的意义只有在特定的家庭背景下才能被理解。Thomas Burns（1973）认为，家庭中的社会交换属于制度化的社会交换，即家庭中的社会交换是由社会规范规定了的。比如父母对子女的抚育责任是由社会文化规定了的。社会规范和社会限制是制度化交换模式的深层基础（Thomas Burns，1973：205）。

在分析美国家庭的财务管理模式时，Treas（1993：723）区分了两种家庭组织形态：个体主义的家庭组织和整体主义的家庭组织。个体主义的家庭承认配偶一方所拥有经济和其他贡献为个人的资源，允许配偶独自管理自己的经济资源。与个体主义家庭的资源管理模式不同，整体主义的家庭把整体的需求看得比个人的更重要，家庭成员对家庭的经济贡献以集中的方式进行管理。也就是说，在个体主义的家庭中，配偶的经济资源是分开管理的；而在整体主义的家庭中，配偶的资源是合在一起的。根据Treas（1993）的分析，在个体主义的家庭中，配偶之间由于没有明显的共同利益，因此追求各自的个人利益；但是在整体主义的家庭中，配偶的利益是作为整体的，配偶各自的利益与满足家庭其他成员的需求的义务相比显得不重要。

有研究指出，"大抵社会组织，首在其经济上表著出来。西洋近代社会之所以为个人本位者，即因其财产为个人私有。恩如父子而异财；亲如夫妇而异财；偶尔通融，仍出以借贷方式。""反之，在社会本位的社会如苏联者，便是以土地和各种生产手段统归社会所有。伦理本位的社会于此，两无所拟。"（梁漱溟，2005：73）梁漱溟还指出，中国人是伦理本位的。黄光国（2004）指出，传统中国家庭的理想是把家庭成员整合在一起，成为一个共同的收支单位。笔者研究发现，家庭取向的农民工夫妻大都把挣的钱放在一起，不分彼此。

在上述这两种不同的家庭组织中，夫妻交换的模式是不同的。在个体主义的家庭中，夫妻交换在本质上强调自我利益和交换的公平。在个体主义家庭中，由于承认个体的经济利益，因此分离的经济管理允许个人为了自我的利益不断讨价还价，夫妻间的交换类似于市场交换。根据布劳的社会交换理论，在基于公平的交换模式下，家庭权力很大程度上是为自己服务的，家庭权力源于配偶各自带入家庭的资源的不平衡（Treas，1993：

724)。而在整体主义婚姻家庭中，个人的利益从属于整体的利益，家庭财务集中管理，要求实行非市场的交换机制，不再强调自我利益的经济准则。非市场的交换机制是由社会规范如互惠、价值（利他）和权威结构来引导。

Treas（1993）将家庭内夫妻的交换分为公平驱动的交换模式（equity-driven exchange）和关系取向的交换模式（relation-oriented exchange）。基于公平驱动的交换强调的是个人利益，这种交换对家庭整体的利益不利，容易引发夫妻间的争吵，导致夫妻斤斤计较，产生令人尴尬的监督；而关系取向的交换则强调家庭整体的利益，夫妻交换由集体主义规范引导，夫妻关系也比较持久。在个体主义的家庭中，夫妻对婚姻关系持续的期望是较低的。而在整体主义家庭，夫妻间由于有共同的利益，因此对婚姻关系的预期是比较长久的（Treas，1993）。正如Curtis（1986：175）所指出的，"当人类实施诸如养育孩子的集体事业，他们必须对未来的未知事件进行计划。因此他们不能依赖当前的经济交换，而是必须建立夫妻信任的基础"。

布劳指出，社会交换与经济交换基本的和最关键的区别是，社会交换引起了未加规定的义务。一次经济交易的原型依靠一份正式的合同，合同规定了要交换的确切数量。社会交换包含着带来各种未来义务的恩惠，不是加以精确规定的义务，回报的性质不能加以讨价还价，而是必须留给回报的人自己决定（布劳，2008：148～149）。社会交换依赖于人际间的信任，并由社会规范来引导。社会规范用间接交换取代个体之间的直接交换（布劳，2008）。

类似的，Curtis（1986：175～176）也对经济交换与社会交换进行了区分。在经济交换中，交换条件是在交换的时候就已经详细说明了的，而且制定了可强制执行的合同。非经济交换是由礼物和恩惠组成，交换的双方不会制定合同，是否回报完全取决于受惠人在未来某个时间的良好意愿。社会交换必须提供能产生弥散性的为了义务的利益。回报并不总是预先规定的，也不能就回报讨价还价，必须由受惠方来决定如何回报。从社会的观点看，社会交换依赖一般性的人际间的忠诚系统，而经济交换依赖市场的持续。社会交换中的团结取决于减少社会冲突和通过符号的方式来维持制度化的社会关系（Curtis，1986：177）。

夫妻交换通常是间接的：配偶之间不是必须直接交换，而是通过履行他们对家庭的义务来进行间接交换，这种交换模式强调夫妻关系的和谐、夫妻的相互信任和权威结构（Curtis，1986；Ekeh，1974；Tress，1993；Jiping Zuo and Yanjie Bian，2005）。这种间接的互惠模式承认配偶工作和家务劳动对家庭的贡献（Clark and Mills，1993；Jiping Zuo and Yanjie Bian，2005），强调和谐关系的维持和提升，甚至以牺牲个人的利益为代价（Lin，2000；Zuo and Bian，2005）。家庭集体主义依赖家庭资源的集中，把家庭的利益看得比个人的需求更重要，通过家庭的情感和履行个体对家庭的义务来实现关系的和谐（Fei，1949；Liang，1949；Yang，1959；Zuo and Bian，2005）。

中国农民家庭大多是集体取向的，配偶很少关注个人的自我利益（Zuo，2004：512）。中国家庭的整体主义思想根源于农耕经济，在农耕经济背景下，家庭是一个经济单位，家庭的集体生存比个人的幸福要重要得多（费孝通，1998）。尽管家庭的集体主义在人民公社时期曾经一度受到破坏，但改革后家庭的集体主义重新得以恢复。集体主义的家庭要求集中家庭的所有资源（Treas，1993），同时也要求某种基于资历和性别的等级秩序以实现经济效率（费孝通，1998）。传统儒家伦理有助于农耕经济，儒家伦理重视家庭成员之间的社会秩序。有研究指出，中国是伦理本位的社会，伦理本位的社会讲究情与义。"父义当慈，子义当孝，兄之义友，弟之义恭。夫妇、朋友乃至一切相与之人，莫不自然互有应尽之义。伦理关系，即是情谊关系，亦即是其相互间的一种义务。"（梁漱溟，2005：72）冯友兰也指出，中国是家庭本位的社会。"在家庭本位的社会制度中，所有的一切社会组织，均以家为中心。所有一切人与人的关系，都须套在家的关系中。在旧日所谓五伦中，君臣，父子，夫妇，兄弟，朋友，关于家的伦已占其三。"（冯友兰，2007：43）

父权制中国家庭强调家庭成员彼此间的义务，如夫义妻贞、丈夫对妻子的义务、妻子对丈夫的义务。家庭成员彼此间的义务主要是通过家庭成员履行儒家伦理规定的家庭角色实现的。儒家伦理将义务的履行程度与其对家庭其他成员的感情联系起来，感情越深，那么就越应该给予和帮助其他家庭成员，同时还不能索取回报。之所以强调家庭成员间的彼此义务，是为了将个体家庭成员塑造成集体取向的和依赖家庭的家庭成员，从而保证家庭内部的和谐（金耀基，2002）。

为了减少家庭成员间的潜在冲突，集体主义的家庭把家庭情感和义务作为家庭生活的组织原则（费孝通，1998）。丈夫与妻子之间强调合作与关系的和谐而非实现个人经济上的平等（费孝通，1998）。这些文化规范使丈夫或妻子追求个人权力或利益的行为显得不合理，如果这么做，不仅伤害配偶感情，而且会破坏夫妻间的合作以及夫妻的关系（费孝通，1998；Treas，1993）。

考虑到中国家庭中夫妻合作和关系和谐的重要性，夫妻间的交换是间接的。丈夫和妻子通过履行文化规定的各自对家庭的义务，而不是用个人的资源进行直接的交换，从而实现夫妻关系的平衡（Zuo，2004：514）。

左际平和边燕杰运用社会交换视角对中国城市家庭的家庭决策权的形成过程进行了质性探讨。该研究发现，在集体化家庭中家庭决策权内在地为集体服务，鼓励配偶双方共同为家庭的主要事务做出决定，阻止根据资源来要求权力的行为。为集体服务的家庭决策权部分地源于家庭取向，家庭取向的夫妻交换过程与市场交换过程不同。在家庭取向的家庭中，夫妻交换不是追求直接的互惠，而是通过履行社会性别规范规定的对家庭的义务（包括家务和市场工作）来实现交换关系的平衡。家庭取向的交换为的是实现夫妻关系的和谐而非交易的公平。作者提出理解中国城市夫妻权力关系时必须考虑家庭形态的背景，如文化背景。作者认为中国城市家庭以集体化家庭为主，其特征是家庭成员间的高度相互依赖，他们强调间接的互惠及关系的和谐（左际平、边燕杰，2005：617~618）。

因此，中国家庭夫妻间的交换是由社会规范如互惠、信任和权威来引导的，而不是由市场规则来引导的（Curtis，1986；Tress，1993）。儒家伦理所强调的间接交换的理想模式强调的是"给予"和"义务"，而非"索取"或"权利"。

夫妻间的间接交换模式源于整体主义家庭追求集体的团结、夫妻间的团结以及配偶间高度的相互依赖（Brines and Joyner，1999）。配偶间的相互依赖可以由许多因素来促进，如共同经营的事业，如子女的抚育和房子。正如费孝通（1998：40）所说，中国的家是一个事业组织，夫妇合作抚育子女。因此在集体化的家庭中，夫妻间的性别分工是家庭集体策略的副产品（Zuo，2004：514）。在社会变迁的大背景下，农民工夫妻流动所形成的性别分工就是农民家庭集体策略的结果。

农耕社会的我国农民家庭既是生活单位，又是经济单位，家庭成员集体耕种土地。鉴于土地是分配给家庭集体耕种的，因此家庭成员如夫妻就必须相互合作、相互配合。与此同时，受儒家文化的影响，我国农民是家庭取向的（金耀基，2002：162~163；费孝通，1998：41）。费孝通

(1998)指出，夫妇结合的目的就是为了使孩子得到适当的抚育，因此夫妇不能不长期过着全面和亲密的共同生活。"而亲密的共同生活中各人相互依赖的地方是多方面和长期的，因之在授受之间无法一笔一笔地清算往来。亲密社群的团结性就依赖于各分子间都相互拖欠着的未了的人情。"（费孝通，1998：72~73）夫妇结合，共同经营抚育子女的这项极重要而又极基本的社会事业。本研究发现，农民工夫妻外出务工或经商的目的很多是为了挣钱抚养子女，子女成为农民工务工或经商的意义源泉。

笔者认为，关系取向的社会交换视角适合用来分析农民工夫妻流动与夫妻平等问题。受上述研究的启发，笔者认为，研究农民工夫妻流动与夫妻平等问题，必须考察农民工夫妻间的交换过程以及交换过程所发生期间的社会文化和家庭背景。

农民工夫妻关系取向的交换模式如图2所示。

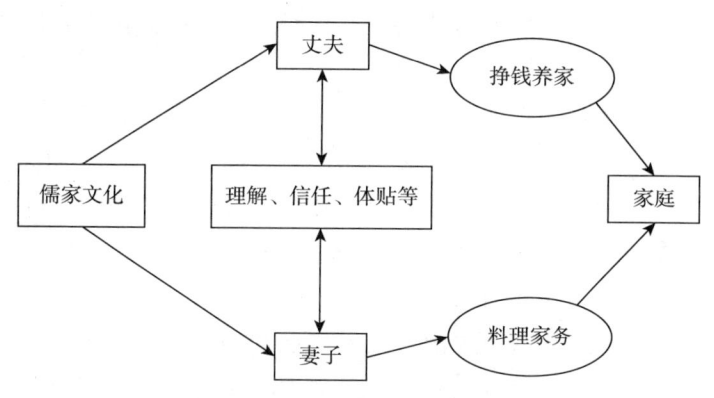

图2 农民工夫妻关系取向的交换模式

第三节 研究方法

一 为何采用定性研究中的多个案研究？

对于什么是定性研究，陈向明认为："是在研究者和被研究者的互动关系中，通过深入、细致、长期的体验、调查和分析对事物获得一个比较全面而深刻的认识……"（陈向明，1996：93）

定性研究依据研究目的的不同，可以分为以文化主位为主和以文化客位为主的定性研究（陈向明，2001：2）。"文化主位"和"文化客位"分别指被研究者和研究者的角度和观点（陈向明，2000：12）。"文化主位"研究的任务在于了解被研究者的行为和想法，并在此基础上对其进行描述和主位的解释，因此这类研究被称为"发现型"。而"文化客位"的研究更为看重研究者本人的观点和分析视角，从研究的理论假设出发收集资料，然后在此基础上对其进行论证。定性研究强调了解和理解"当事人"的"文化主位"的意义，而不是研究者的"文化客位"的意义（陈向明，1996：96）。

之所以采用定性研究方法，是因为"社会世界的日益多元化和复杂化，要求一种新的敏感性：注重本地的、具体的、复杂多样的以至瞬间的情景。定性研究方法恰恰具有这种敏感性。社会世界的快速变动性，要求我们不断从经验世界去发现新现象，提出新理论，因而要求我们运用归纳的方法。而定性研究方法恰恰是以归纳为特征的。社会世界是一个意义世界，需要我们从主观的角度去深入理解。而定性研究方法正是以理解为特征的"（王宁，2007）。

研究方法根据研究问题来选取。本文的研究问题是：农民工夫妻外出流动是否会引起作为两性的夫妻关系的变化？原因何在？为了对农民工夫妻平等问题进行研究，既要从结构维度客观地考察夫妻之间家务分工和家庭权力的分配，又要从过程维度考察家务分工和家庭权力分配的形成过程，同时考察他们的主观看法。这要求笔者站在农民的立场，从农民的视角来理解。由于农民工夫妻之间的关系体现在他们的日常生活中，体现在他们的日常互动中，这需要笔者去了解他们的生活，用他们鲜活的生活经历和主观感受来建构本研究的理论框架。不仅如此，本研究还要对农民工夫妻赋予行动的意义进行探讨。显然，对这些问题的研究，定性方法比较适合，因而本研究选取定性研究方法。本研究将描述性研究与解释性研究相结合，以解释性研究为主。

本研究趋向于文化主位，侧重于发现型立场，站在被研究者的角度，用他们看世界的方式了解他们眼中的事实，但笔者也会尽力把握文化主位的限度。对于发现型的研究者而言，文化主位的限度非常小，这是因为研究者的任务就在于理解被研究者的主位概念及其意义，从当事人的视角对研究结果进行解释。

本研究采用的是定性研究法中的多个案研究。对于什么是个案研究，有研究认为，个案研究是综合运用各种研究方法对单个或少数几个案例进行全面、深入和详细的研究（Yin，2003；王宁，2007）。个案研究适用于如下场合：研究对象与周围环境的界限模糊不清，个案涉及多种因素或变量，依赖多种证据来源，对资料的收集和分析常常与现有某个理论观点相关（Yin，2003；王宁，2007）。

之所以采用多个案研究是因为，与单一个案相比，多个案研究具有如下一些优势：可以强化研究的结论；可以对个案进行比较，达到单一个案研究所难以达到的目标；可以对个案进行分类；还可以探讨因果关系和因果机制（王宁，2007）。

二 个案的分类

如前所述，本研究采用多个案研究。笔者将对农民工夫妻流动进行分类。之所以要分类，首先是因为本研究采用的是个案研究法，而个案研究追求的是类型代表性，而个案要达到能够代表其他同类个案的程度，就有必要依据一定的标准来对研究对象进行分类；其次是因为农民工夫妻流动不是同质的，其内部是多元的；最后是为了更好地把握农民工夫妻流动的动态性。

根据夫妻外出流动模式的不同，可以将农民工夫妻流动分为如下两种类型：夫妻一方外出的单流动家庭和夫妻双方共同外出的双流动家庭，夫妻共同外出的大都住在一起[①]。夫妻一方流动又可再细分为丈夫一方流动和妻子一方流动。根据有关研究发现，夫妻一方流动主要是丈夫外出流动。出现这种状况，是由于结婚成家的责任感鼓励了男性的外出，但却成了女性外出的制约因素（谭深，1997：44）。

三 个案的抽样与选择

本研究采用目的抽样和滚雪球抽样。目的抽样又称理论抽样，即根据研究问题抽取能够提供最大信息量的人、地点和事件。目的抽样不同于经验抽样，因为"其抽样基础是正在发展的理论中已证实具有理论相关性的概念。……理论抽样的目的在于用抽样选出一些指涉范畴及其性质、面向事件、事故等，以便进一步发展，并将之在概念层次上联系起来"（Strauss

---

① 有关研究显示，87.5%的农民工夫妻住在一起。数据来源于以蔡禾教授为首席专家的2005年度国家社会科学基金重大招标项目"城市化进程中的农民工问题研究"的调查数据。

and Corbin, 1998: 199)。经验抽样则是用样本来推论总体，遵循中央极限定理，用样本的统计值来推论总体的参数值。理论抽样的目的是为了形成理论框架，而经验抽样则是为了证实理论。理论抽样根据研究目的和研究问题，选取相关个案来获取经验性资料。

关于如何选择个案有如下几条标准：①典型性，即个案代表一般类型；②关键性（crucial），即个案在研究对象的总体中占据关键地位；③离异性（反常性）（deviant），即个案成为某种现有理论或知识的反例或难以解释的个例；④揭示性（revealing）或鲜为人知（unknown），即个案成为某种新生事物的个例（王宁，2007）。

本研究采用目的抽样，在个案的选择上依据上述标准。结合理论饱和与经验研究，本研究的样本个数定为30。之所以选择这么多个案是根据理论饱和的原则，"理论饱和"指的是关于某一个范畴，再也不会有新的性质和面向添加进来；范畴发展完善，过程和变异性全面；范畴之间的关系适合且有经验资料的支撑（Strauss and Corbin, 1998）。研究者不停地抽样，直到理论的每一个范畴都已经饱和。也就是说，抽取多少样本取决于新增个案能否为理论的形成增添新的属性和维度，如果不能，那么表明资料的收集已经饱和了。选取个案的多少还跟样本的特征有关。如年龄大、经历丰富的个案知道的信息可能较多，资料很快饱和，而年轻、阅历少的个案提供的信息量可能较少，因此要选择较多个案才能收集充足的信息。本研究所选取的个案大多为拥有多年外出经历的已婚农民工，而且绝大部分都经历了夫妻单流动和双流动两个阶段。

本研究的个案是通过笔者的亲属和朋友的介绍获得的，在此基础上用滚雪球抽样来找到其他的个案。由于有人引见，笔者在研究现场的进入上比较容易，访谈对象也愿意跟笔者分享他们的经历，这无疑为本研究的资料获取提供了便利。

四　资料的收集与分析

本研究收集实证资料的方法是田野调查，主要是深度访谈、电话访谈，以深度访谈为主。访谈提纲是半结构式的，每次访谈时间都在一个小时以上。根据被研究对象的说话习惯，访谈语言分别采用普通话和客家话。之所以这么做，一是出于对被访谈对象的尊重；二是有些细微的东西只有通过方言才能表述出来。录音资料收集回来后，笔者进行了逐字逐句的誊写。

2008年暑假笔者在亲属以及朋友的介绍下分别在广州、东莞、厦门、福州、宁德、龙岩、长汀等地对农民工及其家属进行了为期两个月的实地调查，2009年春节期间对回乡的农民工进行了补充调查。另外笔者在写作过程中经常与被调查者保持联系，遇到不清楚的地方，笔者会通过电话向被调查者做进一步的询问。

本研究共调查了30个农民工家庭。为了使样本多样化，笔者调查了不同职业的农民工。本研究中农民工的职业类型比较广泛，既包括木工、油漆工、电工、空调安装工，也包括进厂打工、跑业务，还有自己开饮食店的。

笔者在收集资料的过程中对被研究者的回答保持开放的心态，努力寻找对照性个案（负面个案、极端个案、对立个案）（Miles and Huberman，2008：368）。因为对照性个案可以减少研究的偏差。另有研究指出，通过对另一级的思考，即思考所关心事物的反面，往往能使人获得最好的洞察结论。世界上最难的事情是只研究一个事物，当你试着比较各种不同的事物，你可以更好地理解有关材料，并且可以根据比较的内容勾勒它们的特点。做法是构筑"两级类型"，即不同维度的对立面（米尔斯，2005：232~233）。在访谈、收集资料过程中，要尽可能地不带成见，对相反的证据保持足够的敏感性（王宁，2007）。

文献资料是通过学校图书馆中英文图书、期刊以及外文期刊数据库收集的。

定性研究对资料的分析有两种：类别分析和叙述分析。类别分析又称为"变量取向"，叙述分析又称为"脉络化取向"与"故事取向"（Miles and Huberman，2008：424）。类别分析是将具有相同属性的材料归入同一类，材料的属性可以从事物的要素、结构、功能、原因等各个层面进行分类。类别分析分成三个阶段，依次是开放式分析、轴心式分析和选择式分析（陈向明，1996：98）。叙述分析则将材料放入自然情境之中，生动逼真地对事件和人物进行描述和分析。资料的编码（登录）采用开放式编码、关联式（轴心）编码、核心式编码（陈向明，1999：60~61）。本研究在资料的分析过程中首先对资料进行了认真阅读以把握主旨，同时采用类别分析和叙述分析，以发挥两种分析的优点，克服各自的不足。另外笔者在资料的分析过程中一直保持开放的心态，以便及时发现新的不同的资料。

本研究在分析资料过程中采用的是"过程-事件分析"或"关系/事件分析"研究策略。"过程-事件分析"研究策略指通过关注、描述、分析这样的事件与过程，对其中的逻辑进行动态的解释（孙立平，2005：348）。"过程-事件分析"策略的基本假定：不同的事物或同一事物不同因素之间的复杂而微妙的关系，只有通过事件或过程才能比较充分地展示出来（孙立平，2005：350）。"过程-事件分析"对待社会事实的态度是：将社会现象看作流动的、鲜活的、在动态中充满种种"隐秘的"（孙立平，2005：351）。"过程-事件分析"策略的基础是对于描述方式的强调，即强调一种动态叙事的描述风格，将研究对象作为或者是当作一个事件性过程来描述和理解（孙立平，2005：349）。该研究策略能够再现复杂而微妙的事件，并能够对其进行清楚解释。能够揭示事物深层逻辑的是那些社会行动形成的事件和过程（孙立平，2005：347）。孙立平在研究中国农村国家与社会关系时，把国家与社会的关系看作一种过程。他认为国家与社会的关系是动态的、流动的。

受孙立平的启发，本研究把农民工夫妻之间的关系看作一种过程，是动态的、流动的。对农民工夫妻互动过程采用"过程-事件分析"或"关系/事件分析"①。也就是说，把任何一种事件总是作为关系来理解，而任何一种关系又并不是以化减（或凝固化）为结构，而总是将之视为事件。严格说来，任何真正的"关系/事件"的社会学分析应该同时包容理论与叙事，通过具体经验问题的探讨来将关系和事件真正结合起来（李猛，1997：6~7）。

农民工夫妻之间的关系如权力关系，是通过一系列事件体现出来的，也是通过一系列事件来形塑的。通过分析事件，可发现事件中展现出来的夫妻关系以及夫妻关系的演进逻辑。考察农民工夫妻关系当然还须超越具体互动情境，考察互动情境之外的社会文化背景对夫妻关系的影响，如社会性别规范或社区亚文化的影响，唯有如此才能对农民工夫妻之间的关系有更好的理解与把握。

农民工夫妻在日常互动过程中会发生一系列事件，这些事件展现了夫妻之间的关系，这些事件也会反过来形塑夫妻关系。例如本研究中，农民

---

① "过程-事件分析"与"关系/事件"分析策略在笔者看来并无本质不同。两者都是通过对事件的分析，揭示事件所展现的关系。而且两者都主张不能就事论事，必须考察情境之外因素的影响。关系通过事件展现出来，关系又通过事件形塑而成。

工夫妻外出流动就是农民工家庭的一件大事。夫妻就外出流动做出家庭决策，那么考察"外出流动"这一大事件的家庭决策过程，就可能揭示其中隐含的夫妻权力关系。

五 研究推论

定性研究采取的是目的抽样原则，样本通常比较小，很难在量的研究的意义上进行推论。因此，定性研究的推论主要是：读者在阅读报告、论文时由于思想上产生共鸣而形成的认同推论，以及在样本基础上建立的理论具有一定的诠释性，也可能引起理论性推论（陈向明，2000）。

定性研究与定量研究遵循不同的研究逻辑，因此在研究推论上自然也各有不同。定量研究的推理逻辑是统计性扩大推理，即从样本推论到总体的归纳推理形式，这是统计调查的逻辑基础；而定性研究则遵循分析性归纳推理，它指的是直接从个案上升为一般理论的归纳推论形式（王宁，2002）。但是如果这种推理形式不能一步到位的话，就应该采用逐步抽象的办法予以解决（王宁，2007）。本研究的推论赞同采用由个案直接上升为一般理论概况的推理形式，这种理论对类现象具有解释力。王宁（2007：2~3）进一步指出，在一定条件下，个案研究的结论是可以外推和扩大化的。个案研究结论可以向"同质化类型"（那些与所研究的个案同质或同类的其他个案）进行外推。这个外推过程，王宁称之为"分类同质化"外推（"分层同质化"外推）（王宁，2007：2）。个案研究追求的是"类型代表性"，不同于问卷调查所追求的"总体代表性"（王宁，2007：3）。

本研究基于福建省的多个个案研究，由于样本有限，本研究不企图将研究的结论进行普遍意义的外推。

六 研究靠度、效度

定性研究的靠度指的是不同的研究者或同一研究者在不同的场合把事例或情况归入同一个类属的一致性程度（转引自王宁，2007）。研究的靠度又称研究的可靠性，指在不同时间由不同研究者用不同方法来做，研究步骤是否具有合理的一致性（Miles and Huberman，2008：393）。靠度分为材料收集的靠度和材料分析的靠度（王宁，2007）。Kirk 和 Miller（1986）认为应该从方法的运用来评估靠度，即程序靠度。研究人员应该从几个方面向读者阐明定性研究的靠度：第一，阐明所收集的材料中哪些是被研究者的命题和哪些是研究者的分析和解释;第二,阐明田野研究和访谈程序以及分析程序中的培训和检查工作,以增加不同访谈员或观察员的行为可比性;第三,对整个研究程序进行记录,可以增加靠度。定性研究的靠度的评估方向是检查材料和程序的可依靠性(dependability)(王宁,2007)。

效度指研究人员的阐述再现所涉及的社会现象的正确程度。简单地说,效度就是研究报告反映对象的真实程度(王宁,2007)。访谈效度:确保谈话的真实性。访谈中的三种效度:第一,所说的内容是正确的;第二,所说的内容是适合于相关社会情境的;第三,受访者说话是诚实的(王宁,2007)。提高效度的方法有以下四个。第一是交流性证实,进行了第一次访谈并将访谈内容誊写出来以后,在第二次访谈中将誊写的文本交给受访者审阅,以确认受访者是否同意自己在第一次访谈中的谈话内容。第二是程序效度。第三是Wolcott(1990)三角交叉(triangulation),指结合各种方法、各种研究群体、各种研究场景和各种理论视角来研究某个现象。三角交叉包括材料三角交叉、研究者三角交叉、理论三角交叉、方法论三角交叉。第四是分析性归纳,即在一个初步的理论或假设形成以后,研究者有意去寻找与分析该理论相离异或相否定的个案,以检验该理论或假设。

本研究在收集资料过程中,尤其是访谈过程中,同一问题会以改变的形式多次出现,为的是了解访谈对象的真实想法。收集资料告一段落后,笔者通过电话访谈的方式就一些不清楚的地方再次询问访谈对象。笔者既向男性案主收集资料,又向女性案主及其家庭成员收集,从而使不同来源的资料相互印证。如关于家庭分工,不仅询问丈夫,而且询问妻子,同时也问其子女。在资料收集和分析过程中,笔者在心理上保持开放性,对相反证据以及相反个案保持敏感态度。

七　研究伦理

本研究在伦理道德问题上遵循自愿原则、保密原则、公正合理原则、公平合理原则等(陈向明,2000:101)。收集资料过程中,笔者在得到案主同意的情况下进行了录音。在论文写作中,将采用匿名化处理,对于个人信息保密。

第三章　农民外出流动：宏观背景与微观动因

如前所述，自20世纪80年代中后期开始，我国出现了大规模农民外出务工经商现象。关于影响农民进城务工经商的因素，学术界进行了诸多探讨，取得了丰硕成果。已有研究分为两派：一派坚持整体论视角，关注宏观层面的制度、结构的制约作用，认为只有整体意义上的结构和制度才是解释农民外出的关键因素；另一派则持个体论视角，认为微观层面的个人凭借对资源的占有情况和对市场信息的了解程度而做出了外出的选择。

有研究运用吉登斯的结构化理论（该理论整合了整体论视角和个体论视角）探讨当前中国农村人口外出的动因。首先，该研究认为既不仅仅是制度性安排的阻碍或推动，也并非个人追求利益最大化的理性选择，而是主体与结构的二重化过程引发了当今中国数以千万计的农村户口持有者离开农业，离开农村，不断寻找新的就业机会和生活空间。如果没有结构性因素和条件所提供的可能与制约，村民们即使再想外出寻求更大的利润和更多的利益，也无法对此施以具有实际意义的步骤。反之，若没有这样的寻求非农活动的冲动，无论什么样的制度性安排，对村民而言也是没有意义的。其次，农村人口的外出或转移绝不是盲目的，他们总是具有明确的动机与目标，也许一开始他们大多是为了从非农活动中挣得现金收入以补务农收入的不足；而无论他们的动因和目的多么明确，他们总是在外出或转移过程中不断地对自己的行动加以合理化解释，总是在不断地反思自己的行动，调整自己的策略。最后，正是因为行动者实际上总是在不断地反思、调整自己的行动规划，因此这些行动所产生的种种后果，并非总能够被行动者自己预期到，也并非都符合他们的初衷，更不是一定具有"正面的""合乎理性的"后果（黄平，1997）。

有研究运用推拉理论探讨影响中国城乡流动人口的因素，认为户籍是影响中国城乡流动的最为突出的制度障碍（李强，2003：125）。还有研究从宏观结构因素和微观个体、家庭因素对农民工的循环流动进行了分析（李强，2004：277）。

上述研究侧重于探讨作为个体的农民的外出行动受到了哪些因素的影响，影响因素大致包括制度、家庭。以往研究更多地侧重于宏观方面的制度和结构探讨，对于微观层面的家庭因素探讨比较少。本章一方面从制度层面对农民外出流动进行探讨，另一方面把分析的着重点放在家庭因素上。

第一节 宏观制度背景：制度变迁与农民外出流动

在改革开放以前，即20世纪70年代后期和80年代实行家庭责任制以前，农民大规模地从落后的农村向发达城市流动的现象尚未出现。之所以如此，是因为受强大的制度性安排的影响，农民的理性选择为政府行为所替代（文军，2001：28~29）。

有论者认为，改革前中国社会中的"城乡二元结构"是一种"行政主导型的二元结构"（孙立平，2003）。也就是说，这种社会结构是通过行政制度因素建构起来的，而其中最为主要的制度因素是户籍制度。以户籍制度为核心形成了一系列相关制度安排，如住宅制度、粮食供应制度、副食品和燃料供应制度、生产资料供给制度、教育制度、医疗制度、婚姻制度等。这些体现国家行动意志和利益的制度安排将整个社会切割成由市民组成的城市社会和由农民组成的农村社会。改革前中国社会中的资源是行政性的再分配，而不是由市场来进行配置的。再分配的时候，在城乡之间实行的是两种不同的制度，比如教育和公共设施的投入。城市中的教育和基础设施几乎是由国家财政投入的，而对于农村的教育和公共设施，国家的投入相当有限，有相当一部分是由农民自身来负担的（孙立平，2003）。

以户籍制度为核心的制度安排将城市和乡村分隔开来，户籍成为农民进城的主要障碍。户籍制度的形成有其特定的背景[①]。新中国成立之初，

[①] 白南生、何宇鹏（2002）指出，为了实现低经济水平下的高积累和重工业优先发展的战略，确立了城市的高就业、低工资政策。与之相配套，相继实行了基本生活用品低价政策、农产品统购统销政策、城市职工工资以外的福利制度。为了保证这些政策不受干扰地推行，政府采取了旨在阻断人口和劳动力资源在城乡间、地域间自由流动的户籍制度。

国家领导人并没有严格控制城市和农村之间人口流动的设想。新中国的第一部宪法是在 1949 年 9 月《中国人民政治协商会议共同纲领》的基础上形成的。1954 年《宪法》第 90 条规定："中华人民共和国公民有居住和迁徙的自由"①，因此当时的法律是允许城乡居民自由迁移的。第一次提出控制人口自由迁移的正式法规，是 1953 年 4 月 17 日发出的《中央人民政府政务院关于劝止农民盲目流入城市的指示》。虽然只是个指示，但从中可以看出国家要调整人口管理的端倪。调整的原因是，国家领导人和决策集团担心因工业化的迅速发展引发农民进城的热潮，会导致城市在食品供应、交通住房、服务等方面难以承受过大的压力。1955 年 6 月 9 日，国务院第十一次会议通过的《国务院关于建立经常户口登记制度的指示》规定出、生、死亡、迁出、迁入四种户籍登记必须严格。该指示常常被看作严格户籍制度的发端。在该指示的基础上，1958 年 1 月 9 日第一届全国人民代表大会常务委员会第九十一次会议通过的《中华人民共和国户口登记条例》第十条规定："公民由农村迁往城市，必须持有城市劳动部门的录用证明、学校的录取证明，或者城市户口登记机关的准予迁入的证明，向常住地户口登记机关申请办理迁出手续。"换言之，农民在没有得到有关证明的情况下无法迁移到城市，《宪法》中规定的公民最基本的流动和迁徙的自由被剥夺了。这一规定标志着中国以严格控制农村人口向城市流动为核心的户口迁移制度的形成。针对 1958 年"大跃进"中农民流入城市的问题，1959 年中共中央又接连发出了《关于制止农村劳动力流动的指示》《关于制止农村劳动力盲目外流的紧急通知》等。自 1960 年起，对于户口的管理已经非常严格了，当时内部规定全国各地每年从农村迁入城镇的"农转非"的人数不得超过当时非农业人口总数的 1.5‰。1964 年国务院批转了公安部《关于处理户口迁移的规定（草案）》，对人口向城市迁移实行严格控制。这种局面一直持续到"文化大革命"以后。1977 年 11 月国务院批转的《公安部关于处理户口迁移的规定》，仍然强调要严格控制农村人口进入城镇，并在具体通知中再次明确规定"农转非"的指标不得超过 1.5‰。

户籍制度的建立一方面使得新中国成立以后的经济分配、资源分享的秩序得以维持，另一方面依靠户籍阻止农民进城。在这一前提下，实行向

---

① 《中华人民共和国宪法》，北京：人民出版社，1954，第 25 页。

城市工业发展倾斜的政策，完成了工业发展的原始积累（李强，2004：31）。新中国成立后，国家实行迅速实现工业化和优先发展重工业的国民经济发展战略。发展工业特别是重工业需要大量的资本，而新中国成立时一穷二白，又面临帝国主义对我国的封锁，也不可能走先发内生型资本主义国家已经走过的工业化道路，因此国家构建了以户籍制度为核心的一系列制度安排来限制农民进城，以减轻城市在食品供应、住房等方面承受的压力，同时实行"剪刀差"的政策，抬高工业品的价格，压低农产品的价格，通过这种方式来实现资本的积累。

以户籍制度为核心形成的一整套制度安排将整个社会切割为非农户口的城市社会和农业户口的农村社会。户籍制度将城市和农村分离开来。以中国农村严密的组织管理体系（如人民公社制度[①]、生产队制度、集体所有制）和全国商品（尤其是粮油）、服务及就业的计划供应、分配制度为基础的城乡户籍制度，曾限制着人口的流动，尤其是农村人口的向外流动。比如，在物资供应方面，1953年以后，随着粮食统购统销政策的实行，中国开始实行粮油计划供应制度。这一制度原则上规定国家只负责城市非农业户口的粮油供应，不负责农业户口的粮油供应。这项制度排除了农村人口在城市取得口粮的可能性，没有口粮，生活自然难以维持。就业制度方面，国家只负责城市非农业人口在城市的就业安置，不允许农村人口进城就业，甚至规定城市"各单位一律不得私自从农村招工和私自录用盲目流入城市的农民。农业社和农村中的机关、团体也不得私自介绍农民到城市和工矿去找工作""招用临时工必须尽量在当地城市中招用，不足的时候，才可以从农村中招用"。在这种制度安排中，国家垄断了绝大部分资源，而农民没有生产经营自主权和对自身劳力及劳动成果的支配权。也就是说，农民无法获得"自由流动资源"[②]和"自由流动空间"[③]（孙立平，1993）。一方面，在农村户口与土地相结合，同时配以人民公社制度，

[①] 在农村，人民公社把农民组织起来，公社要求农民都留在村落里，日复一日、年复一年地从事简单原始的农民劳动。每天清晨，当出工的号子吹响的时候，每人干什么农活都已经安排好了。人们无须思考，无法选择，只得按规定的时间到指定的地点去干指定的农活（张乐天，2005：228）。

[②] "自由流动资源"这个概念是以色列著名社会学家S.艾森斯诺特提出的，孙立平对该概念做了重新定义。"自由流动资源"既包括以货币和财富体现的物质资源，又包括无形的但却相当重要的制度性资源，如机会、权利和信息等。

[③] "自由流动空间"这个概念是孙立平1993年提出的。

通过土地的集体所有制和集体的生产与分配，实现对农民的集中管理，将农民限制在土地上，限制在农村，保证农村的稳定。另一方面，在城市把户口与劳动就业和生活供应相结合，同时配以就业和保障制度，保证城市社会的稳定。这种行政主导的全能型的管理把农民排除在城市体制外，城乡之间的人口流动受到限制。

有研究认为，改革前的中国社会是一个总体性社会[①]，在此种社会中国家垄断了绝大部分正常的社会活动所需的资源和活动空间（孙立平，1993）。之所以建立这种资源控制和垄断模式，有某种历史的必然性。在孙立平看来，这种总体性社会的建立是出于结束自清中期开始形成的、最后以军阀混战和外敌入侵形式体现的总体性危机的需要。总体性危机是全面的危机，包括财政危机、行政危机、参与危机、权威危机和整合危机等，它体现了当时中国社会中政治解体和社会解组的结合。总体性社会代表了用重构国家与社会的关系来克服总体性危机的努力。新中国成立后形成的各种资源控制和垄断模式恰恰适应了结束总体性危机的需要。国家垄断和控制了绝大部分资源，大大加强了国家的力量强度，从而使国家获得对社会的绝对控制权，首先重建国家政治框架，然后用国家框架来重新整合社会。同时，这种资源控制模式也适应了工业化初期实行赶超战略的需要。事实也表明，总体性社会结构也适应了在一个基础落后、资源分散的大国进行赶超型工业化的需要（孙立平，1993）。

由于国家控制了自由流动资源和社会活动空间，国家成为向其社会成员提供资源和机会的唯一源泉，社会成员除了依附于国家之外无其他获取生存和发展所需资源的渠道。这种依附是全面的，在城市表现为市民对单位的依附，在农村则表现为农民对人民公社的依附。

改革的实行推动了户籍制度及其相关配套制度安排的松动，市场机制的引入也在改变着中国的资源配置方式。中国的社会结构也因之发生变化，获得自由流动资源和自由流动空间的农民开始大规模从农村来到城市寻找机会，要么务工，要么经商。

户籍制度是中国城乡流动的最大障碍。在严格实行户籍制度的20世纪60年代至70年代，城乡在经济方面、收入方面的差距十分巨大，虽然城

---

① "总体性社会"这个概念由美国政治学家邹谠教授提出。参见邹谠《中国二十世纪政治与西方政治学》，《思想家》1989年第1期。

市有更多的机会,但农村向城市的人口流动却很少(李强,2004)。

始于20世纪70年代末期的改革开放导致了中国社会结构的变迁。体制改革是起点,社会结构的变迁是终点。有研究运用"自由流动资源"和"自由流动空间"(孙立平,1993)两个概念探讨了体制改革是如何导致社会结构变迁的,分析了在当中起作用的机制。

改革开放后中国社会结构发生了根本性的变化,即国家对自由资源和自由空间的垄断开始弱化,社会正在成为另一个可以向社会成员提供资源和机会的渠道。体制改革的目标和结果之一就是国家控制资源范围的缩小和力度的减弱,许多社会资源从国家的垄断中游离出来,成为"自由流动资源",进入社会或市场(孙立平,1993:66)。

这个过程首先是从农村开始的,改革开放之后,人民公社制度的解体和家庭联产承包责任制的推行,使得农民获得了两个极其重要的东西:一是土地耕作和经营的相对自主权(土地虽然仍是集体所有,但农民有了使用权,所有权和使用权实现了分离);二是对自身劳力的支配权,家庭重新成为生产和配置劳动力的中心,家庭重新成为利益共同体。有研究指出,中国从1949年革命成功后,农村家庭至少经历了几次大的冲击:一是从20世纪50年代开始的通过历次自上而下的政治运动,国家力量全面介入,家庭中的个人成为集体支配的劳动力,家庭成为纯粹的生活单位;二是70年代末开始的联产承包制,这有利于家庭再次成为"利益共同体"(谭深,2004:211)。该制度的推行使得农民重获自主权,农民长期积压的活力重新释放出来,这极大地调动了农民的积极性和主动性。农民开始突破集体管理体制(人民公社和生产队)对他们的束缚,农业生产的效率因此得到了极大的提高,农村劳动力富余的问题开始凸显出来。

与此同时,城市也进行了相应的改革。在城市,"自由流动资源"是伴随国家对生产资料和资金的垄断的放松出现的,特别是双轨制的实行,使相当一部分生产资料脱离国家的控制进入市场,私营和个体企业成为银行贷款的对象,国家对贷款的垄断开始松动,大量外资的流入使资源来源多元化。其结果是在公有制经济之外出现了个体、私营、三资等各种非公有制经济。非公有制经济的出现加上国营企业用工制度的改革,形成了以契约式就业机会表现出来的另一种"自由流动资源"(孙立平,1993)。

农民不仅获得了"自由流动资源",而且开始拥有了"自由流动空间"。"自由流动空间"的形成与扩展具有与"自由流动资源"的释放同等重要的意义。这种"自由流动空间"的形成和发展，既是体制改革的结果，也是政府政策调整的产物。"自由流动空间"是人们利用和使用"自由流动资源"的具体场所。孙立平（1993）将经济体制改革和政府政策调整后农民获得的"自由流动空间"归纳为四个方面：一是种植业形成了多种经营的"自由流动空间"，农民不仅可以种植水稻，而且可以种植其他经济作物；二是因对农民经商和长途贩运的解禁而形成的以经商为主的副业的"自由流动空间"；三是因国家政策允许、支持和扶持而形成的乡镇企业的"自由流动空间"，乡镇企业的兴起标志着中国农村工业化道路的开始；四是政策上允许农民进城，从事建筑、商业及其他服务性行业，并允许城市中的某些国营企业从农民中招收部分临时工、合同工。其他所有制企业和个体户从农村雇工也不再受到禁止，这样就形成了农民进城务工经商的"自由流动空间"。农民充分利用在体制改革和政策调整中活动的"自由流动资源"和"自由流动空间"。农民的创造性和主体性在获得"自由流动资源"和"自由流动空间"后得到了发挥。

城市的"自由流动空间"也经历了不断拓展的过程，虽然这个过程比农村慢了许多。城市在改革的过程中相继出现了商品流通领域、第三产业、高新技术产业、"三资"、"特区"等"自由流动空间"。"自由流动资源"与"自由流动空间"的结合解放了生产力，发展了生产力（孙立平，1993）。

为了适应农村富余劳动力凸显的状况，1984年的中共中央文件提出：农村工业适当集中于集镇，允许农民"自理口粮到集镇落户"。1985年的中共中央、国务院文件则首次提出："允许农民进城开店、设坊、兴办服务业，提供各种服务。"农民进城务工或经商就是在这样的制度变迁背景下发生的。从实践上看，民工潮现象的出现正是在20世纪80年代中期之后。

前面提到，随着改革的深入和市场机制的引入，社会资源从国家垄断中游离出来，市场在资源配置中的作用逐步加强。国家垄断绝大部分资源的状况无论是在农村还是在城市都开始发生变化。国家放松了对农村居民的限制，使农民获得了"自由流动资源"和"自由流动空间"。政策允许农民进城务工或经商、城市劳动用工制度的改革、体制外经济的发展，不仅使得农民能够进城，而且使得农民进城谋职的机会大增，农民在城市中生存的机会大大增加、能力大大增强。

面对制度变迁过程中出现的机会，农民家庭做出了让家庭成员进城务工经商的决策。围绕户籍制度形成的一整套制度安排在改革前曾严格限制城乡人口的流动，而经济体制的改革所引发的户籍制度的松动和政策的调整为农民进城提供了空间与可能。制度的变迁使得农民进城从此有了可能性与合法性。可以这么说，中国农民能否外出主要是由制度决定的，是政策使然。因而，农民外出流动是制度变迁的产物①。

第二节 微观间接动因：家庭理性与农民外出流动

之所以在新中国成立后到改革开放前这段时间，特别是在20世纪60年代和70年代没有出现大规模的农民外出务工经商现象，是由如前所述的制度性原因。上述这些制度安排严格束缚着亿万中国农民，这些制度安排相互配合，把对资源的利用机会分割成供城镇人口和供农村人口的，使得亿万在农村生产、生活的农民即使面临着人多地少的困境，即使意识到务农的比较收益低下，即使想在本地或外地向非农转移，实施起来都是极其缓慢的。这可以说明为什么长期以来中国农村一直存在着生存压力，却直到80年代社会制度等结构性压力松弛之后，才形成大规模的农民外出就业现象。因为在改革前的这段时间，结构性的压力过于强大，农民没有"自由流动资源"和"自由活动空间"（孙立平，1993），那种企图突破结构性压力的行动，相对而言十分薄弱，因此只能全面依附于人民公社和生产队。

改革开放后，一方面是体制约束的松动，另一方面是农民通过电视等媒介了解到外部的世界，从而得以对比不同的谋生方式。在这两方面因素的共同作用下，农民离开农业，走出农村。从理论上讲，无论什么样的制度性安排和结构性调整，中国农民作为有目的的行为主体都不是完全无能

---

① 农民外出的根本原因在于经济和社会发展的不平衡，国家政策的调整无疑促进了农村劳动力的流动。有研究指出，改革开放之后，国家对农村劳动力流动就业政策的放开经历了一个从内到外、从紧到松、从无序到规范、从歧视到公平的过程。其中1979~1983年为控制流动阶段；1984~1988年为允许流动阶段；1989~1991年为控制盲目流动阶段；1992~2000年为规范流动阶段；2000年以后为公平流动阶段（宋洪远、黄华波、刘光明，2002）。

为力的。相反，在生存理性①的驱使下，他们总是为了他们的家庭以及自己的生存条件的维持和改善而不断地试错、不断地选择、不断地行动着（黄平，1997：81）。事实也的确如此，改革开放以来，从包产到户到乡镇企业，再从乡镇企业到外出务工经商，中国农民一步步地通过自己有目的的行为，有意无意地改变着结构和制度的约束，改变着资源组合的方式。在此，农民的行动单位不是个体而是家庭，他们所做的选择不是为了经济理性所追求的最大利润，而是生存理性指导下的生存。可以这么说，因生存压力而产生的"生存理性"是当今民工潮形成的最为重要的原因之一（黄平，1997）。

黄平（1997）认为，20世纪80年代末到90年代初出现的民工潮现象是广大农民在长期的生存困境下对原有结构格局的一种突破。他们选择了跨区域、跨行业的流动，与他们之前选择过密化的糊口农业一样是出于生存的内在动因。

另有研究指出，当代中国农民外出就业不仅是生存理性的表现，而且是社会理性的表现，农民在外出过程中会经历从生存理性选择到经济理性选择再到社会理性选择这样的跃升（文军，2001：28）。在农民外出就业发生初期，往往更多表现的是生存理性选择，随着外出就业次数的增多和

---

① 斯科特在其著作《农民的道义经济学》一书中提出了"生存伦理"概念，并通过对东南亚农民的反叛和生存的研究指出生存伦理如何能够解释农民社会的许多安排。以生存为目的的农民家庭经济活动的特点在于：与资本主义企业不同，农民家庭既是生产单位，又是消费单位。作为一个家庭，无论其家庭规模大小，都有某种生存消费的需要，为了让家庭存在下去就必须满足生存的需要。在生存边缘挣扎的农民家庭追求的是安全第一，他们回避风险（斯科特，2001，第一章）。黄平基于斯科特提出的"生存伦理"概念提出了"生存理性"概念。"生存理性"不同于"经济理性"，它不是为了追求利润的最大化，而是指中国农民在自己所处的特定资源与规则条件下，为寻求整个家庭的生存而首先选择比较而言并非最次的行为方式。安全第一规则的独特表现，也见于共同的观察中：如果赚钱谋利会打乱其既往一贯的已被证明为适当的生存方式的话，东南亚农民就不情愿干。最后，安全生存的目标体现在生产过程中所面对的极其大量的选择中，选择种植食用作物而不是销售作物，为了分散风险而乐于使用不同类型的种子，偏爱那些产量一般但稳定的作物品种（斯科特，2001：28）。鸦片战争后，城镇资本主义的发展产生了对劳动力的需求，农村自给自足的自然经济在西方资本主义廉价商品的冲击下解体，小农家庭的生计难以维持，农民非农化的条件已经具备。斯科特也谈到了东南亚农民的保守主义。他说："注重生存问题的农民更确切地被视为在应付风险方面余地有限。他在生存边缘上拼命劳作，一旦计算有误，便要失去一切……可获利的工作机会的相对匮乏使得他毫无经济保障而言。如果说他对危及生计之事过于谨慎的话，那么他的不情愿是有其合理基础的。"（斯科特，2001：31）

时间的拉长，社会理性选择和经济理性选择将表现得越来越突出。生存理性是最基础的层次，只有在生存理性得到充分表现和发挥的基础上，才能进一步产生和做出经济理性及社会理性的选择。在生存压力下，决定农民是否外出就业的首要因素是生存理性选择。对于广大中国农民来说，为了维持整个家庭的生存而选择比较而言并非最次的行为方式，是最为现实的驱动力。

理性选择理论的分析单位是作为行动者的个人[①]，因而文军的研究分析单位是个人。显然，基于个体分析单位得出的研究结论很难适用于家庭，因为个体的理性和家庭的理性是不同的。其实作者自己也意识到了这个问题，他在文章的末尾指出："'经济理性原则'之所以还一时难以在中国农民身上首先发挥效应，一个很重要的原因是中国传统文化的家庭中心主义可能使中国人的理性行动单位与西方相比更多的是家庭而非个人。"（文军，2001：29）

中国市场经济欠发达，个体的主体性还未得到充分培育，个体理性受制于集体理性，中国传统文化中家庭本位的思想仍然根深蒂固。因此在乡土中国，家庭是理性选择的决策单位。有研究指出，中国的农户是最基本的生产、生活和消费单位，家庭成员对家庭有很强的从属性，这种以血缘为纽带形成的家庭利益共同体是家庭劳动力外出流动的基本决策单位。一个劳动力是否外出，与其说是个人行为，不如说是家庭整体决策的结果（杜鹰、白南生，1997：40）。

必须指出的是，生存原因仅仅是农民外出务工经商的内在动力之一。由于农民家庭绝非是一个同质体，不同的农民家庭社会经济状况不同，因此并非所有外出的农民都是基于生存理性而做出外出的选择。

本研究通过对30个个案的分析发现，农民外出务工经商的内在动因是多种多样的，有的是为了寻求家庭的生存，有的是为了寻求家庭的发展，尤其是代际的向上流动，有的是为了跟上社会形势，还有的则是因为家庭其他原因。尽管原因不同，但外出农民的思考以及行为的出发点和落脚点都是家庭，外出是取向于家庭的。笔者以为，农民是理性的，农民的理性既包括生存理性，又包括发展理性，这种理性不是个体层面的，而是家庭

---

① 科尔曼的理性行动理论成立的前提是市场经济的发达，市场经济强调的是作为行动者的个人理性。

层面的家庭理性[1]。"为了家庭,为了孩子"在访谈中不断出现,正因为如此,他们才能忍受外出过程中所遭遇到的种种苦楚。家庭的动力支撑着他们,赋予他们的行动以意义。

本节从家庭理性的角度考察农民外出务工或经商的行为。

一 外出打工是为了寻求生存

个案 10:游女士,43 岁,一家四口,夫妻俩和两个孩子。丈夫生病两年多了,病好一点就去厂里上班,去了一个月。案主家庭很困难,老公看病吃药要花钱,一家四口的日常生活也要花钱。

之所以要从农村出来打工,在游女士看来,是因为在家里工作难以维持生活。她说:"孩子的爸爸十八岁当兵,回来家里没人管,分到合作社工作,一个月三十多块,(大部分)都要拿给家里,自己要一点点。这些钱连生活都不够就不做了,就出来打工。"

游女士进一步解释了丈夫走船的原因:家庭农田少,只丈夫一个人分到了田,自己跟儿子都没分到田,家庭很困难。她说:"结婚后他走船(做海员)一年,我在家带儿子,田一点点,是他爸爸的,我跟儿子没分到田。家里很困难,我跟老公来福安,我哥哥姐姐都在福安。哥哥姐姐说我们家很困难,就借点钱给我去做小生意。老公在单位的时候会做包子,我们就想再去做包子卖,就在孩子两岁的时候出来做小生意。"

丈夫出去走船是游女士提出的,主要是因为坐月子需要钱。她说:"是我提出来的,小孩在肚子里还没生的时候,对他说你不去挣钱,我要生孩子了,月子怎么坐?小孩出生后婆婆来给我坐月子。男人总要在外挣钱养家吧,我说我快生了,月子也要坐,你不挣钱,怎么生活?他就去走船了。"

丈夫走船一个月挣一千多,挣到的钱寄给游女士,部分用来还债,部分用来生活。她说:"是寄回来给我,寄回的钱要用来还债,剩下一点要用来生活。"

---

[1] 中国是伦理本位的社会(梁漱溟,2005:70)。改革前频繁的政治运动对家庭伦理本位有重大的冲击。改革一开始就表现出了家庭伦理本位"复归"的社会趋势。改革以前,人民公社体制的核心在于试图打碎家庭体制而实现对于劳动力的"跨家庭"配置,而改革初期的成功之举则来源于家庭本位的复建。家庭联产承包责任制的核心是家庭重新成为组织生产、配置劳动力的中心(李强,2008:5)。

丈夫走船一年，后来就没再走船了。之后因为在农村生活不下去了，游女士与丈夫一起来福安做生意："在农村没什么生活了，上来这里做点小生意，小孩还小，要养。"这个决定也是游女士做出的。她说："是我提出来的。哥哥给我租好房子，我还向哥哥借了一千多块，就叫老公和孩子上来。在农村生活不下去了，没什么收入，就说出来。"

出来摆摊的直接目的是为了挣钱，然而丈夫的生病使这一计划受到了破坏。她说："最主要是挣钱，希望做的生意多，一年一年我们的钱会多起来。没想到他生病了，我们生意也没得做了。"在游女士看来，挣钱是为了孩子。她说："为了孩子，孩子长大了才有一点幸福，我们老了（就能）退休了。我们作为一个人，我们作为父母是为了孩子，不是为了我们自己。"

丈夫生病不能工作期间，游女士自己外出打工。之所以这么安排是因为"他生病了就没法做了，我要出去打工是我自己决定的。我跟他说你在家里看两个小孩，我出去打工。要不然生活怎么过？而且还欠人的（钱），还有他要吃药。他现在生病好一点了，出去上班也是他自己决定的。"

游女士家庭贫困，人多地少，种田无法解决全家人的生活问题。结婚后案主提出让老公去走船，因为当时案主已经怀孕，坐月子需要钱，另外要还债。去走船是生活所逼，来福安摆摊做小生意也是如此。家庭实在困难，连做小生意所需要的本钱都是借的。来到福安后日子慢慢好起来，可天有不测风云，老公又生病了。老公的生病使本就困难的家境雪上加霜。在此情况下，生意没办法继续做，案主决定自己出去打工，老公没法干活而且要看病吃药，因此待在家里顺便照顾两个小孩。访谈过程中，谈到生活的艰难时案主多次落泪。游女士与丈夫之所以外出打工，是为了寻求家庭的生存。

二 外出跑业务[①]是为了寻求发展[②]

个案5：马先生，40岁，高中毕业，妻子刘女士，一家五口，夫妻俩、父母和儿子。案主目前在广东某市跑业务。

之所以想出来跑业务，是考虑到家庭的生活问题、个人的职业发展以

---

① 跑业务，简单地说就是做生意。
② 发展指的是能挣更多的钱，要发展就必须到经济发达的地区，那边挣钱的机会多。

及小孩的教育。他说:"当时在小学教书,1999年在城里建了房子。在城里最现实的就是一家人的生活问题,自己在教书,老婆没有固定的职业,没有稳定的收入,收入不高。自己教书的工资也很低,一个月只有六七百,一家人的生活问题如何解决以及将来如何培养小孩,这些是最现实的问题。我也考虑了很久,是走还是留,最终还是觉得走,留下来不可能有很好的发展。从政的话就是当个小学校长,凭自己的能力和做人肯定做得到的。其他也不可能有怎么样的发展,收入也不可能有显著提高。面临小孩的教育问题,这是投入比较大的。爹妈年纪大了,身体肯定不可能越来越好。考虑到这些问题,诸多因素,后来还是决定走。"

马先生外出的另外一个原因是社会比较后产生的相对剥夺感。他说:"以前的朋友、同学出来后都发展得还可以,那时我就想,唉,他们都做得可以,我应该也可以。人就是有这种想法,觉得自己能力不会比他们差。"

马先生告诉笔者:单靠在家乡当老师无法解决家庭的生活问题,他肯定地说:"一家人是真的不够!"之所以会不够是因为"田没人种,只是多多少少收点租,母亲身体本身没几好①。在镇上的时候自己要骑摩托车,手机也要点费用,教书的工资是绝对不够开支的。"

跟个案10相比,个案5的家庭经济状况要好很多。马先生文化程度比较高(高中毕业),在当地小学教书多年,在教书过程中还兼做小生意,妻子刘女士在镇上开缝纫店。因此马先生和刘女士一家人生活还是不错的,但马先生不满足于此,他有更高的要求。2004年马先生辞职出来闯,是为了寻求发展,因为学校及其家乡提供给他的空间,已经无法满足他对自己更高的要求了。马先生出来跑业务是综合因素作用的结果,生活问题仅仅是其中的一个影响因素,不是最主要的因素。为了发展,为了培养小孩,为了家庭的生活上一个档次,同时受到先于他出来发展的朋友的影响(社会比较产生的相对剥夺感),他做出了外出跑业务的决定,外出的决定得到了包括妻子在内的家人的支持。

三 外出做工及开店是"为了赶上社会的进步""跟上社会形势"

个案15:罗先生,初中文化,35岁,一家三口,夫妻以及儿子。罗先

---

① 没几好是客家方言,指不怎么好。

生和严女士结婚后先在家里种了几年田,制作过粉干,种过香菇。从2000年开始,罗先生出去打工。2006年在县城开了一年饮食店,2007年来厦门开饮食店。

罗先生外出做工是因为在家务农积蓄不到钱,务农没效益,日子没法过。他说:"那时感觉到压力很大,在家里积蓄不到钱,日子没法过。在家里如果不是顺风顺水的话,那日子不好过。运气好的人,最起码种东西多多少少有收入。运气不好的人,没钱赚,亏本,种什么都没收成,那么在家里不好过。人情世故、肥料成本照常还是要投入的,有时候收入还不够付出。那时候粮价跟现在差很多,现在生产资料价格很高。那时候生产资料价格不高的时候,粮价很低。反正投入进去,拿回来,投进去拿回来,不断地循环,没有效益出来。"

罗先生觉得外出是生活所逼,他说:"总的来讲是属于被迫,在家里如果日子优越的话是不会想出来,日子好过的话不会想出门,出门打工毕竟是苦的。"

如果在家里务农不外出做工,也可以解决温饱问题。但是他的目标不仅限于此,对此他这么说道:"挣吃的,挣两碗饭的话(不存在问题),人家要盖房子,要买摩托车,为了赶上社会的进步,在家你赶得上吗?"

罗先生语气坚定地表示,外出要跟妻子商量好。他说:"肯定要商量的。"因为"家里的活要安排下去,对不?确实做不下去的话要请人。如果要犁田,女人是不会的,那么要请人、雇其他人。总不能自己出去(打工)合算,却待在家里"。

丈夫外出后,家里包括家务和田间地头的事情都要严女士一个人做,因此她很辛苦。尽管如此,当笔者问她是否支持丈夫外出时,她语气坚定地说:"肯定支持!"

改革前,由于制度条件限制农民没法外出打工,因而挣不到生活费。改革开放后,家庭重新成为决策单位,可以配置劳动力,家庭生活取决于自己。他说:"向前看,不敢倒退,人怎么能倒退?以前的人小孩多,挣到的不够吃,会超支,属于那时的社会环境,条件限制。你没有劳力就没法出工。集体的时候,超支的话必然要借谷子,要欠人的债是没法的。如今开放的日子,你有劳力就挣得到吃。挣多挣少看你自己能力。虽然我们打死工,不是其他什么,但打工还是个出路。"在他看来,农村能出来的还是要尽量出来。现在来厦门海仓的四川人居多,这也是逼出来的。

2006年开始罗先生不再外出做工,为了跟上社会形势,夫妻俩共同外出开店。严女士说:"跟上社会形势。其他人有什么我就会想有什么,其他人的小孩有本事培养,培养读什么,自己也要尽能力去培养,也有这个想法要尽自己能力去做。"

挣钱的目的是为了使家庭不落后于别人。她说:"不是为了我,也不是为了小孩,是为了整个家庭。反正总的来讲,看到别人出去能挣多少,我也会想出去挣多少钱。"

罗先生之所以要外出务工,是因为农业的经济效益低,攒不了钱。一方面农业的生产资料成本在不断提高,另一方面粮价却不高,且受气候的影响,因此种田不仅没有效益而且有风险。罗先生觉得出门务工总的来讲是属于被迫,如果家里日子好过、家庭条件优越的话就不需外出了。虽然种田没有什么效益,但解决温饱还是没问题的。因此外出显然不仅仅是为了寻求生存,他有更高的要求,为的是"赶上社会的进步"。2006年开始他就不再继续打工了,而是自己开饮食店。严女士觉得打工不是一个好办法,打工永远是打工,不想一辈子都打工。

四 为了家庭,为了孩子

(一) 外出开店供孩子上大学

个案30:罗先生,高中文化,一家五口,夫妇二人、两个儿子和母亲。夫妇二人于2007年农历十月去浙江义乌开饮食店。

罗先生夫妇之所以没在家继续种烟而是出门开店,主要源于家庭经济压力以及务农经济效益的低下。家庭经济压力源于两个儿子上大学所需的巨额学费,单靠在家务农难以供儿子上学。罗先生说:"生活所逼,两个小孩读书要两万多学费,学费一个一万八,一个九千多,生活费每人每月八百。烟种得马马虎虎,在家里种烟能种两万,扣除一万的成本只剩下一万。种烟种得还可以,但在家里种烟的收入解决不了小孩读书(问题)。出去就是为了挣钱应付儿子的读书。"

罗先生告诉笔者,开店早上5点多就要起床,晚上忙到十一二点,因此很辛苦。尽管如此,罗先生认为自己的付出是值得的。强大的家庭责任感促使他与妻子拼命去做。他说:"肯定值得,如果不值得会懒得去做,就是因为值得才拼命做。为维持家庭肯定要拼命去做,如果说挣不到钱,向别人借是多么不方便的事。能够挣到钱,何必借钱领别人的情?借钱要领情,去信用社借要利息。自己勤劳点做,挣得到的话当然在那边挣钱,不要去社会上借,领(别人的)情,这是实际的。如果不出去,在家里肯定要上债。出去这一年,小孩的读书费用基本能解决。"

罗先生夫妇外出是生活所逼,为的是挣钱供儿子读大学。尽管开店挣钱很辛苦,但他觉得为了孩子,自己的付出是值得的。

(二) 外出跑业务供孩子上大学

个案 3:康先生,44 岁,高中文化,一家四口,夫妇俩以及一儿一女。康先生 2005 年到广东某市跑业务。

在出来跑业务之前夫妻在镇上开店,卖冰棒、鸡爪等。之所以出来跑业务,部分原因是家乡缺少发展机会,部分原因是家庭因素,也受到朋友的影响。康先生说:"这里比家里有发展,小孩都叫我要出去,儿子对我说,要出去不要在家里待。多方面的原因,朋友们都出来了,家乡人口越来越少,生意越来越不好做,家里人鼓励我出来跑业务。看到朋友做得不错,儿子及家人提出来,自己也想出来。之前我有开店,卖冰棒,1987 年开始做,一直到 2005 年。"

康先生外出跑业务不是为了寻求生存,而是为了供子女上大学。他说:"为了家庭,要不是考虑到小孩读书,我也不会想出来。在家里三两万每年都挣得到,出来是因为人口越来越少,生意越来越不好做。主要还是为了整个家庭。"

他把自己的责任界定为培养小孩。他说:"为了两个小孩,(为了)把他们培养出去,过好生活。"康先生的妻子对丈夫的外出不仅没有反对,而且是她提出来的。她说:"他出来我没有反对,是我叫他出来的。在家里挣不到钱,出来看能否发展。"

虽然在镇上开店,家庭经济比一般家庭要好些,但刘女士认为这只能解决温饱问题。为了子女的发展,必须外出。她说:"挣的钱只够吃,小孩长大了读书要钱,钱不够,因此要出来。主要还是为了两个小孩,挣更多钱支持他们两个小孩更好发展。"

同个案 30 一样,康先生和刘女士外出也是为了供子女上大学。康先生之所以外出,原因是多方面的:一是家乡人口越来越少,生意越来越不好做;二是受先前外出朋友的影响,与朋友比较后产生了相对剥夺感;三是出于培养小孩的考虑。当然，康先生的外出得到了家人的一致支持。

（三）外出打工和做生意，为孩子的未来打好物质基础

个案4：严先生，40岁，初中文化，一家三口，夫妻以及儿子。2004年之前他在福建石狮市打工，之后出来跑业务。2001年他带老婆进入同一家工厂打工，2004年夫妇俩一起出来跑业务。

严先生1990年结婚，结婚后出去打工，老婆在家里种田。没活的时候他就回来种田，有活的时候就去打工。严先生告诉笔者，2004年之前他在石狮打工，做机器维修。原来自身有点底子，加上去工厂打工，刚好有个老乡做厂长，工厂缺少个机修工就引荐了他，那时他每月工资有一千六七。

他觉得当时自己打工的收入"还可以"。

相比在家务农，外出打工不仅更轻松而且更能挣得到钱。他说："在家里干过累活的人到工厂打工会觉得很轻松，厂里主要是手活。刚去的时候工资也有一千二。"后来出于体谅妻子，就带她进厂打工。他说："考虑到老婆一个人在家里太辛苦，2001年我带老婆出去打工，也在同一个工厂。"之所以带老婆进厂打工，部分是出于对妻子的体谅，部分是因为打工的经济效益比务农高。他语气肯定地说："真的是体谅她，再说在这里挣钱拿回家做些人情，算来算去，还不如出来打工能够积累多些钱。"

考虑到小孩不会读书，当初打工和现在跑业务的目的都是为给小孩打好基础。他说："为了小孩，因为小孩不会读书，我和老婆现在挣钱，好让儿子以后不管做生意还是做什么都有本钱。现在做生意，省点钱留给小孩。假如小孩读了大学，我们作为大人①就不会那么愁，最起码有指望。"

2004年他决定不再打工，改行跑业务，部分是因为打工不如做生意，部分是因为家乡经济落后，而经济发达地区挣钱机会多。他说："在工厂拿工资没有出头之日，来这里比较有商机。这里发展比较快，比较有发展，打工时，厂里工资最多一千七到两千，出来是因为比家里好。"另外与朋友比较产生的相对剥夺感刺激了严先生，对此他这么说："这边老乡实在多，回来都是开小车，没有坐车回来的，坐车回来的很少，开小车回来的比较多，羡慕。说明这个地方是有钱赚的，不然的话大家为什么……"

---

① "大人"是客家一种方言，指父母等长辈。

跟当初外出打工一样，这次外出跑业务的决定也得到了妻子的支持。之所以会得到妻子的支持，用他的话说就是"大家都看到了咱们那里人都开小车回来，羡慕！"外出务工也好，如今做生意也好，都是为儿子打物质基础。

通过对上述多个个案的考察，我们发现农民外出不是盲目的，而是理性的。影响农民外出的因素既有微观家庭因素，又有中观网络因素，还有宏观制度因素。微观层面家庭因素的影响，如有的农民外出是因为家庭经济困难，有的是为了培养子女，有的是为了寻求家庭的生存，有的是为了改善家庭的生活。中观层面网络的影响，指先前外出务工或经商的朋友、老乡的成功所产生的示范效应。宏观层面的制度变迁给农民外出提供了机会与可能。农民外出的目的也是多样的，归纳起来包括如下几个方面：寻求家庭的生存；寻求发展，不仅仅是为了个人的发展，更多的是为了小孩将来的发展；跟上社会形势。因而，已婚农民外出流动是以家庭为取向的，农民的理性不是个体理性，而是家庭理性。

第三节 微观直接动因：家庭经济多元化与农民外出流动

伴随我国的改革开放，大批农民离开土地。当然离开的方式多种多样，有的是离土不离乡，有的则是离土又离乡。尽管在 20 世纪 80 年代，户籍制度有所松动，农村推行家庭联产承包责任制，但是农民仍然是在户籍制度和农村土地集体所有制设定的法律框架下做出家庭决策的（Yuen-fong Wong，1993：596）。从微观视角看，在 20 世纪 70 年代末 80 年代初，农民可以将整个家庭迁出农村，放弃农村的集体土地经营的法律资格（Yuen-fong Wong，1993：596）。但本研究发现，农民工家庭并没有放弃农村土地的想法，更没有采取实际的行动（参见第六章）。农民家庭成员的外出决定是由家庭做出的。为了使家庭经济收入多元化以及家庭经济风险最小化，农民家庭会让家庭的部分成员外出（Yuen-fong Wong，1993：597）。

外出务工经商在如今改革开放的背景下成为社会潮流。"农村能出来的还是要尽量出来。出门毕竟世面见得更多，如果有那个脑子、那个能力肯定发展得更快。在家里跟两亩田打交道，再怎么发展也只是发展两亩田。"（案例 15，罗先生）"在农村大家都往外面走，基本上都出来了，除非老人家和子女，其他能出来的都出来了。家里主要是没收入，我们在城里赚点钱也比较容易，城里机会比较多。现在回老家不适应，家里大家都跑出去了，就剩下老人家，没有年轻的。在这里老乡也多，在这边也熟悉了，跟老家一样。"（案例 21，李先生）

在第二节，通过分析农民外出行为的取向，我们发现农民的外出不是个体行为，而是家庭行为。农民外出一般需要经过家庭成员之间的共同协商，至少也需要把外出的决定告诉家人。外出对象一般都是家庭的核心成员，很多还是户主。农民的外出成为家庭的重大事件，是家庭的一项重大决策，是一种家庭策略。家庭策略是一系列行动，这些行动旨在寻求家庭资源、消费需求和替代性生产活动方式之间的动态平衡（Pessar，1982）。

理性的农民把外出务工经商作为拓展家庭收入来源、改善家庭经济的家庭策略。新迁移经济学认为，外出流动的决定不是由独立个体单独做出的，而是由相关人群组成的更大单位，通常是家庭或家族做出的。在家庭中，人们集体行动不仅是为了最大化预期收入，而且是为了最小化风险……（Douglas 1993：436）。不像个体，家庭可以通过多元化的家庭资源（如家庭劳动力）分配来控制家庭经济状况的风险，一些家庭成员留在当地参与当地的经济活动，其他成员可以到其他劳动力市场工作……（Douglas，1993：436）。流动已经成为越来越多的中国农村家庭生存策略的一部分。1994 年的调查表明，中国农村家庭收入中 18% 来自农民工汇款（Cai，1997；Zai Liang，2001：518）。

本节探讨农民外出务工经商的直接动因，发现农民外出务工经商后家庭收入来源多元化了[①]，许多农民工家庭形成了"一家两业"[②] 的生存策略。

家庭经济多元化类型一：男商女耕以及男商女工

个案 3：康先生，44 岁，高中文化，家里四口人，夫妇二人及一儿一女，大儿子读完大一，女儿即将上大学。2005 年出来跑业务，之前在镇上

[①] 白南生（2008）指出，农村劳动力的流动提高了资源配置效率，为输出地农民开辟了新的收入增长源。
[②] "一家两业"指的是家庭成员从事的职业不同。"一家两业"的表现形式：一是妻子务农，丈夫外出打工或经商；二是父母在家务农，已婚子女在外从事非农职业；三是妻子打工，丈夫跑业务。

开店卖卤味和冰棒。康先生先出来，半年后妻子才出来。

康先生在老家不仅有农田，而且有果园。康先生先是一个人外出，妻子刘女士留守在家。对于农田是这么安排的：田是早季租给别人种烟叶，晚季就拿回来自己种水稻，然后自己收割。

刘女士跟随丈夫外出后，一边料理家庭搞好后勤，一边去餐馆做钟点工。刘女士告诉笔者，她在快餐店洗碗，一个星期做三天，一个月做半个月，属于钟点工，每月可以挣三四百块。之所以去做钟点工是为了增加家庭收入。她说："收入能增加一点是一点，做钟点工多少可以挣点，补贴点家庭，不够生活，所以要找点事情做，搞生活。"她老公在一旁插话说："三十块一天，就这样算。"听到老公这么说，她开心地笑了。她说："这哪里能挣得到吃呀？房租每月都要六百五。"

康先生在外跑业务，刘女士留守老家不仅种田，而且继续开冰棒店，做生意，帮忙挣钱。之所以如此，刘女士的解释是"自己及小孩要吃，总得挣钱嘞"。

康先生之所以出来跑业务，是因为要供两个孩子上大学。两个孩子上大学构成了一笔巨大的家庭开支，仅靠在家务农难以供应两个孩子上学。为拓展家庭收入来源，2005年康先生一家人做出了让他出来跑业务的决定。刚开始康先生一个人出来，老婆则继续待在老家种田兼开店。之所以如此安排，是考虑到老婆在家里种田可以解决家里的粮食问题。由于只有老婆一个人在家，因此没有种植烟叶，早季农田借给人家种烟叶，晚季自己拿回来种水稻。妻子在家除了种田外还继续开店，开店是家庭收入的又一来源。老公不在家，她不仅要负责进货，而且要负责销售，辛苦是不可避免的。妻子留在家里种田和开店，不仅原有的收入来源得以保留，而且丈夫出门做生意开辟了家庭收入新的来源。妻子留守家里，丈夫外出，这种安排显然是一种家庭策略，为的是收入来源的多元化。半年后妻子跟随丈夫出来，一方面照顾丈夫，另一方面兼做散工，这种安排使得家庭既有跑业务的收入，也有做工的收入，家庭经济来源多元化了。

家庭经济多元化类型二：男工女耕以及男做小包工头、女收购破烂

个案16：严先生，初中文化，在厦门开饮食店。家里现有七口人，子女3个，父母。父母在家种田。严先生比较早就开始出去打工，先是一个人出去做，妻子留守家里跟公公婆婆一起种田，当上小包头后就把妻子带出来。

妻子跟随他外出后，家里的农田交给父母管理。他说："家里还有老爹老妈，老婆都跟我出来了。"严先生告诉笔者，妻子出来一方面负责做饭，另一方面利用空闲时间收购破烂。他说："负责烧火做饭，还有收购破烂"，因此妻子"没清闲"。

严先生是这么当上小包工头的，一是压低装修单价，从而提高竞争力；二是先给师傅开高工资，从而拜师学艺。他说："自己当时学装修才三四个月，自己装修的单价比别人低，这样才能在龙岩站得住脚。利润薄，但有事做。当时我跟别人学了三个月装修，请了装修师傅，别人四十，自己给师傅开的工资是五十，请师傅来一是给自己做，二是自己跟师傅学技术。在龙岩帮别人做装修，那几年我在龙岩做得很红火，后来把装修单价提高，把价格高的师傅踢掉，自己带了一班人。"

当上小包工头后，出于增加利润的理性考虑，他把老婆带出来给工人做饭。他说："因为装修请工人，一请就请四五个、五六个，有时候十多个。如果请他们去外头吃快餐，最低六块，一餐六块，三六一十八块，十个人就一百多块。自己做饭吃，不仅吃得好，而且不会像快餐那样吃得很厌，这里可以把资金省一部分出来，利润就会更高。而且老婆出来，假如做得少的话，在龙岩租了房子，她可以去收购破烂，挣到的钱她可以存起来作为自己的私己（房）钱，她可以自己买些衣服，减轻我的负担，是不是这样的道理？不要搞错了，做了七八年后工人吃他自己的，工人也会把老婆带出来，老婆就只要做饭给自己及老公吃的。老婆收破烂，一个月也有千来块钱收入。"

妻子出来给工人做饭增加了利润，这是严先生的直接目的。另外妻子出来的意外效果是利用空闲时间收购破烂，客观上增加了家庭收入。严先生告诉笔者，收购破烂是妻子自愿去的。他说："她自愿去的，在家里会无聊，再说她自己挣的钱可以存私己。"

作为三个孩子父亲的严先生家庭负担很重，为了供孩子上学，他选择出门打工。刚开始他一个人出门给别人打工，妻子则留在家里，一边带孩子一边跟公公婆婆种烟叶和水稻，这种安排可以增加家庭的收入。家庭的收入来源分为两块：一块是家庭种烟叶和水稻的收成，另一块是严先生在外做工的收入。光靠种烟叶和水稻的收入虽然能够解决温饱问题，但供应三个孩子上大学是绝对不可能的。后来严先生自己组建了一个装修队伍，当上了小包工头，他把老婆带在身边。之所以把老婆带在身边，他经过了理性思考：一来老婆可以给自己请的工人做饭吃，这样不仅可以吃得好些，而且可以节省开支，利润就会多些；二来老婆还会去收购破烂，因此可以多挣点钱。无论是最初一方外出一方留守的安排，还是夫妻共同外出，都是为了多挣钱供子女上学，显然这两种安排拓展了家庭的收入来源。

家庭经济多元化类型三：男工女耕以及夫妻务工、父母务农："收入分为两路比较好"[①]

个案 8：江先生，30 岁，妻子彭女士，一家八口人，夫妻俩、儿子、弟弟、弟媳、妹妹和父母。2007 年以前，江先生上半年在家种烟，下半年出去做工挣钱，2007 年后夫妻俩都来厦门进厂上班。

彭女士觉得丈夫上半年在家种烟，下半年出门做工这种安排"还可以"，因为丈夫外出打工可以多挣点钱回来，而自己与公公婆婆在家可以保证农作物的收成。她说："春天在家里种烟叶有收入，下半年我跟大人留在家里干农活也应付得过来，他作为男人可以到外头挣点钱回来。"

烟叶收获后彭女士支持丈夫出门，因为"毕竟要生活，要挣钱"。关于丈夫的外出，夫妻会协商。彭女士说："下半年出去打工，意思是外头有活干，他叔叔邀他去做，提前十天或者一个礼拜会告诉我。"江先生觉得出门做工比在家收益好。他说："因为老板也知道我上半年家里比较多活，走不开，下半年到了，差不多的时候老板会打电话叫我去做工（帮忙带工）。在外面做工的效益比在家里好。家里需要钱的时候我会寄一部分钱回家，买肥料，做人情，反正家里花销很大，买猪肉和其他东西。"

2007 年正月，夫妻俩决定一起出来打工，部分是因为夫妻外出打工使家庭经济有了新的来源，部分是因为孩子的照顾问题得以解决，部分是出于体谅公婆，还有部分是为了摆脱务农的艰辛。她说："小孩可以送去幼儿园了，在家种烟很辛苦，自己出来的话大人可以不用种烟，会清闲些，经济有来源了。虽然在家里种烟更自由，但雨淋日晒，比较辛苦。在外面不自由，但更单纯，事情少，毕竟是上下班。在家里雨下再大都要出去摘烟叶，工厂管理比家里严。"

[①] 收入分两路指的是家里成员部分留守在家继续种田可以获得一份收入，部分外出打工也可获得一份收入。江先生先在农闲时出去做工，妻子和父母在家种田。后来夫妻一起外出打工，父母在家种田。在两种情况下，家庭的收入多元化了，即在农业收成之外有了打工收入。

彭女士的看法得到了丈夫的证实。江先生说："在家里种烟很累，夫妻都在家里的时候多种点烟，其他方面都是家里人顾得到的。自己在家里也是这么多收入，夫妻不在家里也是这么点收入，自己不在家里就是少种点烟。意思是收入分为两路比较好：我们在这里挣钱，父母在家里种田。我们在家里种田也只有这么多田，我们出来这里挣钱的话可以多积累点钱。如果不出来在家里的话，就只有偶尔帮人做点小工，收入比较少。夫妻出来打工粮食不会减少，而收入增加了。我们出来后两个老人还是有这个能力去种那些田，只不过是没种烟，我们不在，父母的负担重点。"

2007 年以前，江先生上半年在家与妻子和父母一起种烟叶。烟叶收获后他出门打工，而妻子则留守家里，一边带小孩一边负责农作物的收成。这种安排既保证了家庭农作物的收成，又有打工的收入，家庭收入多元化了。

2007 年以后，江先生夫妇决定出门打工。一来孩子可以进幼儿园了，不会影响他们上班；二来觉得种烟叶太累，夫妻都出来打工，父母就不必再种烟叶了，种一季水稻就可以，这样父母就比较轻松，而且家庭的粮食收成仍然可以得到保障。收入分为两路，因而增加了。江先生与妻子在厦门进厂上班，每个月都有几千元的收入，弟弟、弟媳以及妹妹也在厦门进厂打工，而父母则留守老家种田。家庭成员部分留守、部分外出打工，使得收入多元化的家庭策略得以有效实施。

家庭经济多元化类型四：男工女耕以及夫妻共同开店："指望有活干加挣点钱"

个案 15：罗先生，初中文化，35 岁，妻子严女士，32 岁，儿子 11 岁。罗先生和严女士结婚后先在家里种了几年田，罗先生从 2000 年开始出去打工，妻子留守家里种田、带小孩。2004 年他带妻子去上海打工，2006 年后夫妻一起开饮食店。

罗先生先是一个人出门做工，妻子留在家里。部分是因为家里人多地少，种田没效益；部分是因为妻子留守在家可以有一份收入，自己外出也能挣些钱回家。他说："家里人多地少，田不够种，有力气没处使，而种田效益比较低。刚开始自己出门是给别人做工，带老婆一起出去条件还不成熟。妻子留在家里种田，多少还可以有些收入。家庭的重心放在老家，还是以种田为主。"罗先生觉得种田还能"创造些经济效益"，自己在外头"指望有活干，加挣点钱"。他那时有活就出去做，没活就回家帮忙，农忙也会回家帮忙。

外出打工后家庭经济条件有了明显改善，对此他说："肯定要有的，比以前要好，现在能拿出一万八千块。以前跟人家借一千块都难上加难，甚至贷款都要托人，那种日子过去了。现在已经几年没贷款了，已经几年没跟政府打交道了。"（笑——笔者注）

在没包到活做的时候，由于条件不成熟，罗先生一个人外出打工，妻子在家务农。当条件成熟后，他把妻子接去上海负责做饭。他说："首先出去的目的是自己去做，后面包了活做，叫她出来做饭。虽然出门是跑出山门，在条件不成熟、出现很多东西的时候，做工如果带着老婆和小孩的话那是没地方可去的，并不是你今天挣到的钱够吃就好了，而是没地方去。所以没条件把老婆带出来，在家里由她挣多挣少，还有田种，那样的话就先在家里待着。她是在稻谷没收成的时候就出来了，那时水稻已经插下去了，肥料也已经下了。她出来后杀虫、割稻谷和晒稻谷等农活都是亲戚帮忙干的，过年回家给亲戚算了工钱。"

2006年他不再外出打工，夫妻开始共同开店。之所以如此，在严女士看来，一是因为不想一辈子打工，打工要受人管；二是觉得做生意比打工好，更能挣得到钱，又更自由。她说："过完年不想在家里种田了，想出来打工，我会做的他不会做，他会做的我不会做，问题就变成打工也不是一个好办法。总之有这样一个想法：打工永远是打工，不想一直打工。意思是自己没有本钱，如果自己有本钱，本钱多的话，有这个能力的话，小小的生意比起打工更有味道，有这样的想法，打工毕竟要受人管。"

研究发现，无论是夫妻一方外出，还是夫妻共同外出，都是农民家庭的理性选择。外出务工或经商是为了家庭收入的多元化，即在农业收入之外寻求非农收入。为此，农民家庭做出了让家庭成员外出务工经商的家庭决策。

小结

本章分别从宏观制度层面以及家庭层面探讨了农民的外出流动。笔者发现，从宏观制度层面看，农民的外出流动是制度变迁的产物；从微观家庭动因看，农民外出是家庭的理性选择。农民外出的直接动因是为了寻求家庭经济收入的多元化，间接动因是为了寻求家庭整体利益的改善。

第四章　单流动家庭*的夫妻平等问题

通过第三章的分析，我们发现农民的外出不仅是一种社会趋势，而且成为农民增加家庭收入、寻求生存、寻求改善家庭经济、寻求代际流动的家庭策略。已婚农民外出务工经商必然引起家庭各方面的变化，如家庭结构的变化、家庭经济的变化等。

本章研究的问题是：农民外出务工经商是否会引起作为两性的夫妻关系的变化？如果会变化，那么会发生怎样的变化？变化的原因是什么？如果不会变化，那么原因又是什么？

前面提到，在流动过程中出现了两种家庭形态：夫妻一方外出的单流动家庭和夫妻共同外出的双流动家庭。单流动家庭的主要特征是丈夫与妻

---

*　加拿大社会学教授大卫·切尔（David Cheal, 2005）在其著作《家庭生活的社会学》一书中对因迁移而形成的两地分居家庭进行了研究。在他看来，家庭成员经常会因迁移而分离，尤其是当他们迁移到一个距离较远而且不熟悉的地方时，或者是当他们认为很难在新的地方定居时，家庭成员就会短暂地分开。那些从农村迁移到城市或者从世界的一个地方迁移到另一个地方的人们经常是独自一个人。如果一个人在新的地方就业没有保障，如果居住情况不确定，那么失败可能对于整个家庭来说就十分严重，因而不可能让整个家庭进行一次性迁移。这也就意味着家庭的成员之间不可避免地因迁移而处于分离状态。作者其实考察的是环境因素对家庭的影响。因为人们在时间和空间上的同时结合，也即同时在场经常被定义为家庭成员关系的一个条件。人们常常讨论的家庭成员是指那些"共同生活"在一个家庭中并且"共度时光"的人们，因为他们共享一个"家"，就算他们会时常分离，他们最终还是会回家（David Cheal, 2005: 37）。他同时指出，常态的家庭是在时空上同时结合的，但是家庭生活并不是一直如此简单，也就是说，还包括其他形态的家庭形式。家庭生活可以包括在时间和空间上的延伸，例如夫妻二人分居两地而很少见面（参见 Gross, H. E. 1980. Couples Who Live Apart: Time/Place Disjunction and Their Consequences. *Symbolic Interaction* 3: 69–82）。这种分离提出了一些十分有趣的、关于在新的社会环境下如何重新组织、重新定义家庭生活的问题，也就是吉登斯所说的时空伸延。时空伸延是指"时间和空间被组织起来的情况使得在场和缺席被连接在一起"（Giddens, 1990: 14）。大卫·切尔把分居家庭称为"分开的共同生活"。他分析了促成分居家庭的文化因素、环境因素，但是没有对分居家庭如何维持家庭成员之间的关系展开研究。

子在时空上分隔两地,家庭的结构由完整变得不完整。

本章探讨单流动家庭的夫妻平等问题,下一章探讨双流动家庭的夫妻平等问题。

夫妻一方外出流动包括丈夫一方外出流动和妻子一方外出流动两种情况,根据以往研究和笔者的调查研究,夫妻一方外出流动主要是丈夫外出妻子留守(高小贤,1994;郭正林、周大鸣;1996:56;谭深,1997)。因此本章主要分析丈夫外出妻子留守情形下的夫妻平等问题。

第一节 单流动家庭的决策与夫妻平等问题

Hondagneu-Sotelo(1992)在对墨西哥移民的研究中发现,在所有丈夫先于妻子外出的家庭中,父权形式的权力很盛行,以至于流动决定不是以家庭策略的形式出现的。通常丈夫单方面地做出流动的决定,对妻子的看法和忧虑不怎么尊重,许多妇女对丈夫的外出是持反对态度的。父权性别关系和父权意识对家庭阶段性流动有重要影响。

在笔者调查的农民工家庭中,首次外出对象绝大多数是男性,而且大都是户主。也就是说,农民工夫妻流动中出现了性别差异(高小贤,1994;谭深,1997)。那么在我国农民工家庭中,为何男性更可能成为外出的首选对象?丈夫外出妻子留守的决定是如何做出的?

对外出流动的家庭决策过程进行研究,是因为外出流动对农民家庭而言是一项重大事件。通过考察外出流动的家庭决策过程以及夫妻各自在家庭决策过程中所起的作用,我们可以了解到其中展现出来的夫妻权力关系。为了更好地理解外出决策过程中所体现的夫妻权力关系,必须同时超越夫妻决策的具体情境,考察社会经济文化背景如性别规范、社区背景、家庭背景的影响。

依据夫妻在家庭决策过程中所起作用的不同,本研究把家庭决策分为丈夫主导的家庭决策、妻子主导的家庭决策和夫妻共同协商的家庭决策。

一 丈夫主导的家庭决策与夫妻平等问题

(一)丈夫外出妻子留守的家庭决策与夫妻权力不平等

个案17:江先生一家四口,妻子、儿子和母亲。江先生2002年以前在厦门打工（泥水工），有活就出去做，没活就回来，妻子江女士留守在家。

江先生外出是他自己决定的，没有跟妻子协商，但告诉妻子自己准备去哪里。他说："这没必要协商，像我是自己先出来的，感觉出来在经济条件上绝对会比家里好一点。我们那里都是这样子——由男的决定，就跟老婆讲自己准备去哪里。这个肯定要提出来的，肯定会跟妻子讲的。如果她不知道自己的去处，会去找人。"

对于自己外出，他认为妻子不会反对，他说："那不可能会反对。"江先生的说法得到了妻子的证实："从来都不会去阻止他去干嘛，他想干嘛就去干嘛。"

江先生外出打工是他自己做的决定，之所以如此是因为老家那边都是男人做决定。也就是说，江先生受到社区情理的影响，遵循老家那边男人做决定的传统。他利用社区亚文化为自己的行为辩护，使自己的行为具有合理性。尽管如此，他还是告诉妻子自己准备去哪里打工。江先生与妻子在权力分配上是不平等的，他也坦承自己有点大男子主义。因此考察江先生外出打工决策过程中体现出来的夫妻权力关系，必须超越夫妻彼此的互动情境，看到影响外出决策的社区因素。

（二）丈夫外出妻子留守的家庭决策与夫妻权力平等

个案29：罗先生，37岁，2003年一个人出门打工，妻子张女士待在家里。

罗先生之所以外出打工，是因为在家务农不仅很累，而且没有收入，而打工多少还能攒点钱。他说："在家里种烟，累得半死，又收没钱，烟叶收购要有人情。在外面如果固定，一个月有五百八百，除了三四百元生活费还可以剩点。考虑到这点才会想出门打工。"

之所以外出打工，罗先生做了进一步解释，是由于在老家没处可去，孩子大了需要更多的钱。外出决定是他做出的。

"自己想了没处可去，小孩大起来了，种田没收入，你要不要出去？当然是我提出的！在家里小孩多，只有让老婆留家里把小孩照顾大一点，自己出去打工。那时打工才七八百一个月，吃自己的。在家里帮别人干活，大家没钱，给人做工要欠钱，东家可能给你三两百，自己有大有小，钱不够用，只好让老婆在家里照顾小孩，自己出门打工。"

受到家庭背景（在家种田没收入，而孩子多家庭需要钱）和社区背景（家里给人做工，要欠钱）的影响，罗先生选择了外出打工。"外出决定当然是我提出的！"说明他认为自己作为男人应该承担起这个责任。

之所以丈夫出去，而自己留守在家，在张女士看来是基于夫妻各自优势的不同。她说："小孩还小，家里的事情他不晓得做，小孩的衣服他不会洗。他出去的话要做的事情会少些，我一个人在家，只耕田不会，其他什么东西我都会做，他在家比较不会，比如烧火会，但洗衣不会，几（多么）不像事（话），跟没女人一样。"

之所以丈夫外出自己留守而不是相反，在张女士看来一是各自比较优势的不同，二是为了维护丈夫作为男人的形象。她说："如果我出去，他留下来，我的负担会轻些。但（其实）自己的负担也不会轻，因为要挂念小孩，小孩在家，自己在外面没心情做事。我在家里会做得更好，小孩更照顾得到，洗衣做饭等家务事我更会做，小孩命更好。男人在家，不会洗衣不会烧火。不能说他不会，他样样都会。觉得自己一个女人怕人会说'男人留家里女人出去'，怕别人说闲话，不像事。"

显然，张女士受到了传统社会性别规范中"男主外、女主内"分工模式的影响。丈夫外出，自己留守正符合传统的社会性别规范。张女士这么做既维护了丈夫的男性形象，也维护了自己的女性形象。

从罗先生夫妻的话语中我们可以看出，夫妻俩都是在实践社会性别①（doing gender）。罗先生通过外出打工和做出决策来表现男性气质，而张女士之举则既维护了丈夫的男人气质，也表现了自己的女性气质。

张女士觉得夫妻关系平等，她说："我与丈夫再小的事都有商量，一直以来夫妻有商有量，不会像一般人那样大事小事夫妻吵架。"张女士与丈夫之间的平等关系体现在家庭事务夫妻商量，夫妻不会吵架。

罗先生外出的决定也是他自己做出的，考虑到在家种烟没有效益，而孩子在慢慢长大，需要的钱越来越多，因此选择了外出。之所以他外出而

---

① 实践社会性别（doing gender）指社会性别概念并不是一个固定的构成物，即使个体成年以后，在日常生活的方方面面都还存在着这种"doing gender"的过程，个体的社会性别观念正是在这些过程中被建构出来的。

妻子留守，是基于夫妻各自优势的不同：孩子还小，需要照顾，女人留在家里比较会做家务事。夫妻按照社会性别期待行事。显然，超越张女士与罗先生外出决策的具体互动情境，考察社会性别规范的影响，夫妻之间的关系才能更好地得以理解。张女士在丈夫外出决策过程中贡献了意见，得到了丈夫的尊重，因此她觉得夫妻关系平等。

对比个案 29 与个案 17，我们发现虽然外出决策都是丈夫决定的，也都表现出了社会性别，但呈现的夫妻关系不同：一个是夫妻平权，一个是夫妻不平权。因此，外出决策是谁做出并不是最重要的，关键在于决策服务于家庭。

二　妻子主导的家庭决策与夫妻权力不平等

个案 28：罗先生与张女士一家四口，夫妻俩以及儿女。2004 年以前罗先生独自外出打工，妻子留守。

张女士之所以让丈夫外出做工，自己留家里，是因为她一个人可以应付农田的生产，丈夫外出可以挣钱买煤，另外是为了不虚度时间。她说："田我一个人种得出，他出去挣煤本回来，那时买煤的本钱要一千多。烟叶他帮忙种下去后就出门，烤烟的时候他回来，等水稻种下后又出门。冬天更要出去挣钱，家里没事可做。女人冬天没事时砍柴，找小工做，不敢虚度时间。"

罗先生之所以在农闲时外出，受三方面因素的影响。一是受家庭背景的影响，家里比较穷，烤烟买煤的成本都需要外出去挣。二是外出挣钱能实践社会性别，男人的角色是挣钱养家（外的角色）；女人留守也是在表现女人的家庭角色（内的角色）。三是社区因素的影响，家里没挣钱的门路。

丈夫外出是张女士提出的，让丈夫挣钱买生产资料。她说："是我提出的，几乎都是我叫他去做工的。烟叶你帮忙种下去了，要去挣点煤本回来。他舍不得出去，觉得我一个人在家干这么多活太累。都是我叫他出去的，他思量我一个人在家太累，这么多田。"

之所以没有两个人都留在家务农，罗先生是从比较优势的角度考虑的。他说："两个人都在家的话会浪费人工，她一个人管得了五六亩烟，我出去更挣得有钱，她没手艺就在家种田。"

张女士表示丈夫的权力更大，她说："夫妻在一起时他权力大，他不在家时我权力更大。"

丈夫外出的家庭决策是张女士做出的，为的是挣烤烟所需的煤本。考虑到一个人在家能应付农业生产以及外出更能挣到钱，因此做出了这种一方外出一方留守的安排。尽管外出决定是张女士做出的，但张女士在家庭权力上不如丈夫大。

三 一个特殊案例：妻子主导的家庭决策与夫妻权力平等

案例的特殊在于外出对象是妻子而非丈夫，而且外出的决策是妻子主导的。

个案10：游女士，43岁，一家四口，夫妻俩和两个小孩。人多地少，只有丈夫一个人分到了田。游女士怀孕期间，丈夫外出走船（在船上做厨师）。后来考虑到在农村没有什么活儿干，就到福安摆摊卖包子和糯米饭以寻求生存。随着时间的推移，生活慢慢好起来，可是天有不测风云，丈夫生病了，因而无法继续摆摊了。为了生活，游女士开始外出做保姆。

之所以要外出做保姆，是因为丈夫生病，是不得已之举。她说："小女儿一岁多的时候他爸爸就生病了，当时女儿还不会走路，他生病了，生意就没法做了，丈夫就在家照顾孩子，我出去打工。我外出后孩子爸爸什么都不会干，吃药都要（别人）端过来给他吃。我儿子没去学校的时候也会帮忙带妹妹，他去看病。儿子还帮忙带妹妹，儿子挺乖的。看病一个礼拜要五百块，一个月起码要两千。家里没钱了，后来我就去打工了。"

当问及是谁提出来外出打工的，她回答说："是我自己决定的，我跟丈夫说，两个小孩在家里你来看，我出去打工。要不然生活怎么过？而且还欠人的（钱），他还要吃药。"

游女士告诉笔者，她与丈夫权力平等，夫妻俩共同决定家庭事务，共同分享家庭权力。对此她这么说："什么事情都是我们两个人决定，这个怎么做，那个怎么做，都是我们两个一起决定，两个人会协商。我们两个卖什么一起去，他爸爸，男人嘛，肯定有点责任感，他就自己去。还有就是我们商讨现在做什么生意，现在钱怎么赚，生活怎么过，后来他去工厂上班是他自己的决定。出来这里做包子是我决定的，房子租来了，他没本钱，我就借了一千块放到他口袋，说我们去福安做包子。"

游女士外出做保姆而丈夫在家带小孩，主要就是受家庭因素的影响，一是家庭本来就贫穷，二是丈夫生病导致无法继续摆摊做生意，而且丈夫看病吃药都要花钱。为了谋求家庭的生存，她自己做出了外出做保姆的决定。游女士外出打工是不得已的。游女士与丈夫权力平等，做事相互协商，共同分享家庭权力。

四 夫妻共同决定的家庭决策与夫妻权力平等

个案 8：江先生上半年跟妻子在家种烟叶，下半年等烟叶收成、水稻插下去之后出门做工，妻子彭女士在家带小孩以及负责农作物的收成。

江先生之所以选择在下半年外出打工，是因为他觉得"出门能挣得更多"。

对于丈夫出门挣钱，彭女士留守在家，主要是考虑到孩子的教育问题，公公婆婆由于文化的限制没法教育小孩，另外是为了增进与儿子的感情。她说："小孩还小，家里挣不到钱，家务事比较多，不可能他出门自己也跟着出门。那时候小孩还小，毕竟大人的教育跟自己不同，大人对孙子太宠爱，什么都依着小孩，小孩哭着要什么东西，大人不会像自己那样去打骂小孩，两个大人都顺着小孩。再一个是教育方面，大人没什么文化，只会在吃饱穿暖方面满足小孩，安全方面帮你顾得到，其他方面就没有了。感觉小孩留在身边比较好，再说小孩跟自己久了，远了会没那种感情。"

男人的责任是挣钱，对此她说："春天在家里种烟叶有收入，下半年自己跟大人做农活也应付得过来，他作为男人可以到外头挣点钱回来。"江先生理性地认为田借给人种不合算："那时候小孩还小，在家里如果田自己不种，借给人种，那么不合算。"

从彭女士的话语中，我们看到丈夫之所以外出，一是受社区因素的影响，家里没钱挣；二是受家庭因素的影响，孩子还小；三是受社会性别规范的影响。丈夫外出挣钱履行养家糊口的责任，自己留守家里履行女性照顾小孩的责任。

下半年他出门打工的决定是夫妻共同做出的，对此她说："意思是外头有活干，他叔叔邀他去做。他会提前十天或者一个礼拜告诉我，征求我的意见，自己肯定同意的。"江先生说："因为老板也知道上半年家里比较多活，走不开，下半年到了差不多的时候老板会打电话叫我去做工（帮忙带工），自己一出门就有活干，就有钱挣，在外面做工的效益比在家里更好。"烟收成后彭女士支持丈夫出去打工，因为"毕竟要生活，要挣钱"。

在彭女士看来，她与丈夫的关系是平等的。她说："现在每对夫妻都差不多，不比以前妇女权力小、男人权力较大。"

彭女士对丈夫外出打工而自己留守在家的解释是孩子还小，需要照顾，而自己照顾孩子相比丈夫会比较周到，同时丈夫因为能力比自己强，因此在外更能挣到钱。在生物学意义上，妇女不仅有生产和喂养孩子的重要义务，而且有用其他更精巧之法照料孩子的责任（贝克尔，1998：39）。基于男性与女性在市场部门和家庭部门比较优势的不同：江先生拥有技术和更多外出就业的机会，外出比彭女士更能挣到钱；而彭女士在留守家中照料孩子及做家务方面具有比较优势，因此他们夫妻俩共同做出了这个"一方外出一方留守"的决定。彭女士留守在家照顾孩子，丈夫外出打工挣钱，部分是按照社会性别规范行事。

个案15：2006年之前罗先生独自出门打工，妻子留守在家。

罗先生之所以出门打工，一是受社区因素的影响，"家里积蓄不到钱"；二是务农既受生产资料价格高的影响，又受气候影响，因此没有经济效益。他说："在家里积蓄不到钱，日子没法过。在家里如果不是顺风顺水的话，那日子不好过。运气好的人，最起码种东西多多少少有收入。运气不好的人，没钱赚，亏本。种什么没收成，那么在家里不好过。人情世故、肥料成本照常还是要投入的，有时候收入还不够付出。那时候粮价跟现在差很多，现在生产资料价格很高。那时候生产资料价格不高的时候，粮价很低。反正投入进去，拿回来，投进去拿回来，不断地循环，没有效益出来。"

家庭因素迫使罗先生外出打工，他觉得这是无奈之举。"总的来讲是属于被迫，在家里如果日子优越的话是不会想出来。日子好过的话不会想出门，出门打工毕竟是苦的。"

罗先生说："自己外出是两个人的决定。"罗先生的说法得到了妻子的证实，严女士表示："商量过了。"罗先生补充说："这个肯定是要商量的。家里的活要安排下去，对不对？确实做不下去的话要请人。如果要犁田，女人不会，那么要请人。待在家里不如自己出去合算。"严女士对丈夫出门做工表示："肯定支持！"

家庭事务"谁晓得谁决定"。罗先生说："日常事务两个人都可以决定。"对于家庭比较大的事情，严女士说："两个人决定，没有说你决定或者我决定，而是两个人决定，肯定两个人决定。"意思是两个人平权。

罗先生外出打工部分是迫于家庭生活的压力,部分是因与务工相比种田没效益,而出门比较合算。出门打工的决定是夫妻共同商量的结果。严女士与丈夫的关系是平等的,丈夫外出决策的做出体现了这一点。

通过上述一组案例,我们可以看到在外出流动中出现了性别差异,表现在当外出的大环境相同时,外出机会在夫妻之间的分配是有选择的。绝大多数家庭都选择了丈夫外出,少数家庭选择妻子外出乃是由于不得已。

之所以男性成为外出的首选对象,笔者认为有如下一些原因。

其一,受传统父权制"男主外、女主内"分工思想的影响,男人的角色是出门打工挣钱,女人的角色是留守家里料理家庭。帕森斯就认为,男人主要扮演工具性角色,而女人扮演表达性角色(沃特斯,2000:273)。有研究认为,这是源于许多家庭依旧保持传统的性别分工模式:男性外出打工,女性在家务农、料理家务和照顾孩子。结婚成家的责任感鼓励了男性的外出,但却是女性外出的制约因素(谭深,1997:44)。类似的解释是:女性劳动力在结婚成家之前因为承担的家庭责任要小得多,因而有较多从事非农经营活动的机会;当她们结婚以后,承担的家庭责任不断多起来,特别是有孩子以后。对于女性劳动力而言,家庭责任的增加意味着面临更多的选择,也意味着更有可能在赚取收入方面做出牺牲和放弃(李实,2001:66)。已婚女性迁移的最大约束是作为母亲的责任(Kenneth Roberts,2005:25)。已婚女性受传统分工格局的影响,认为"男主外、女主内"的分工是合理的,教育子女、做家务和照料老人的责任等都落在她们肩上,这降低了她们外出的可能性(李强,2004:281)。笔者认为,男人外出、女人留守符合传统社会性别规范,此举体现了社会性别。

其二,基于家庭效率的考虑。相对而言,男性文化程度高,有手艺,能力比女的强,出门较容易找到工作,更能挣到钱,而妇女更擅长做家务事。这其实与贝克尔关于家庭劳动性别分工的比较优势理论是一致的。在贝克尔看来,市场和家庭内部性别的明显分工部分归因于从事专业化投资的获益,部分归因于男女性别的内在差异。源于生物学上的差异,妇女把大部分时间用于提高家庭效率,尤其是生儿育女的人力资本投资,因而与男人相比,妇女在照料孩子和料理家务方面拥有比较优势。而男人把大部分劳动时间用于提高市场效率的人力投资上,因而他们与女人相比在市场部门拥有优势。因而当人力资本投资相同时,一个有两种性别的、有效率的家庭,就会把妇女的主要时间配置到家庭部门,而把男子的主要时间配置到市场部门（贝克尔，1998：39~43）。类似的，有研究从经济理性的角度进行了分析，认为农村男女劳动力在家庭内部的劳动分工方面存在明显的性别差异，农村妇女劳动力的非农就业机会相对较少，因而被大量配置于农业劳动和家务劳动；农村妇女劳动力在农业经营中的报酬率高于男性劳动力，相反在非农业领域其报酬率明显低于男性劳动力。两种收入差异主要源于他们在获取非农收入方面的差异（李实，2001：56）。

其三，男人拥有利于外出的社会网络资源。他们外出最初多是有人介绍，做工做熟悉后老板会介绍活给他们做。"首先亲戚介绍，后面认识老板后，老板会介绍活给我做，给老板干活后老板会叫我回去做。"（案例15，罗先生）"自己一出门就有活干，就有钱挣。"（案例8，江先生）

前面提到，墨西哥男性在移民过程中夫妻之间经历了激烈的内部冲突，然而我国男性农民的外出并没有经历这种冲突。为了家庭经济基础的多元化和家庭经济风险的最小化，农民家庭会安排家庭的部分成员外出打工或经商（参见第三章第三节）。有研究指出，在中国农村，劳动力资源的配置和重新配置过程不仅仅是一种个人行为的结果，它更多地表现为一种家庭集体行为和集体决策的结果（李实，2001：56）。其实在家庭本位的乡土社会，农民的行为很少是个人行为，更多是家庭行为的体现。本研究也发现，单流动家庭中丈夫外出基本是夫妻共同做出的决策，即使是丈夫单独做出的决策也与家人商量过，妻子对丈夫的外出是持正面的、肯定的支持态度，有的甚至还劝丈夫外出。夫妻双方都认识到，外出务工是源于家庭经济的需要。简而言之，夫妻一方外出，无论是打工还是经商，都是家庭的策略性安排。正因为如此，外出一方才能得到留守一方的支持。当然，之所以如此还跟我国儒家家庭本位文化密切相关。

第二节 单流动家庭的夫妻分工与夫妻平等问题

第一节提到，夫妻一方外出，主要是丈夫一方外出、妻子留守。丈夫外出、妻子留守使夫妻对家庭的经济贡献、家务贡献发生变化，那么这些变化对夫妻的平等意味着什么？会否导致夫妻根本的利益冲突，使妻子在家庭中处于劣势地位呢？这是本节要探讨的问题。

关于单流动家庭的夫妻平等问题，学术界已进行了不少研究。已有研究分为两派。一派认为，丈夫外出使得夫妻关系走向平等。马洁（2006）在其硕士论文中分析了外出务工对夫妻关系的影响。研究发现，外出使夫妻权力关系趋于平等，在重大事务的决策权方面，夫妻共同商量的居多。潘鸿雁（2006d，2008a）以社会互构论的视角，对社会转型背景下农村非常规核心家庭内部夫妻权力关系的变化进行了探讨。她认为，随着"外出打工"家庭策略的制定，夫妻双方的权力分配适应了外出打工的策略安排，适应了双方的性别分工模式，体现了家庭整体利益至上的原则。研究发现，非常规核心家庭中妻子的决策能力较以前已大大提高，权力领域扩大，地位提高。夫妻在经济关系方面既分工又合作；在权力关系方面，丈夫与妻子协商并让渡权力。该研究认为，丈夫外出后妇女家庭地位得到提高，社会活动能力得到增长。

另一派认为，丈夫的外出并没有使夫妻关系走向平等。魏翠妮（2006）在其硕士论文中对留守妇女问题进行了研究。该研究指出，留守妇女是在工业化和城市化的大背景下出现的独特社会群体。研究发现，丈夫外出打工后，家庭的生产劳动、子女的养育、老人的照料等多重角色的扮演加重了留守妇女的生活和心理负担。但这些责任的承担并没有提高她们在家庭中的权力地位，因为家庭权力地位主要是由经济收入、个人的素质和文化价值观念决定的，与她们承担的家庭责任的量的关系不大。沉重的家庭和劳动负担挤压了她们的闲暇时间，限制了留守妇女的发展空间，进一步加剧了男女之间的不平等；留守妇女对公共事务参与的增加并没有改变她们在公共生活中的弱势地位。

已有研究一般采用资源理论和父权理论对作为两性的夫妻关系进行解释，而且已有研究比较多地从结构维度用家务分工、家庭权力分配的结果来考察夫妻平等问题，缺少过程维度的考察，即没有从家务分工和家庭权力分配的形成过程来考察夫妻平等问题。已有研究多从研究者的角度来考察夫妻性别关系，很少考察被研究者自身对夫妻关系的看法，即缺少主体视角。本研究尝试克服上述局限。

本研究发现，丈夫的外出引起了家庭的一系列反应：变化之一是农民家庭形成了"一家两业"[①]的生存策略（参见第三章第三节）；变化之二

---

① "一家两业"指的是家庭成员从事的职业不同，在本研究中主要指丈夫从事非农职业如打工或经商，妻子从事农业。"一家两业"是农民家庭在社会转型期的一种生存策略，为的是拓展家庭的经济来源以改善家庭经济。

是形成了跨区域的家庭劳动分工。有研究指出，劳动分工不仅会发生在不同社会成员之间，而且会发生在家庭内部（李实，2001：56）。丈夫外出后，家庭生产活动和再生产劳动的安排主要由留守在家的妻子来负责，这样就形成了新形势下的"男主外、女主内"的分工模式。在改革开放的今天，农民外出流动形成的"男工（商）女耕"赋予"男主外、女主内"分工模式新的内涵，表现在"内"与"外"在不断拓展。女人的"内"由原来的部分务农，以料理家庭、副业为主拓展为以这三者为主，而男人的"外"由务农转为从事非农活动如做工、经商。

有学者把男性从事工商业，而妻子留在农业生产中的现象称为农业的"女性化"（黄平等，1997；金一虹，2000；左际平，2002；Jiping Zuo，2004、2008）。有研究认为，工商业和农业成为性别分工的两级（黄平，1997；李实，2001）。

笔者发现，农民工夫妻的家庭分工分为"男商①女耕"与"男工女耕"两种类型，下面笔者探讨两种分工模式下的夫妻平等问题。

一 "男商女耕"与夫妻不平等

个案3：2005年康先生出来跑业务，在此之前夫妻在镇上开店卖卤味和冰棒。他先于妻子出来半年，妻子在家里一方面要种田，一方面继续开店。康先生家里不仅有农田，而且有果园。

康先生外出后，妻子的负担更重，付出也更多。康先生觉得妻子对家庭的贡献更大，"她在家里当然是她付出更多，是不是这样？"对于妻子的辛苦与对家庭的贡献，他表示理解。他三两天打一次电话回家，一般与妻子聊生意怎么样，还有家务事、孩子的读书情况等。

农田的生产安排是早季借给人种，晚季自己种。康先生说："田是租给人种，早季租给人种烟叶，晚季就拿回来自己种水稻，然后自己收割。"刘女士证实说："自己是在家种田，农田早季是借给人种烟，下半季就自己拿回来种水稻。"

丈夫不在家的时候，人情由刘女士做，对此刘女士觉得这是自己的责

---

① 这里的男商指丈夫跑业务，跑业务简单说就是做生意。具体而言，如张某先成立一个空壳公司如A公司，然后通过做关系打入某公司如B公司采购部，获取订单，拿到订单后张某再向其他公司如C公司进货。最后把从C公司买到的货物卖给B公司，从中赚取差价，因此跑业务其实扮演的是中间商的角色。

任与义务。她说："我在家当然是我来做啦。"不仅如此，刘女士既要种田，还要顾店，一个人很辛苦！刘女士说："在家肯定辛苦。家里什么都是女人做，田也是女人种。"尽管如此，刘女士觉得自己的付出"值得，为了小孩付出再多，吃再多苦也值得"。刘女士觉得自己的付出是"为了这个家"。

对于丈夫外出跑业务挣钱，自己留守在家这种安排，刘女士这么看待："男人挣钱，女人做家里的，应该合理。"她觉得男人的责任就是挣钱，女人的责任是料理家庭。她说："女人要种田，料理好家庭，应该的。"

从上述刘女士的话语中我们可以看到，她通过建立类型范畴的方式来明确自己与丈夫各自的行为规范。如丈夫的主要责任是挣钱，而自己则负责家务。根据男人与女人的行为范畴，夫妻各自的行动具有合法性与合理性。丈夫外出、自己留守表现了传统的社会性别规范，男人在外挣钱，自己作为女人负责家务。正因为夫妇都是在做各自应该做的事情，因此她觉得这种安排是合理的。也就是说，夫妻二人现在的分工所展现的性别关系受到了传统社会性别规范所规定的夫妻角色关系的影响。如今夫妇的分工与传统社会性别规范相吻合，因此她很自然地认为，这种分工是合理的。

挣钱方面，夫妻共同承担，但以康先生为主。他笑着说："挣钱是夫妻俩了，当然主要是男人为主了。"刘女士在一旁笑着说："女人吃老公穿老公的。"

在康先生看来，夫妻是一家人，是利益共同体，因此挣钱的事由夫妻共同分担。尽管如此，他认为自己作为男人，在挣钱方面应该负起主要责任。显然，康先生也建立了关于"男人"的类型范畴，从而为自己的行动提供理据。康先生夫妇的话再次表明，他们是在实践社会性别，按照社会性别期待行事。

家庭权力分配方面，康先生当家，家里的事情虽然夫妻有商量，但康先生说了算。笔者问康先生："这个家中是你说话吧？"没等他回答，受父权文化影响的刘女士认为，男人的权力应该大于女人，她说："男人就是男人，天大了就是男人大。"

康先生与刘女士之间的分工是基于传统的社会性别规范，前者外出跑业务挣钱，后者则留守在家料理家务，形成"男商女耕"的分工模式。"男商女耕"是社会性别规范在新形势下的具体体现。刘女士留守在家，要种田，要开店，要料理家务，还要负责农作物的管理与收成，因此负担比丈夫重。丈夫对留守妻子的付出表示理解，同时也体谅妻子在家的辛苦。刘女士对于丈夫外出、自己留守的安排感觉合理，她认可"男主外、女主内"的分工模式。由于付出是"为了家庭、为了小孩"，因而她觉得辛苦是值得的。从家庭权力分配看，康先生当家做主，他在家中的权力比妻子大，妻子也表示赞同，因而在家庭权力分配方面也存在不平等。家务分工方面，刘女士做得多，康先生外出后没分担，因此存在不平等。传统的社会性别规范为康先生夫妇各自的行动提供了合法性，夫妻二人都内化了社会性别规范并且按照社会性别规范行事。夫妻二人都是家庭本位的，追求家庭整体利益的改善。康先生外出做生意，妻子留守家庭，各自按照性别规范履行对家庭的责任。很明显，康先生夫妻俩实行的是一种关系取向的交换模式（左际平 2002；Jiping Zuo，2004、2008），这种交换模式强调夫妻关系的和睦以及各自对家庭的责任。

二 "男工女耕"与夫妻平等

（一）丈夫农闲时外出打工与夫妻不平等

个案 28：罗先生，45 岁，妻子张女士 42 岁，2004 年以前罗先生一个人外出。

罗先生一般在外头做工，种下烟叶后就出门，烟叶的管理（铲草、施肥和杀虫）则由他的妻子负责，摘烟叶、烤烟时他回家帮忙。他在龙岩做工有七八年，做几个月就回来烤烟，水稻插完后又出去。2004 年以前罗先生一个人出去，他妻子一个人在家。

在罗先生外出的时候，张女士的负担更重。虽然烟叶种完后他才出去做工，但烟叶的管理，大人、孩子的照顾都由她负责。罗先生表示妻子的负担更重，他说："她的负担更重，做事要想，烟叶敢不敢再施肥了，再施肥会不会长得好。自己在外面没什么负担，吃饱饭去工地做工，其他没什么负担。"

一个人外出，一个人在家，这种安排会使家庭经济更好，张女士如此说道："只有这么多田，一个人也是这么做，两个人也是这么做，外出做工的钱是多余来的。"

从张女士的话语中我们了解到，之所以丈夫外出她留守，是为了家庭整体利益的改善。一个人在家很辛苦，但令张女士欣慰的是丈夫的体谅。她说："一个人虽然能应付，但会更累。比较没时间廖（玩），天天都要去做，也没请人。丈夫也有打电话叫我请人，但我从来都没请，会骗丈夫说请了人。"

丈夫没出去的时候，农田管理主要由丈夫负责。罗先生会总结农田管理方面的经验与教训，外出时交代妻子如何做，"每亩田要下多少肥料，我会记起来，如果水稻长得丑就增加点，如果十分好就减少。外出时我会交代老婆如何做。外出后家里的事情不复杂的都由老婆解决，那时我没有手机，她不知道电话该打给谁，一般是我打回家。"

丈夫没出去的时候，农田的管理由丈夫负责，家庭权力掌握在罗先生手中。罗先生外出的时候，他会把自己平常总结的农田管理经验告诉妻子，也会打电话交代妻子如何做。罗先生扮演管理者的角色，张女士扮演执行者的角色，因此权力依旧掌握在丈夫手中。尽管总的权力格局没发生根本改变，但丈夫外出后张女士在家庭中的权力确实变大了。张女士在家庭中的权力是罗先生让渡的结果，他说："自己外出后，家里由她做主，家庭她管，她负责。"

虽然张女士在家庭中的权力增大了，当然这不是跟外出的丈夫比，而是跟家庭的其他成员如婆婆和子女比。张女士说："女人最强不敢强过男人。要尊重男人，维护男人的形象。男人要有威信，女人讲十句话不如男人一句。夫妻在一起时他的权力大，他不在家时我权力更大。如果不是我权力大，那么家里如何压下来？他回家后又是他权力更大，本来就是他更大，我有什么事要问过他。"

丈夫外出后，张女士因为要承担起农田管理的责任，责任变大了。她说："丈夫没出去时，自己没理杀虫的事，肥料也没理，不知道要下多少肥料。"丈夫外出后，丈夫会打电话告诉她如何管理农田，或者她自己请教别人。她说："他出去后，会在电话中交代要如何下肥料，自己也会问别人，问人要问心好的人，心坏的人会害人。"

丈夫出去打工后，张女士既要承担自己的责任，又要承担丈夫的责任。她说："丈夫不在家，男男女女的事自己都要做。有一次感冒了，背气筒去杀虫，没办法，水稻都快要被虫子吃光了。不小心踏空了，整个人掉进河里，背了一气筒水，爬都爬不起来。一直以来自己就很拼命，不会一点点事就在家里玩。这是没办法的，他不在家，自己不去做，没人可以依赖，自己在家就整做（一直做）。"

丈夫外出后，家里的事都是她做，因而很辛苦，但重义务、轻权利的张女士表示："我没有意见。"她反而体谅在外打工的丈夫："他也是很辛苦！我体谅他的苦！"之所以如此，是因为丈夫很思量她。张女士对笔者说："我们本来关系就很好，不会闹矛盾。他一星期会打电话回家一次，天冷的时候也会打电话回家。电话中会问我干活有没有请人，叫我不要拼命，他会拿钱回来请人。会问家里留起来的猪仔好不好喂。全部问好事。我也会问他会不会很累，他说很累很苦！"丈夫不仅体贴张女士，而且很尊重她，她说："他很看得起我，很尊重我，重活他做。"

尽管自己在家里负担更重，但从家庭整体着想的她没有觉得夫妻之间的分工是不公平的。她说："为了要纸票，要出去挣钱，这有什么办法？自己会更辛苦些！我从来没说过自己更累，因为一个人出去挣钱，一个人在家等于纸票会更多。"

丈夫外出后，留守的张女士身兼男人女人两种角色，因而负担更重。考虑到丈夫的外出是为了多挣钱，是为了增加家庭的经济收入，同时由于夫妻关系原本就很好，夫妻相互体谅，因此她对夫妻之间的这种分工没有意见，没有不公平感。

家庭权力分配方面，在不同的情境中，张女士在家庭中的权力呈现不同的状况。丈夫没外出时，家庭权力掌握在丈夫手中。丈夫外出时，会把家庭权力让渡给妻子，赋予妻子管理家庭事务的权力。家庭事务的决策如农田的管理，丈夫会在外出时或者打电话交代，又或者张女士自己问别人。与丈夫没外出时相比，张女士觉得自己的家庭权力变大了，权力变大是出于维持家庭的需要，并不是张女士追求家庭权力。家庭权力是用来服务家庭的。

显然，丈夫外出后，张女士在家庭中的权力上升了。不过，必须指出的是，她在家庭中权力的上升部分是丈夫让渡的结果，部分是源于维持家庭的需要。伴随张女士在家庭中权力的上升，她的责任也增加了，权力意味着责任。夫妻二人是利益共同体，丈夫外出挣钱是为了家庭，自己留守也是为了家庭，都在尽各自对家庭的责任。夫妻都在为家庭做贡献，只是形式不同。显然，张女士与丈夫通过履行对家庭的义务实行一种间接的交换方式，这种交换方式强调家庭整体的利益，强调夫妻关系的和谐。张女士与丈夫互相体谅，关系一直比较好，因此尽管她在家负担更重、责任更大，但家庭取向的她对此没有意见。

个案 26：罗女士，34 岁，文盲，一家 4 口。丈夫杨先生秋收后会外出打工，她则留守在家。

她觉得丈夫对于家庭的责任：一是负责家庭事务的决策以及做更重要的事情，如重活；二是主要负责挣钱。她说："更重要的事情他做去了，也是他做的决定。挣钱也主要是他。重活男人做，家庭事务他安排。买肥料他会买好，不用我去买，打虫他自己会去打，这些他自己都会做。比较闲的时候他会去玩（打牌），要做的东西他自己会做，他会安排好，会计划好。这些都是他做决定。"罗女士建立了关于丈夫的类型范畴，即在家庭中负主要责任，如做决策、干重活以及挣钱。

关于家庭权力分配，家庭事务由丈夫决定，原因在于罗女士对这些事务不晓得。她说："我又不知道这些东西，不知道田里要弄些什么东西。"

外出前，家庭事务由丈夫决定，罗女士负责执行。她说："他说我做。种什么烟、种多少烟是他决定的。给田里下肥，他说后我就去做，他决定后我就去做。自己不知道要下多少肥料。如果要我去打虫，他会告诉我要用什么药、用多少药。"罗女士在家庭中的权力不如丈夫，她也觉得男女不平等，"一个家庭都是他做主，我又不晓得这些东西。"

丈夫外出后，她觉得自己在家庭中的权力变大了，家庭事务如人情她可以做主。权力变大的同时，责任增加了，负担也加重了。罗女士表示，丈夫外出后，家庭权力结构维持不变，依旧是丈夫决策，她负责执行。她说："他有打电话回家，告诉我要打药，要施肥，要买肥料。"

从罗女士的上述话语中我们可以看到，在不同的情境中家庭权力结构维持不变。丈夫没外出的情境中，家庭权力主要掌握在丈夫手中。丈夫外出的情境中，家庭权力分配出现了一些非根本性的变化，丈夫会把家庭权力让渡给妻子，因此妻子在家庭中权力变大，与此同时责任也相应增加了。

丈夫不在家的时候，家庭资源由她管理。她说："钱他回来的时候会带回来，或者托人带回来。"显然，家庭资源的管理模式是家庭取向的（Treas, 1993）。

关于家务分工，田里的活一样做，而回家后家务事做得更多，她说自己比他更累。"家里什么都要我来。回家后总得我烧火，全家人的衣服他没洗。"

受农村社区情理①影响,她将洗衣服界定为女人的事,她没有觉得自己做更多家务是不公平的。"这是没办法的。这里男人又没洗衣服的,我们这里都是没男人洗衣服的。"

对比个案26和个案28,我们发现,丈夫外出后,张女士和罗女士在家务分工方面都与丈夫存在不平等现象。在家庭权力分配方面,她们都觉得权力变大了。尽管张女士表示丈夫外出后自己在家庭中的权力变大了,但这不是跟丈夫比,而是跟家庭中的其他成员如婆婆和儿女比。丈夫外出后家庭事务如农田管理,丈夫会交代妻子如何做,丈夫扮演的是管理者的角色,妻子则负责执行。

有研究就此指出,农业女性化对妇女的发展是不利的,丈夫从事非农活动后,"男的管,女的干"的格局依然没有改变(金一虹,2000:73~76)。尽管在家务分工和家庭权力分配方面存在不平等,但两位女士均表示没有觉得不公平,也没有把自己当作不平等的牺牲者。

(二) 丈夫农闲时外出打工与夫妻平等

个案8:彭女士,初中文化,30岁,与江先生于2002年冬结婚。一家八口,夫妻二人和儿子、公公婆婆、弟弟弟媳和妹妹。

结婚后有两三年时间是这样的:上半年夫妻在家种烟叶,下半年江先生出门打工。上半年夫妻都在家的时候,夫妻一起去干活,犁田耙田(重活)由男人做,除此之外的其他农活夫妻之间没什么分工,干活收工后夫妻一起回家。家务事有大人帮忙,彭女士负责洗衣服、烧火②,他帮忙喂猪。因为母亲和老婆都在家,因此江先生没有去烧火。烟叶种得多,多的时候十多亩,少的时候也有七八亩,重的活主要由他做。烟叶收成后,中秋节左右他出门做工,老婆和孩子留在家里。彭女士在家里一边带孩子一

---

① 杨善华、沈崇麟等人使用的"社区情理"这一概念是指在一个相对封闭和文化落后的社区中,存在着由地区亚文化决定的某些为该社区中生活的大多数人所认可的行为规范以及与此相适应的观念,这些规范和观念可能有悖于一定社会的制度和规范或者与一定社会的制度或规范存在着种种不适应。但因为社区的封闭性且居民的文化层次较低,所以这样的社区行为规范和观念仍得以存在并产生作用。而在社区中生活的人在选择自己的行为时,首先考虑自己的行为能否为社区中的其他人所接受,并把它看作自己行为选择的主要标准。换句话说,只要他们的行为能够得到同一社区中生活的多数人的赞成,他们就认为可行(参见杨善华、沈崇麟《城乡家庭:市场经济与非农化背景下的变迁》,浙江人民出版社,2000,第242~243页)。

② 客家方言,烧火指做饭。

边负责农作物收成。丈夫不在家，她跟大人一起去做。如果要请人，丈夫也会寄钱回来。

彭女士感觉"丈夫外出、妻子留守"这种"男主外、女主内"的分工模式还可以，部分是因为夫妻二人的分工与传统性别规范相吻合，部分是因为丈夫外出可以增加家庭收入。她说："春天在家里种烟叶有收入，下半年跟大人做农活也应付得过来，他作为男人可以到外头挣点钱回来。"丈夫外出挣钱扮演作为男人的工具性角色，彭女士留守在家带孩子和照顾家庭扮演的是表达性角色。

丈夫外出打工，承担了丈夫的责任，因此彭女士的责任变大了，负担变重了。她说："他不在家的时候自己的责任变大了，负担比较重，干的活比较多，想的事情比较多，如什么时间下肥料要跟大人讲，他在家的时候这些自己不用做。他不在家的时候，我要帮大人下肥料、打虫等。丈夫不在的时候，责任落在我身上，如买肥料、农药，田里的农活则是跟大人一起去做。"

结婚后这个大家庭由江先生当家做主，他会总结农田生产管理的经验。他说："前提是这样的，在结婚前的一两年，没读书后我接下这个家的管理。弟弟跟妹妹都出门了，比如家里钱不够周转，他们也会寄钱回家。老爸的身体不好。结婚后这个家我做主，会记下用什么肥料以及农作物如何管理。"丈夫外出打工后，彭女士按着丈夫所总结的管理经验管理农田。她说："他会把以前买过的农药、肥料中比较好的记录下来，他出门的时候，我按照他的记录去看。他管家里的事比较有条理，收入支出他做主。他出去做工后，理所当然地要我承担起维持家庭的责任。"

笔者："丈夫外出后，你在家的权力有没有增大？"

彭女士："没讲什么权力不权力，公婆都还年轻，晓得的事情比自己多，自己作为晚辈还有很多事情不晓得。家庭的事情会跟大人商量，大人对的话会听大人的，会尊重大人的意见。没讲什么权力不权力，只要家庭和睦，只要对家庭有利。最在乎的是家庭和睦，家庭不和睦，名声不好。"

彭女士的观点得到江先生的证实，他说："自己外出，妻子在家庭中的权力跟自己没出去时差不多，没什么变化。夫妻都在家时，家庭事务夫妻决定。"

从彭女士的话语中我们可以看出，她在意的不是个人在家庭中的权力，而是家庭成员关系的融洽以及家庭整体利益。为了搞好家庭的关系，在家庭事务决策方面，她会听取公公婆婆的意见。

关于家庭事务决策，谁有理就听谁的。彭女士说："夫妻在家一起种烟的时候他更晓得农事，如肥料呀，做决定一般是他。"丈夫证实了她的说法，他说："我说了算。"之所以是他说了算，是因为她自己在娘家的时候就比较少干农活，因而对农活不了解。她说："自己在娘家的时候比较少干活，比较少在家，出门较多，对农活不太清楚，他对农活比较晓得。"

丈夫出门做工挣钱，家里的大部分责任由她承担，她的责任变大了，能力与自信也由于处理事情的增多而得到提升。她说："做的事情增多了，压力也增大了，感觉到自己的能力和自信都有所提高。"

彭女士表示，家里要用钱时丈夫会寄钱回家，"家里需要钱的时候他会寄一部分钱回家，买肥料，做人情。反正家里花销很大，买猪肉和其他东西。做人情由我来做，做人情是礼尚往来。"江先生表示妻子的负担重些，"我不在家，她的负担重些，干的活多。一个人出去干活，家里留一个人带小孩。"

夫妻对家庭同样操心，彭女士说："他在家的话他操心多，他出门做工后，我在家就变得更操心了，他肯定会挂念家里。"江先生说："自己操心不会比妻子少，只是说离家远了操心也没用。"

对于妻子在家干活的辛苦，江先生表示："肯定是理解的！在家里肯定辛苦！"江先生设身处地体谅妻子在家的辛苦，同时觉得"自己在外头也辛苦。因为是做工程，吃饱饭就只要做这门活，下班后看下图纸，只有这方面的事情，因此比较单纯。对家里肯定是时常牵挂的，在家里干活属于无名活（很多活是没有取名的）"。

彭女士留守在家，在家负担更重，对这个家付出了很多，对此她表示自己的付出是值得的，因为她与丈夫共同分担了家庭的责任。她说："值得，一个是减轻他那份对家的操心，我在家他会比较放心；再一个我在家也能帮到家人，帮两个大人。不值得的话就不会这么去做。"她没有觉得这是无可奈何的，她认为这是自己应尽的责任。她说："这是你必须要去做的，再一个你也要尽到自己的责任。你没出门，一定要帮家人减轻负担，帮助家里人做。如果你出门了，家人就不会依赖你。"她觉得这是她的本分。

很明显，彭女士与丈夫尽管分工不同，但都在尽自己对于家庭的责任。夫妻之间进行的是关系取向的交换（左际平，2002；Zuo，2004、

2008），关系取向的交换模式强调夫妻关系的和睦以及利益的一致。丈夫外出挣钱贡献家庭，彭女士则留守家庭照顾孩子以及和公婆一起负责农业生产，以另一种方式贡献家庭。

彭女士与丈夫的家庭分工，受到社会性别规范以及社区情理的影响。这表现在上半年未外出的时候，耕田以及重活由她丈夫做。在农村，男人的职责就是做重活；家务则主要由女人做，家务因为有父母帮忙，因此江先生做得比较少。下半年江先生外出打工挣钱，履行自己作为男人的职责，彭女士留守家里，一方面与大人一起负责农作物的收成，一方面照顾孩子，履行的是女人的职责。她与丈夫一个主内、一个主外，实践着社会性别。由于处理的事情增多了，彭女士感觉自己能力有提升。由于既要负责农业的生产，又要照顾孩子和做家务，承担了先前由丈夫承担的责任，相对而言彭女士的责任变大了，负担也变得更重。但家庭取向的她对此没有意见，她认为这是自己应该做的，是自己的义务。当家里需要钱时，丈夫会寄钱回家。家庭事务谁晓得谁决定，彭女士觉得夫妻权力平等。

三　一个特殊案例："男工女耕"与夫妻不平等

个案 25 特殊在于：一般的农民家庭是夫妻共同分担家庭责任。而该个案中丈夫外出打工后，多年没有回家，也没有寄钱回家，更没有履行自己对家庭的责任，平常也没有跟家里联系，连续几年过年也不回家。夫妻关系因此受到严重影响。留守的沈女士独自一个人维持家庭的运转，家庭事务都是由她决策，她在家庭中的权力变大了，甚至比丈夫都大。

沈女士 40 岁，一家四口，丈夫罗先生以及两个儿子。丈夫 2003 年去厦门打工，之后几年没有回家，过年也不例外，平时丈夫也不跟家里联系，没有汇款回家。

丈夫不在的那几年，沈女士与儿子生活过得苦。她说："那几年生活过得比较苦！那时候两个小孩和自己两个星期才吃一次肉。两个小孩没怎么去教育，不会像其他人的小孩那样，可以说两个小孩比一般的人更节省。"

由于丈夫没有负起养家的责任，沈女士既要扮演男人挣钱的工具性角色，利用一切机会挣钱，又要搞好农业生产。她说："为了挣钱，比如有人叫去做小工呀什么的，我一般会打主意去做，田里的事情和做饭的事情就交给两个小孩去做。田里的活如割稻子，其他人有柴油机，自己没有，只好拿自己家脚踩的打谷机去。打谷机在别人的帮助下扛到田里，割完后一个人再扛回来。当活很多做不完的时候，如果自己认为要把活做完，那么就得勤快些。晚上睡觉时就会想，如果明天要把这样事情做完，那么就得早点去田里干活。想要做完就拼命做。"

为了挣钱，沈女士除了做小工外，还种植了经济作物烟叶。据笔者亲身经历，种烟叶是很累的活，一个人是很难应付得了的。沈女士表示，由于能力有限，在种植烟叶的过程中她得到了亲戚的帮助。她说："一个人干活很累时，嫂子一家会帮忙，白天帮忙摘烟叶，晚上帮忙串烟。有时会跟嫂子搭伙摘烟叶。烟叶摘好后交给别人去烤，烤完后给别人支付烤烟费用。自己哪里有这种能力？一个人哪里做得了那么多？哪里有这种能力既要上烤又要下烤，一次要摘十几担的烟叶？去干活自己都不敢想累，只晓得一直往前走。"

"那么你好辛苦！"她含着泪水哽咽地回答道："辛苦，但是自己的命长成这样。"尽管丈夫不在家，她一个人应付这么多事情，但她没感觉自己能力增强了。她哽咽着说："没感觉到自己很可以，只感觉到自己很无能，自己的命很不好，真的是这么觉得的。"

丈夫去厦门做工，头三年过年都没回家，三四年来一分钱都没寄回家。小孩上学的学费及生活费是通过种植经济作物烟叶、扁豆和养猪解决的。她说："大儿子去龙岩读书那一年，种的烟叶收到三四千，那时钱还比较大。那时儿子去龙岩读书，我不知道自己是否有能力供儿子上学，不知道自己是否能解决儿子的生活费。当时两头猪卖了三千多，烟也收了好几千，钱凑在一起学费就够了。至于伙食费，冬天种了两种品种的豆子，收成两千多，这些钱就度过了整个冬天。"

沈女士回忆道："早上天蒙蒙亮就起来了，出去的时候也不知道几点了，村里的狗叫个不停。走到田里的时候天还没亮，就在田里坐着等，一直等到天亮。天没亮，没法摘豆子。自己家里没有钟表，摸黑去的，睡醒后以为天亮了。当活干不开的时候，如果明天要去帮人干活挣钱，一个晚上就会很操心，就会想明天要早点去弄，这样就会睡不好。别人叫我去割稻子呀、做小工呀，（我）都会去。"

如前所述，沈女士在生产上拼命干活，尽可能地利用一切机会挣钱，与此同时在消费上尽量节省。她说："那时候如果两个儿子衣服还能穿，就不会去买新的。大前年大嫂子的儿子给他们兄弟俩各买了一套衣服，前年又给小儿子带了一套。那时小孩的衣服和袜子都买得比较简单，能穿就行。儿子不会跟别人攀比。"

在访谈中，沈女士讲到独自一人维持家庭的艰辛时多次落泪。因为丈夫的不顾家，尽管自己非常努力，但生活就是不如别人，因此她产生了不公平感。访谈中她多次感叹人生的不公平。

"唉，常常觉得做人很没意思，反正很多烦恼的东西。在小儿子面前说做人好不公平，儿子说不公平的东西多。天下不公平的东西很多，为何有些人轻轻松松吃好穿好，自己辛辛苦苦还要吃苦穿烂？其他人随便过的生活都比自己好。"

坐在旁边的婆婆说："总不可能一辈子都这么累？"沈女士回答道"怎么不会？命运就是这样。"由于嫁的老公不好，尽管自己能力不输给别的女人，但在家庭上就是不如别人，这使她产生了不公平感。"女人如果嫁的老公不好，老公会制得你一辈子死，制得你死，制得你很死。不是自己好高，自己干活不会赢不了别人，但是家庭就不如别人。干活，这么多妇女当中，我挑东西也赢得别人，做也赢得别人，但是家庭就比这么多妇女穷，就赢不了别人，你说是不是？"

显然，沈女士的参照群体是村中的妇女以及她们的家庭。由于丈夫不顾家，没有履行社区文化以及社会性别规范规定的对家庭的义务，由此沈女士不得不身兼男人与女人两种角色。作为女人，尽管她在能力上不输给别的女人，但别的妇女由于有丈夫的帮忙，因此家庭生活就过得比沈女士好。由于丈夫不顾家，没有履行应尽的义务，导致家庭生活整体不如别人家，这使沈女士产生了深深的不公平感。

案例25的情况与前述几个个案不同。不同在于前面几个个案，夫妻都是家庭本位的，表现在丈夫外出挣钱，履行他们作为丈夫和父亲的工具性角色，他们在经济上支持家里，家里需要钱的时候会寄钱回家。有的丈夫是在农闲时才出门，农忙回家帮忙。沈女士的丈夫则是个人本位的，不顾家，不仅不寄钱回家，而且不跟家里联系，只顾着自己。由于丈夫失职，不得已，沈女士独自支撑整个家庭，在维持家庭的过程中付出了艰辛的劳动，付出了常人难以想象的努力。她既要负责家庭的农田生产，又要抚育两个儿子，供应两个儿子上学。为了养家糊口，为了给儿子筹集上学的学费,她既种烟、种豆子,又养猪,只要别人请她做工,她都会去。在生产安排上,有时她也会跟别人换工,但基本上是她一个人做,经常起早摸黑,忙不过来的时候哥哥嫂子会帮忙。尽管如此,她没感觉到自己的能力增强了,反而由于丈夫的不顾家,沈女士有了不公平感。丈夫不顾家,逃避家庭的责任,沈女士既要当爹又要当妈,身兼工具性与表达性两种角色,她在家庭中的权力因而得以提升。

从上述分析我们可以看出,沈女士与丈夫无论是在家务分工上还是在家庭权力分配上都存在不平等现象。之所以会出现这种状况,主要原因在于丈夫逃避家庭责任,不顾家,只顾自己。也就是说,只有当夫妻一方出现个人本位时,家庭的权力分配才会因流动而发生改变。

通过上述正反两面的多个个案研究,笔者发现,如果夫妻都是家庭本位的,那么丈夫外出流动就不会从根本上改变夫妻之间的权力分配状况;如果夫妻有一方是个体本位的,即只顾着自己,不履行其对家庭的义务,那么夫妻之间的权力状况就会发生改变,权力会朝着有利于家庭取向的夫妻一方。如个案 25,家庭取向的沈女士就获得了家庭中的权力。由于是家庭本位的,因而权力的获得不是为了个人的利益,而是服务于家庭整体。

通过对上述多个个案的比较分析,笔者发现留守妻子能动地在家庭生产上做出各种安排以适应丈夫的外出。丈夫外出务工或经商之后,留守妻子没有推辞,而是义不容辞地挑起了家庭生产的重担。"他出去做工后,理所当然地要我承担起这个家庭的责任。"(案例 8,彭女士)"我在家当然是我来做啦。"(案例 3,刘女士)

丈夫外出后,农民工夫妻在家庭的劳动分工上采取了传统的"男主外、女主内"的分工模式,部分是受传统社会性别规范的影响,部分是基于夫妻各自比较优势的不同。调查发现,外出丈夫和留守妻子大都表示,男的外出比较能挣到钱,因为丈夫拥有技术或者体力更好或者更有文化,而妻子留在家里更会做事,家务事女的更拿手。有研究认为,当男女在人力资本上投资相同时,如果妇女在家庭部门较之男子有比较优势,那么一个有两种性别的、有效率的家庭就会把妇女的主要时间配置到家庭部门,而把男子的主要时间配置到市场部门(贝克尔,1998:40)。

留守妇女们大都认可"男主外、女主内"的分工模式,因为这种分工与传统社会性别分工相吻合。男的外出打工或经商,挣钱履行工具性角色，妇女留守则扮演表达性角色。如个案 8 中彭女士感觉"丈夫外出、妻子留守"这种"男主外、女主内"的分工模式还可以，因为"春天在家里种烟叶有收入，下半年跟大人在家做农活也应付得过来，男人可以到外头挣点钱回来"。个案 3 中的刘女士也觉得："男人挣钱，女人做家里的事儿，应该合理。男人出门挣钱，自己作为女人在家种田、料理好家庭是应该的。"

丈夫的外出使得家庭生产、维持的重任落在留守妻子的身上，留守妻子表示丈夫外出后自己的压力变大了，负担变重了。与此同时，因为做的事情多，承担了原本由丈夫承担的责任，因此留守妇女的能力与自信在一定程度上有所提高。丈夫外出后，留守妻子采取各种能动的安排来组织家庭的生产。留守妻子为了完成农活，起早摸黑地干活。在农活忙不过来的时候要么雇人做，要么跟别人换工："你帮我，我帮你，你帮我做一天，明天我还给你，不用开工钱。"（案例 17，江女士）

丈夫外出，妻子留守在家，家庭的生产仍然得以正常进行，这要归功于留守妻子很强的家庭责任意识。案例 8 中的彭女士在丈夫外出做工后，家庭的重担落在她肩上，为维持家，她付出了很多。她觉得自己的付出是值得的，因为自己与丈夫一起分担家庭责任。她说："一个是减轻他那份对家的操心，我在家他会比较放心。再一个我在家也能帮到家人，帮两个大人。不值得的话就不会这么去做。"她没有觉得自己的所作所为是无可奈何的，她认为自己只是尽了自己的义务。她说："这是你必须要去做的，再一个你也要尽到自己的责任，你没出门，一定要帮家人减轻负担，帮助家里人做。如果你出门了，家人就不会依赖你。这是我的本分。"

显然，受儒家伦理本位和家庭本位文化的影响，外出的丈夫与留守的妻子之间的交换不同于市场中的直接交换，而是关系取向的社会交换（Jiping Zuo，2004，2008）。外出打工或经商的丈夫挣钱从经济上履行其对家庭的责任，妻子则留守在家以另一种形式贡献家庭。尽管方式不同，但义务是对等的，都是对家庭的义务。

丈夫外出前，夫妻共同分担家庭生产的责任，重活如耕田由丈夫做，田里的其他活夫妻之间没什么分工。丈夫外出后，家庭生产和再生产的安排发生了巨大的变化，除耕田请人外，其他农活都落在留守妻子身上，这客观上增加了妇女的负担。由于丈夫的外出是出于家庭经济的需要，丈夫的外出也是夫妻共同决定的，因此夫妻会就丈夫外出后家庭的生产能动地做出安排。丈夫外出后，农田的生产和管理任务自然主要由留守妻子承担，有的留守妻子因为跟公公婆婆住一起，因此能得到长辈们的有力支持。由于留守妻子既要完成分内的责任，又要完成丈夫的那部分任务，因此普遍负担很重、压力很大。尽管如此，留守妻子完成了家庭生产的任务，她们为此付出了很多艰辛。

留守妻子的能干有力地支援了在外打拼的丈夫，在外务工或经商的丈夫大都对留守妻子在家的辛劳表示理解，他们会打电话与妻子共同商量农活的安排，也会寄钱让妻子雇人干活。如个案28的罗先生就会打电话叮嘱妻子："干活不要太累，要请人，我会寄钱回家让你请人。"

必须指出的是，"丈夫外出、妻子留守"的家庭劳动分工模式尽管得到了留守妻子支持，但这是新形势下不得已的选择，农民对这种选择普遍感到无奈。

本研究发现，丈夫外出确实影响了夫妻之间的家庭分工，这表现在夫妻根据职业进行分工，丈夫从事非农职业，而妻子则务农。丈夫外出、妻子留守这种"男主外、女主内"的分工模式是传统社会性别规范在新形势下的具体体现，丈夫外出扮演工具性角色，妻子留守家里扮演表达性角色。正由于夫妻间的分工符合社会性别规范，因此留守妇女们普遍对这种分工表示认可。在新的情境下，丈夫"外"的角色由从事农业变为从事非农职业，而妻子们"内"的角色拓展了，既包括家务又包括农业生产。丈夫的外出不仅影响了夫妻之间的家庭分工，在一定程度上也影响了夫妻之间的家庭权力分配。丈夫外出后，留守妇女在家庭中的权力普遍变大了，这是由于丈夫的缺席以及维持家庭的客观需要。之所以说农民工夫妻的外出流动没有从根本上改变夫妻之间的权力分配状况，原因在于留守妇女在家庭中的权力很大程度上是丈夫主动让渡的结果。丈夫外出后，其对家庭的影响并没有因为身体上的缺席而消失，他们会借助通信手段影响家庭事务的决策，外出的丈夫们会打电话交代妻子如何管理农业生产以及与妻子共同协商家庭事务。正常的情况是，留守妇女们在家庭中的权力变大了，责任也变大了。她们扮演的是执行者的角色，管理者的角色依旧由丈夫扮演。

研究还发现，农民工夫妻之间的家庭劳动分工上的不平等，在某种程度上是由城乡之间的结构性不平等造成的。城乡之间的结构差距吸引农村人外出打工或经商，这在客观上造成了农民工夫妻之间家庭分工上的不平等。也就是说，探讨农民工夫妻之间在家务分工以及其他负担方面的不平等，还须考察互动情境之外的社会结构背景的影响。

丈夫外出务工或经商，使家庭的性别劳动分工出现跨区域化现象，即丈夫进城从事工业和商业，而妻子留守农村从事农业生产和料理家务。前面提到，丈夫外出务工也好、经商也好，从事的工作比较单纯，只要做一件事，而留守妻子在农村老家既要从事繁重的农业生产，又要做烦琐的家务，还要照顾子女、赡养老人，因此与外出丈夫相比，留守妻子负担更重、压力更大。客观而言，外出丈夫与留守妻子之间的家庭劳动分工是不平等的。

尽管外出丈夫与留守妻子在家庭的分工上存在不平等，但留守妻子们大都认同夫妻之间这种"男主外、女主内"的分工。她们没有觉得夫妻之间不平等，没有把自己当作不平等的牺牲者，更没有为此而抱怨，而是一心一意地支持丈夫外出，原因何在呢？

笔者以为，这与社会文化有关。首先，丈夫外出、妻子留守这种"男主外、女主内"的分工模式与传统社会性别规范是一致的。农村社区在改革后虽然在一定程度上受到市场化的洗礼，但传统社会的性别分工依旧顽固。丈夫外出挣钱与妻子留守在家，正是实践了传统的社会性别分工。其次，我国是伦理本位的社会，以伦理来组织社会。伦理本位的社会强调的是处于关系之中的人彼此间的义务。正如梁漱溟所言："举整个社会各种关系而一概家庭化之，务使其情益亲，其义益重。由是乃使居此社会中者，每一个人对其四面八方的伦理关系，各负有其相当的义务，同时，其四面八方与他有伦理关系之人，亦各对他负有义务。"（梁漱溟，2005：73）受儒家文化的影响，农民工夫妻是家庭取向的（梁漱溟，2005：28；金耀基，2002：162～163；费孝通，1998：41）。他们行为和思想的出发点是为家庭整体利益考虑，而不是追求个人自身的地位与权利。他们追求的是家庭义务的平等，追求家庭关系的和谐。这是乡土社会农民的平等观。夫妻尽管所处空间不同，对家庭承担的责任不同，但都在为家庭做贡献，丈夫外出挣钱从经济上贡献家庭，妻子则在家通过其劳动贡献家庭。当然，外出丈夫的理解与体谅也在很大程度上缓解了留守妻子的不平等感。

受儒家伦理本位和家庭本位文化的影响，农民工夫妻之间的交换模式是关系取向的（Jiping Zuo，2004；2008）。外出的丈夫与留守的妻子进行的交换如 Curtis（1993）所说的集体主义的社会交换，或如左际平（2004）所说的"关系交换"（relational exchange）。关系取向的交换与市场交换不同，市场交换强调的是公平，引导市场交换的是市场规则（Curtis，1993）。而关系取向的交换强调的是配偶对家庭的义务，引导交换的是社会规范，如信任、互惠或权威。关系取向的交换强调的是夫妻关系的和谐与持续（Curtis，1993）。夫妻一方流动的农民工家庭，夫妻间的交换显然是关系取向的交换。丈夫外出挣钱履行养家糊口的责任，妻子留守在家则主要履行持家的责任，这是义务的交换，而非夫妻二人用各自的资源进行的直接交换。夫妻的角色是社会文化①规定的，农民工夫妻按照社会文化的规定履行各自对家庭的责任与义务。丈夫外出挣钱是从经济上贡献家庭，妻子留守在家则以另一种形式贡献家庭，农民工夫妻都在尽各自对家庭的义务。因此，妻子的农业劳动和家务劳动与丈夫的有酬工作一样有价值（左际平，2004：527）。

研究农民工夫妻外出对夫妻性别关系的影响，不仅要考察夫妻互动的具体情境，而且必须超越互动情境，考察互动情境之外的关系、背景的影响。唯有如此，夫妻性别关系方能得以理解。

本研究发现，丈夫外出后留守妇女身兼两职，既要当妈又要当爹，既要忙于农田生产又要照顾家庭。客观而言，留守妇女的负担更重，也更累。与此同时，有的留守妇女感觉自己的能力得到了提升，有的则没有这种感觉；有的觉得丈夫不在时自己在家里的权力增加了（如个案 28 中的张女士），有的则没有这种感觉（如个案 25 中的沈女士）。已有研究的发现在本研究中都有体现。另外，留守妇女们尽管负担更重、更辛苦，但她们对此没有怨言，没有觉得夫妻之间的分工不公平。也就是说，她们追求的不是个人在家庭中的权力，而是追求家庭的和睦以及家庭整体利益的改善。正如个案 8 的彭女士所言："什么权力不权力，只要家庭和睦，只要对家庭利益比较大，只要对家庭有利就好。自己最在乎的就是家庭的和睦，家庭不和睦，名声不好。"

也就是说，按照儒家文化传统，首先考虑的不是个人的成就，而是家庭的利益（周敏，1995）。

---

① 这里所讲的社会文化是一个比较宽泛的概念，本研究中主要指社会性别规范、农村社区亚文化以及儒家文化。

第三节　单流动家庭的夫妻关系维系与夫妻平等问题

丈夫外出务工或经商，妻子留守家庭，使得夫妻之间在空间上分隔开来，夫妻由原来一起共同生活变为分开各自生活。那么夫妻不在一起生活，彼此之间的关系是否会受影响？夫妻之间又是如何维系彼此关系的？在夫妻关系维系过程中展现了怎样的性别关系？

关于单流动家庭中的夫妻关系，已有研究形成了如下共识：分离的夫妻生活使夫妻的感情关系受到一定影响，但绝大多数农民工夫妻关系稳定。受分居生活的影响，少数夫妻的婚姻出现了危机。笔者的调查也支持了已有的研究发现。在笔者所调查的30个个案中，仅有1个家庭的夫妻关系到了破裂的边缘，其他家庭中夫妻关系都比较稳固。本研究发现，受儒家文化影响，绝大部分农民工夫妻是家庭取向的。家庭取向的夫妻之间实行的是关系取向的社会交换，即通过履行社会文化（包括儒家文化、社区亚文化以及社会性别规范）规定的各自对家庭的责任。农民工夫妻是家庭取向的，也就是说，他们追求的不是个人利益，而是家庭利益。指导他们交换的是社会规范（如互惠、信任、理解等），而非市场规范（如公平）。笔者在第三章提到，农民工夫妻外出务工或经商是为了寻求家庭整体利益的改善，因此他们的理性不是个体理性，而是家庭理性。在本章第二节，笔者在分析农民工夫妻之间的交换时，探讨了超越互动情境的因素如社会性别规范、社区亚文化等的影响，笔者在本节将进一步探讨夫妻之间的关系质量以及稳定性对农民工夫妻间接交换的影响。

Thomas Burns（1973：118）认为，行动者互动的结构和时间背景包括行动者之间关系的过去和预期的特征，会影响行动者的行动取向、行动偏好、决策和互动模式。也就是说，社会交换的双方关系越稳定、越持久，那么就越可能形成"他人取向"（other orientation）而非"自我取向"（self-orientation）的交换模式。Judith Treas（1993）通过对美国家庭经济资源管理模式的分析，区分了两种资源管理模式：个人取向的资源管理模式和集体取向的资源管理模式。集体取向的资源管理模式（夫妻挣的钱放在一起）强调的是夫妻关系的和谐、婚姻关系的稳定与持久；而在个人取向的资源管理模式（夫妻挣的钱各自分开管理）中，夫妻对婚姻稳定性的预期比较低。

行动和制度受社会关系的影响是社会理论中的古典问题。行动嵌入社会（关系）结构中，受社会（关系）结构影响（Granovetter, 1985: 481）。同样的道理，农民工夫妻之间的互动包括交换行动，受彼此关系质量和稳定性的影响。

本研究发现，在单流动家庭中，夫妻关系绝大部分是稳定的、持久的，他们相互理解、相互信任、互相体贴，共同维持家庭。家庭资源也基本采取集体取向的管理模式（Judith Treas, 1993），夫妻挣的钱放在一起。

关于单流动家庭夫妻关系维系问题，国内已有一定的研究。周伟文等（2002）分析了"半流动家庭"中夫妻关系的变化。该研究发现，分离式的家庭生活并不是影响夫妻感情的主要因素，但婚姻危机已经出现在少数家庭，且与丈夫的经济收入和职业地位变化高度相关。龚维斌（1999）探讨了农民外出就业对其夫妻感情关系的影响。由于已婚劳动力外出就业是基于家庭整体利益考虑而做出的理性选择，因此总体而言外出就业对夫妻感情关系的影响不大。调查发现，外出挣到了钱，加上两地相思，增进了夫妻感情。由于外出就业的目的是养家糊口，且由于就业的不稳定，因此劳动力外出就业期间夫妻关系得到不同程度的增进。当然，也有的夫妻关系是在一方外出就业过程中破裂的。魏翠妮（2006）的研究发现，分居生活对夫妻感情没有造成普遍的负面影响，但农民工婚姻较其他婚姻存在较多不稳定的因素[①]。

李强（1996: 80）指出，农民工分居的家庭之所以仍然稳固，是因为农民工对家庭的经济支持取代了共同生活，成为家庭得以构成的基础条件之一。类似的，潘鸿雁（2005a）指出，在分离的核心家庭中，缺乏一种正常的家庭生活，情感和性的功能被置于次要地位，甚至被看作一种可有可无的事，而经济的功能成为首要的。因此家庭的维系与其说是一种夫妻情感的维系，不如说是生存压力与传统伦理道德的维系。潘鸿雁（2008a）发现，在非常规核心家庭中，在情感和性方面，夫妻之间的交流频率较低、交流时间较短，交流内容多以家庭事务为主，日常的夫妻感情表达很少，夫妻之间的亲热行为更谈不上。因此，非常规核心家庭的夫妻在情感和性方面付出了代价。尽管如此，非常规核心家庭维持了相对稳定状态，

[①] 魏翠妮认为，深层次维系农民工家庭的纽带是以家庭整体利益为本位的家庭价值观念。

原因在于夫妻之间的互助互爱、互相理解、互相认同，传统文化的影响，夫妻双方对情感和性生活的期待不高。

以上研究对于单流动家庭夫妻关系的维系多关注经济因素的作用，也有研究指出认同、传统文化等在夫妻关系维系中的作用，但未展开具体研究。而且已有研究没有探讨夫妻关系维系过程中所体现出来的夫妻平等问题。

笔者认为，仅从经济维度探讨夫妻关系的维系是不够的。本研究发现，心理层面的信任与理解、情感层面的情感基础等在维系夫妻关系中起着不可忽视的作用。因此本节将从心理、情感等多个层面探讨分隔情境下夫妻关系的维系，及在此过程中体现出来的夫妻性别关系。

一 信任、理解、牵挂在夫妻关系维系中的作用

（一）信任与理解："要互相信任、互相理解"

个案 15：罗先生与严女士 1996 年结婚，2000 年他开始外出打工，而妻子留守在家。夫妻之间从此开始了聚少离多的"分居生活"。

外出打工是生活所迫，是为了使家庭的生活跟上别人。她说："别人的生活好，自己也想过上好的生活，因此他就出去了。实际上是不得已要出去的，主要是（因为）在家里，说得难听点，别人家有气力有地方去，自己家有力气没处使。打个比方，别人在家有田种，不用租田。我们夫妻俩在家田不够种，别人的田比较好，自己的田比较差。别人同样在家种烟，一亩地能收一千五到两千，而自己只能收成一千。我们夫妻俩在家，干活赢得了别人，纸票赢不了别人，想后我就不愿意。所以不得已要一个人在家，一个人出去打工。"

严女士的一番话告诉我们，丈夫之所以外出打工是受到家庭因素、社区因素和参照群体的影响。家庭因素方面，人多地少使得家里即使有劳力也无处可使。社区因素方面，家庭的生活因为受生产资料要素的影响不如别人。参照群体方面，虽然夫妻俩干活不比别人差，但受前述因素的影响，家庭生活却不如别人。

在罗先生夫妇看来，只要夫妻"互相信任"，那么夫妻关系就不会因为一方在外打工一方留守在家而受影响。严女士也持同样的看法："这个怎么讲呢，要互相理解，你要理解我，我要理解你，你要相信我，我要相信你，就不会觉得不好。你相信了我，我相信了你，就不会影响夫妻关系了。"

罗先生夫妇在心理上互相信任，这使得夫妻即使在空间上分隔两地，彼此的关系也不受影响。夫妻二人都是为家庭做贡献，一个外出挣钱从经济上贡献家庭，一个留守在家以另一种方式贡献家庭。正是夫妻相互信任，才使夫妻二人可以安心贡献家庭。

在罗先生看来，夫妻无论是外出打工还是留守在家都只是家庭分工的不同，但目标是一致的，都是服务于家庭。他说："总是为了一个目标，把家庭搞好。"正因为夫妻都是为家庭做贡献，因此不应该为此而抱怨谁更清闲、谁更劳累。他说："不可能存在抱怨你更清闲、我更劳累，但是出门也有苦与乐的时候。虽然出门打工吃饱饭后没忧没愁，但是你如果操心的话，也会愁明天没活干。"

具体地说，夫妻俩按照家庭分工尽各自对于家庭的责任。丈夫外出后，严女士在家种烟叶，烟叶收获后种稻谷或者种用来卖的豆子。深知种田辛苦的罗先生对妻子的辛苦表示理解，他说："没出去做工之前在家里种田的时候，向别人借了很多田种。难道会不知道种田的辛苦吗？"与此同时，罗先生也提到自己在外打工加班挣钱的辛苦。他说："在工地的时候，可以说我是加班最多的。如果加班的话老板一般会叫我去，一个是因为我比较肯吃苦，一个呢是因为我不会像别人那样计较。加班比较不合算，白天工作九个小时，加班一般最少四个半小时，工资跟白天一样去算，加班要干更多活，没有一点清闲的。每逢加班的时候，好多人安排到了会不去做，推得掉的话会不去做，自己为了挣两个钱不拒绝。我一个月没有几天不加班的，一个月会多做半个月。有时候会加班一个晚上，最多的时候在遵义连续三个通宵加班，没有睡一会儿。在遵义的时候是最苦的，下雨也没休息。熬完第三个通宵，早上吃完早餐就病倒了，花了一百多块看病。"对于丈夫在外打工的辛苦，严女士表示"肯定理解"。

罗先生与严女士之间的交换是关系取向的交换（Jiping Zuo，2004；2008）。罗先生外出务工从经济上贡献家庭，严女士留守在家负责农业生产以及照顾家庭，以另一种形式贡献家庭。夫妻二人都尽各自的能力去贡献家庭，他们在维持家庭中都付出了很多，对此夫妻俩互相理解。可以这么说，罗先生夫妇在利益上是共同体，在心理上也是共同体。

罗先生在外尽力挣钱，在家里要用钱的时候就寄回家。他说："一般在生产资料要投入的时候，小孩上学读书的时候。""如果这时候没钱，借都要借来。"寄回家的钱实行家庭取向的资源管理，罗先生说："钱拿回家里由她开支，自己在外的时候她管理钱。不可能自己在外做工还要家里拿钱出来，只可能自己寄回家。"

寄回的钱一般由严女士管理，家庭资源的分配是夫妻通过电话商量的，谁晓得谁决定。她说："肯定要协商，会说纸票先拿回家，家里不要用钱做什么，要拿来还人家。人家在做什么事，我在家知道谁家在做什么，他在外头不晓得人家在做什么，他打电话回家的时候我会跟他讲要把钱先还给谁。"

严女士表示，无论夫妻是否在一起，家庭事务都是夫妻共同决定。她说："两个人决定，我也有决定，他也有决定，我说了也算，他说了也算，就这样。"

从严女士的话语中可以看出，夫妻二人的关系是平等的，共享家庭权力；不仅如此，义务上也是平等的。当然，义务是由社会文化规定的，同时受各自能力的影响。

罗先生在外打工，家庭取向的他以家庭为重。他说："一个人在外打工的时候还是以田里为主，（希望）创造一些经济效益，在外头的人就指望有活干，挣点钱。家庭的重心在老家。那时候感觉到负担还更重，要兼顾家里，如果外头挣不到钱，家里就帮忙不上。"

一个人在外打工，罗先生也会想家。他说："那时候一般一个星期左右跟妻子电话联系一次，有时候时间不允许。那时通信没有这么方便，有时候要推迟。时间长短都有打电话回家。"严女士也表示自己想念丈夫，"肯定是会的啦。"

夫妻二人都认识到外出务工是一种家庭策略，为的是把家庭搞好。家庭是第一位的，夫妻都在尽自己对家庭的责任。罗先生外出挣钱"总的来讲是为了家庭"，严女士留守老家种田也是"为了家庭"。夫妻相互理解，罗先生结婚后与妻子一起种过田，甚至还向别人借过田种，因此他能设身处地地体会到种田的辛苦。严女士也理解丈夫在外打工的不易。我们看到，夫妻二人心理层面的互相信任与互相理解对夫妻间接交换的影响。也就是说，夫妻二人之所以能够在空间分离的情境中尽各自对家庭的责任，很大程度上源于夫妻二人心理层面的互相信任。夫妻二人在利益上是共同体，在心理层面也是共同体。

罗先生不仅在心理层面与妻子互相信任、互相理解，而且还能动地与妻子保持密切联系，平时通过电话取得联系。他以家庭为重心，在外面挣钱的同时兼顾家里，工资拿到后会寄回家，用来购买生产资料和供儿子上学。接到活就出去做，做完就回家，农忙时节会调整工期回家帮忙。夫妻二人对分居生活备感无奈，罗先生认为外出务工"总的来讲属于被迫"，严女士也觉得是"不得已要出去的"。夫妻俩互相信任、互相理解，能动地维持彼此的关系。为了家庭，夫妻二人都在尽自己的义务，没有去抱怨谁更清闲、谁更劳累，而是相互体谅对方。无论是分工模式还是家庭资源管理模式，罗先生与妻子都是家庭取向的，都是服务于家庭整体。正如有研究（左际平、边燕杰，2005）所指出的，在家庭取向的家庭中，夫妻之间的交换是间接交换，夫妻之间通过履行文化规定的对家庭的义务来贡献家庭，家庭的义务包括家务和农业生产劳动以及市场工作（外出打工）。

（二）互相牵挂："要互相想着对方"

个案8：在2007年之前，由于孩子还小，江先生上半年跟妻子彭女士在家一起种烟，下半年农闲时出门打工，妻子留守家里。

彭女士认为"只要心理互相想着对方"，那么夫妻关系就不会受影响。丈夫的外出是为了挣钱搞生活，因此彭女士是支持的。她说："毕竟要生活，要挣钱。"

丈夫不在家，她的负担重些，干的活多。过去白天一个人出去干活，家里留一个人带孩子。而在外面打工比较单纯，对她在家干活的辛苦丈夫表示理解。他说："在家里肯定辛苦的！自己在外头也辛苦，因为是做工程。吃饱饭就只要做这门活，下班后看下图纸，只有这方面的事情，因此比较单纯。对家里肯定是时常牵挂的，在家里干活属于无名活。"

从彭女士与江先生的谈话中我们可以看出，夫妻二人在利益上是共同体，在心理上也是共同体。为了家庭的整体利益，江先生外出打工挣钱，彭女士也意识到了这一点，因此她对丈夫的行动表示支持。尽管在外打工很辛苦，但江先生对于妻子在家庭的辛苦也表示理解。正因为夫妻二人都是为家庭着想，也由于夫妻二人心理上相互牵挂着对方，因此夫妻关系没有受到影响。

江先生的说法得到彭女士的证实，她说："他在家的（时候），生活他操心多，他出门做工后，我在家就变得操心了，他肯定会挂念家里。"尽管不在家，但对于家庭同样操心，江先生说："自己操心不会比她少，只是说离家远了操心也没用。"

江先生对妻子的牵挂没有停留在心理上，而是表现在行动上，他积极与家里联系。他说："在外面打工会想小孩，一般一个星期打一次电话回家，身上有手机的时候比较有打。（打）电话回家一般跟妻子聊家里的情况、田里的情况、大小的身体如何，主要是关心家里。"

　　夫妻尽各自的责任。江先生在外负责挣钱，从经济上贡献家庭。彭女士表示："家里需要钱的时候他会寄一部分钱回家，买肥料、做人情，反正家里花销很大，买猪肉和其他东西。"彭女士留守在家，在家负担更重，对这个家付出了许多。她认为自己的付出值得，这是因为"一个是减轻他那份对家的操心，我在家他会比较放心。再一个我在家也能帮到家人，帮两个大人。不值得的话就不会这么去做。"家庭取向的她不仅没有觉得这是无可奈何的，反而认为这是自己应尽的义务。她说："这是我必须要去做的，再一个我也要尽到自己的责任。我没出门，一定要帮家人减轻负担，帮助家里人做，如果我出门了，家人就不会依赖我。"她觉得这是她的本分。

　　很明显，江先生与彭女士之间的交换是关系取向的社会交换，家庭取向的他们强调的是家庭的义务与责任。江先生外出打工挣钱履行对家庭的经济责任，扮演的是工具性角色；彭女士留守在家照顾孩子，履行的是母亲的责任，扮演的是表达性角色。

　　江先生外出打工，夫妻关系没有受到影响，这是因为夫妻互相想着对方，夫妻相互理解与体谅。心理层面的互相牵挂以及互相体贴，为夫妻之间的交换提供了心理保障。江先生挂念家里，积极与家里保持联系。夫妻尽各自对家庭的责任，家里需要钱的时候江先生会寄钱回家；留守在家的彭女士通过自己的实际行动一方面减轻丈夫对家庭的操心，另一方面也减轻婆婆的负担。对此，彭女士没有觉得这是无奈之举，觉得这是自己的责任。江先生则能体谅到妻子在家的辛苦，理解妻子对家庭的付出。总之，江先生夫妇相互牵挂对方，相互理解、相互体谅，同时也尽力承担各自对家庭的责任，使得夫妻之间的关系得以有效维持。

　　对比个案 8 和个案 15，我们发现，两对夫妻在家庭分工模式和家庭资源管理上都是家庭取向的。夫妻互相配合、互相体谅，在维持家庭中尽自己能力去贡献家庭。尽管在家务分工方面存在不平等，两对夫妻在关系上是平等的。客观而言，留守的一方负担更重，但家庭取向的妻子没有去抱怨不公平，她们强调的是对家庭的贡献。只要家庭整体得以改善，她们就愿意在个人方面做出牺牲，甚至牺牲夫妻的共同生活。

二 "互相商量"在夫妻关系维系中的作用："夫妻要商量好"

个案16：严先生有三个儿女，大女儿已经大学毕业，二女儿在读大学，小儿子读高三。他搞建筑装修多年，在没有当上小包工头之前妻子留守在家。

严先生觉得自己在外搞装修挣钱、老婆留守这种"男主外、女主内"的分工"合理"。显然，夫妻这种分工与传统社会性别规范是一致的，夫妻二人都在实践社会性别。家庭取向的他是这么考虑的：一来妻子在家可以减轻父母的负担，二来妻子外出的条件还不具备。他说："她在家跟老人家一起种田，老人家比较清闲。再一个自己出去那会儿还不是小包工头，而是给别人打工。等自己独立，自己（也能）成为一个小包工头，就把老婆带出来烧火。自己给别人打工的时候把老婆带出来干吗？"

他认为，只要"夫妻商量好了"，夫妻之间的关系就不会因为分居而受影响。正因为严先生的外出以及妻子的留守是夫妻商量好的，所以夫妻二人都能够在关系不受影响的前提下履行各自对家庭的责任。严先生外出打工挣钱，履行养家糊口的责任，扮演的是工具性角色；妻子留守在家帮助公婆和照顾孩子，履行的是持家以及尽孝的责任，扮演的是表达性角色。夫妻尽管分工不同，但都在贡献家庭。

严先生表示，外出打工是因为经济原因，履行自己作为父亲对子女的责任。他说："为了钱，那时候家里很穷，三个小孩还小，自己作为父亲不能让小孩在家里受苦。"正如有研究指出的，中国社会是伦理本位的社会。"父义当慈，子义当孝，兄之义友，弟之义恭。夫妇、朋友乃至一切相与之人，莫不自然互有应尽之义。伦理关系，即是情义关系，亦即是其相互间的一种义务关系。"（梁漱溟，2005：72）

出门的主要目的是挣钱，是履行养家糊口的责任，他戏称自己是"挣纸票的工具"。挣钱主要花费在培养孩子读书上，还要寄给父母，2007年拿了近一万块钱回家。他打工挣的钱大部分是给当家的父亲，小部分给妻子。他表示："老婆没钱，那怎么行？"

严先生不仅从经济上贡献家庭，而且从行动上表达对妻子以及家人的爱。严先生告诉笔者，他每年外出打工回家都会给妻子及家人买衣服。他说："大大小小老老少少，家里所有人的衣服放在一个书包里，回家的时候带回家。就这样，大也有，小也有，少也有，老也有。"因为经常给妻子买衣服，因此他知道妻子衣服的尺码。他说："自己买习惯了，困难的时候衣服买假点的，不困难的时候买好点的。一直都有买，一年买两套，每个人都有。"

严先生大部分时间出门，家里的活全部是妻子和父母做，他理解妻子和父母在家里"很辛苦！"家里人也体谅他在外的辛苦。他说："每次打工回家，父亲知道我在外面做够（累）了，不会叫我去动，田里面的活父亲等家人不会要我去帮忙。"严先生回家也有帮忙做些家务，如偶尔帮忙烧火、喂猪等。

从严先生的上述话语中我们发现，他是家庭取向的，他的所作所为都是在尽其作为儿子对父母的孝、作为父亲对子女的义务，以及作为丈夫对妻子的爱与体谅。他之所以会这么做，部分是受儒家文化的影响，部分是受社会性别规范的影响，部分是因为夫妻之间的关系很好。这从他外出行动的决策过程可以看出，他外出打工的行动得到了妻子以及家人的支持。

严先生不仅在打工回家时会给妻子买衣服以表达对妻子的爱，平时也会通过电话以及回家探亲等方式与家里保持密切联系。他说："每个星期都会打电话回家。镇上一开始装电话的时候家里就装了，花了一千多。没写信回家，写两个字经常写错别字，说说话就好。每个礼拜六晚上都会打电话回家。有放假就回家，否则就没回去。在上海的时候做了半年多才回家，自己开车的时候经常回家。一般逢年过节才回家，端午节、中秋节和春节，不管活再怎么紧都回家。"

由于出门是为了挣钱以履行自己对家庭的责任，这使他能够忍受夫妻分居生活。对此，他表示已经习惯了。他说："习惯了，没法的，为了两个钱。如果有钱大家都会享受，因为没钱你要到外头挣钱，必须要这样做。要顾到家来，到外面挣到钱来。只能这样，没办法的。"搞装修挣钱养家糊口，他觉得自己的付出是值得的。他说："值得，完全值得，怎么会不值得呢？不值得的话为何要出门？这个不用说，肯定是值得的，这个也是没法子的。"

严先生长期出门，妻子留守老家，夫妻之间的关系没有受到影响，因为这是"夫妻商量好了"的。出门是为了挣钱，为了家庭。他尽力履行自己作为男人的责任，挣钱养家糊口，寄钱回家供子女上学，给妻子钱用。虽然外出使得夫妻之间无法过上正常的生活，但挣钱养家糊口的强烈责任感使得他能够忍受这种夫妻分居生活,对此他也备感无奈。尽管与妻子两地分居,但严先生通过各种方式保持与妻子和家庭的联系,每年都会给妻子买两套衣服,以表达对妻子的爱。他也体谅妻子在家种田的辛苦,每次打工回家他都会帮忙做些家务。对家庭的付出也得到了妻子和父母的理解,每次在他回家的时候,都不会叫他去田里干活。因为出门是"全家人都支持"的家庭策略,外出是夫妻"商量好的",而且他主动地通过各种方式维持与妻子的联系,因而夫妻之间互相体谅。当然,更重要的是他履行了对家庭的责任,因此夫妻关系没有因为他的外出而受到影响。可以看出,家庭取向的严先生强调的是对家庭的贡献,牺牲夫妻的共同生活。显然,严先生夫妇之间的交换也是关系取向的社会交换,这种交换方式由社会规范引导,强调的是对家庭的义务而非个人的权利。

三 情感在夫妻关系维系中的作用:"要有感情基础"

个案 17:江先生一家四口,妻子、儿子和母亲。江先生 2002 年以前在厦门的时候是半工半农,没活干的时候就回来。那时他在厦门做泥水,江女士留守在家里务农。江先生之所以没带妻子一起出去,是因为条件不具备。他说:"那时候自己去给别人做点工的,那不像现在自己干。"

江先生认为,夫妻关系取决于有没有感情基础。他说:"这要看你个人的立场,如果你对你老婆没感情,那么在家里也一样。有感情跑到哪里还不是一样?主要看有没感情基础,如果有,那么就不会受影响。"

他在厦门打工,妻子在家里,原来他要做的活现在都是由妻子来做,因此妻子在家里很辛苦。当笔者问他:"你理解吗?"对此,他强调的是家庭成员对家庭的义务。他说:"这谈不上理解不理解。如果要搞成一个家庭,必须要两个人相互分担,那如果你在家里整天吃饱了睡、睡饱了吃,那怎么讲你呢?"

江女士也认为外出打工挣钱是丈夫的责任,而自己的责任则是搞好家里的事情。她说:"他在家里也没帮忙干什么,农活他不会做,挣钱是他的事。"

从江先生夫妻的上述话语来看,夫妻是家庭共同体的成员,他们都强调各自对于家庭的责任。江女士建立了关于男人与女人的类型范畴,在她看来,男人的责任就是挣钱,自己的责任则是持家。夫妻各自按照性别范畴行事。正因为夫妻都在实践社会性别,因此江女士觉得夫妻的这种分工合理。

江先生出门做工是为了挣钱,改善家庭的生活,打工挣的钱有的是回家的时候带回去的，也有的是寄回去的。挣的钱一般是用于家庭开支，用于房子装修。江先生扮演的是工具性角色。

江先生保持与家里的密切联系。他说："那时候通信比较差，有事的时候还要托人转告。那时候传呼机都不是随便人买得起，等到自己有传呼和手机的时候就比较方便了，随时随地都可以跟家里联系。"

夫妻互相想念，对此他说："想念家里那肯定会的，家里毕竟是家里。我会打电话回家，没手机的时候打得少些，有手机后就打得比较多了。"对此江女士笑着说："会挂念，心里想是会想，想也没用，管他呢。"

外出打工是家庭生活所迫，江先生对分居生活倍感无奈。他说："生活所逼，没办法，如果有钱，谁要往外面跑？最主要家庭经济方面，如果经济允许，谁也不会往外走。"

在江先生看来，去厦门打工"最关键的是经济原因"，没有带妻子去是因为"那时候是给别人做工，不是自己干"。一个人独自在厦门打工，家庭主体在老家，他认为夫妻分居是不正常的，不过因为"生活所逼，没办法"。在江先生看来，如果夫妻之间彼此有感情基础的话，即使夫妻不在一起，关系也不会受影响，"有感情的话跑到哪里都一样"，他也积极保持与家里的联系。在外打工的江先生会想念家里，他会打电话与妻子联系，没有手机的时候打得少些，有手机后打得多些。留守在家的妻子也会挂念在外打工的老公。江先生在外打工是为了挣钱，改善家庭生活，打工挣到钱后他会寄回家。夫妻之间的钱不分你我，谁要用都拿得到。家庭本位的江先生夫妇履行各自对于家庭的责任，尽管夫妻分工不同，但彼此都承担自己对于家庭的责任。江先生在外挣钱，江女士则留守家里务农和料理家务，用江先生的话说就是"一个家庭必须要夫妻两个人相互分担"。显然，江先生夫妇实行的也是关系取向的社会交换，这种交换强调夫妻对家庭的义务。在江先生看来，夫妻之间的关系更多是功能性的，即履行对家庭的责任。正因为夫妻二人有感情基础，也因为夫妻都按照社会性别规范履行各自对家庭的责任，因此夫妻关系没有因为空间的阻隔而受影响。

四 一个特殊案例

子女在夫妻关系维系中的作用："看在儿子的面上"

这是一个特殊案例，与前述几个个案不同，该个案中个人取向的丈夫不顾家，没有履行其对家庭的责任，这使得家庭取向的妻子有了不公平感。

个案 25：沈女士 40 岁，一家四口，丈夫和两个儿子。丈夫罗先生 2003 年开始去厦门，在建筑工地上做工。丈夫去厦门做工，头三年过年都没回家，三四年来一分钱都没寄回家。丈夫的不顾家行为使夫妻关系受到严重影响，甚至到了要离婚的地步。

在厦门打工的丈夫不顾家，只顾自己，不寄钱回家履行自己对家庭的责任，也不回家过年，夫妻之间的关系受到严重影响，沈女士把丈夫当作不存在了。她说："唉，那时候觉得这个人（丈夫）没了，死掉了，很想跟这个人离婚，他没有一样像话。（离婚之事）在哥哥面前讲过几次。哥哥说，你要看儿子一面，你跟他离婚也是这么大的事，不跟他离婚也是这么大的事。你儿子这么大了，不是还小，离婚了还可以带。现在儿子这么大了，你没办法了，就当没这个老公好了。"

之所以没有跟丈夫离婚是出于对儿子的负责，看在儿子的面上。家庭取向的她说："自己就是看两个儿子的面上，只会看儿子的面。像他那么多年，觉得没什么好看的了。真的只会看在两个小孩的面。小孩是自己生下来的，如果你自己不理，小孩如果变成叫花子（指乞丐），会害小孩一辈子。没办法，小孩生都生出来了。自己当时只会想尽自己的能力去做，自己能做多少就做多少，自己做不到就没办法了。"

通过沈女士的上述话语，我们看到亲子关系在维系夫妻关系中的作用。尽管丈夫没有尽到对家庭的义务，但考虑到子女的存在，沈女士依然选择了维持婚姻。由于是自己生的儿子，她认为自己为儿子的付出值得。她说："为自己生的子女怎么会不值得呢？当然值得。自己生下来的子女，什么都是为了子女，自己累到死都值得。"

她表示不知道丈夫什么时候决定要回家。她说："只有他的朋友才知道，因为他没跟我联系。"由此看出，沈女士与丈夫的关系确实很差。

2007 年中秋节丈夫回来，过完节又出去了。丈夫回来的时候，她没理睬他，对此她坚定地说："真是没理睬他，反正想得很绝。他去了这么多年，什么都不要，连家庭都不要。"她害怕丈夫回来，对丈夫的感觉已经很陌生。她说："感觉自己会怕他回来了，觉得这个人好像跟陌生人一样了，就跟不认得的人一样。他去了这么多年，又没见过面，又没怎么样，就跟陌生人一样。就这样，感觉怕他回来。两个小孩也当作他不回来了，父子没感情了，他都没管。"说到此她哭了，眼圈红红的，充满了泪水。

沈女士表示，好男人不在于会挣钱，而是要沉着、诚实，能承担家庭的责任。她说:"不是说碰到的男人就要很会挣钱,但是要碰到一个沉着的男人,能够依靠得上,你说是不是?如果会挣钱的人把钱乱花,跟你什么都没协商那也没用。反正种田的人,你只要碰到这样的男人,比如种田,重的男人去挑,不能(说)重的也要女的来挑。做事情不能欺骗对方,比如跟别人赊账的不能说是自己付钱买的,等到别人去你家要钱的时候你又会气得半死。"

尽管自己干活辛苦,但由于丈夫不顾家,没有尽到其对家庭的责任,因此家庭就不如别人,为此沈女士感叹人生的不公平。(在访谈中,沈女士说到伤心处多次落泪——笔者注)

"唉,常常觉得做人很没意思,反正很多烦恼的东西。在小儿子面前说做人好不公平,儿子说不公平的东西多。天下不公平的东西很多,为何有些人轻轻松松吃好穿好,自己辛辛苦苦还要吃苦穿烂?其他人随便过的生活都比自己好。"

显然,沈女士与丈夫也是遵循关系取向的社会交换,强调夫妻各自对家庭的责任。因为丈夫没尽到对家庭的责任,使得沈女士产生了深深的不公平感。之所以会感到不公平,最主要是自己嫁了个不顾家的丈夫。她尽了自己的能力去贡献家庭,但由于缺少丈夫的配合,家庭不如别人。坐在旁边的婆婆说:"总不可能一辈子都这么累?"沈女士回答说:"怎么不会?命运就是这样。女人如果嫁的老公不好,老公会制得你一辈子死,制得你死,制得你很死。不是自己好高,自己干活不会赢不了别人,但是家庭就不如别人。干活,这么多妇女当中,我挑赢得别人,做也赢得别人,但是家庭就比这么多妇女穷,就赢不了别人,你说是不是?"

丈夫外出后,沈女士与丈夫之间的关系受到了严重影响,已经到了要离婚的地步。部分原因是丈夫搞婚外情,更主要是因为丈夫对家庭没有责任感。有研究认为,当男方不体贴妻子、不履行对家庭的义务时,妻子就会产生不平等的感觉(左际平,2002:56)。沈女士就因为丈夫的不顾家行为,产生了不公平感。这种不公平感源于丈夫未能履行对家庭的责任,一个家只靠沈女士一个人维持。丈夫不顾家,虽出门打工多年,但没寄钱回家,没有履行自己作为丈夫和父亲的责任。丈夫外出几年很少跟家里联系,电话打得少,连续几年过年都不回家,夫妻关系到了破裂的边缘。沈女士多次提出要跟丈夫离婚,后来之所以没有跟丈夫离婚,接受丈夫回家,有如下几个原因。一是看在儿子的面上。为了两个儿子辛苦支撑整个家,两个儿子已经长大成人。二是亲属的帮助与劝说。正因为亲戚照顾得到,沈女士慢慢想开了,就不想离了。三是村庄舆论的影响。丈夫"不顾家"的行为在村庄引起了很多议论,受到村庄舆论的有力谴责,沈女士顾家的行为则受到了村庄舆论的肯定。

本节探讨了单流动家庭的夫妻关系维系,以及在此过程中展现出来的夫妻平等问题。笔者探讨了影响夫妻关系的经济因素、心理因素、情感因素等。通过上述分析,我们发现农民工夫妻之间的交换模式受到了其他因素的影响,如夫妻之间是否相互信任、是否相互理解、是否有感情基础等。也就是说,探讨农民工夫妻之间的关系,不能仅仅考察互动中的夫妻关系,还必须超越互动情境,考察互动情境之外其他因素的影响。

我们发现,绝大多数农民工夫妻是家庭取向的,他们的交换模式是关系取向的交换模式,这种交换模式受社会规范引导,强调的是对家庭的贡献、对家庭的义务,强调家庭关系的和谐。农民工夫妻为了履行各自对家庭的义务,牺牲了夫妻的共同生活。笔者认为,只有夫妻双方都努力贡献家庭,留守妻子才会有公平感。如果夫妻一方秉持个体本位,只顾自己而不顾家庭,那么另一方就会感到不公平。

绝大部分家庭夫妻关系得以成功维持,原因在于外出丈夫与留守妻子拥有共同的目标;夫妻互相理解、互相信任;外出丈夫能动地维持与妻子的关系;夫妻拥有感情基础;夫妻坚持家庭本位,都尽了各自对家庭的责任。因此尽管留守妻子在家负担较重,也比较累,但是她们没有感到不公平。个案25则从反面说明如果丈夫没有尽到其对家庭的责任,那么留守妻子就会感到不公平,夫妻关系就容易受到影响。

前面提到,外出务工是为了多挣钱,以改善家庭经济。访谈对象普遍反映外出务工或经商是无奈之举。丈夫外出、妻子留守,彼此忍受着不在一起的分居生活,夫妻双方为了家庭利益牺牲了正常的夫妻生活。外出丈夫在他乡挣钱回家,留守妻子在家乡负责农田的生产和农作物的收成,同时承担起料理家务的重任。尽管分工不同,但他们都是在尽各自对于家庭的那份责任,都是为了心中共同的家。尽管面临与妻子空间的分隔,但外出的丈夫通过各种方式能动地维持与妻子和家人的联系,情感方面如经常性的电话交流、爱的商品化如给妻子购买礼物,经济方面的联系如汇款回家，等等。案例 25 中沈女士与丈夫的关系受到了严重影响，原因主要在于罗先生没有尽到自己作为丈夫和父亲的责任。沈女士多次要求离婚，之所以后来没有离婚，主要是看在两个儿子的份儿上。

通过上述个案的分析，我们发现农民工对于家庭的经济支持只是维系夫妻关系的因素之一。本研究认为，维系单流动家庭夫妻关系最深层次的纽带是儒家文化所强调的伦理本位和家庭本位的价值观念。丈夫外出、妻子留守的安排是为了家庭的整体利益，是服务于改善家庭的生活，共同的目标使得夫妻即使不在一起共同生活也能共同履行各自对家庭的责任。外出的丈夫通过在外务工或经商挣钱来履行自己作为丈夫和父亲的责任，而留守的妻子则通过完成农业生产任务和料理家庭来履行自己作为妻子和母亲的责任。外出的丈夫与留守的妻子通过密切的合作来共建家园。农民工夫妻之间的交换是如 Curtis（1993）所说的社会交换，或如左际平（2004）所说的关系取向的交换。不同于追求公平的市场交换，关系取向的交换强调的是夫妻对家庭的义务，这种义务是由社会文化规定的。夫妻通过履行文化规定的角色来贡献家庭，如丈夫外出从经济上贡献家庭，妻子留守则从农业劳动和家务劳动上贡献家庭。尽管贡献的形式不同，但夫妻对家庭的义务是一样的。

通过案例 25 我们发现，是否拥有子女也是夫妻关系能否得以稳定维持的重要因素。费孝通先生的家庭三角形理论认为，夫妇和儿女组成了社会结构的真正的三角，夫妇之间关系的稳定靠的是子女。费先生形象地把夫妇和子女之间的关系比喻成三角形的三边。在没有儿女之前，夫妻之间的关系是不稳定的，因为缺少固定夫妻关系的第三点，而儿女就是组成三角形的第三点。这也从另一个侧面反映了中国人的家庭观。正如费孝通先生所讲，中国人的家庭注重纵向关系而不是横向关系。在中国农民看来，传宗接代是家庭的核心。只要这项事业完成了，家庭成员（包括夫妻之间）是否共同生活就成为次要的事情了。虽然夫妻之间是否共同生活在维系夫妻关系中不是那么重要，但在当下中国，在大量农民外出务工或经商、夫妻经常面临不在一起共同生活的情境下，夫妻之间关系要得到有效维系需要互相信任、互相理解，夫妻之间要有感情基础。

通过上述个案分析，笔者发现家庭取向的农民工夫妻，尤其是留守妻子们追求的公平不是家务劳动、家庭权力分配等的绝对公平，而是对于家庭的贡献、对于家庭的义务。只要夫妻双方都尽各自的能力去贡献家庭、服务家庭，那么夫妻双方尤其是留守妻子就不会有意见，就不会有不公平感。正如个案24中的付女士所言："一家人做多做少分不平的，为了一个家，多做少做不要紧。"

小结

本章发现，农民工夫妻流动给农民家庭带来了影响。首先，丈夫的外出让夫妻由共同生活变为分居生活。其次，丈夫外出、妻子留守使得夫妻之间的分工发生了变化，丈夫由原来务农转为从事非农职业，妻子的责任则仍是务农以及持家。再次，夫妻分工的变化使得夫妻各自承担的责任发生了变化，丈夫外出打工或经商履行其对家庭的经济责任，扮演的是工具性角色；妻子留守在家既从事农业生产，又从事家庭的再生产，即既要扮演工具性角色，又要扮演表达性角色。因此客观而言，留守妻子的责任比丈夫更大。最后，丈夫的外出使得留守妻子的家庭权力增大了，之所以会增大，部分是因为丈夫权力让渡的结果，部分是维持家庭的需要。丈夫外出后，夫妻二人共同分享家庭权力。家庭的日常事务基本由留守妻子负责，家庭大事则主要是由夫妻共同协商。

然而，丈夫外出并没有从根本上改变夫妻之间的权力状况，部分是因为丈夫外出后，其对家庭主要事务的影响并没有因为身体的缺席而消失，他们或者在外出时交代妻子如何管理农业生产，或者打电话叮嘱妻子如何做。也就是说，丈夫外出后依然扮演管理者的角色，而妻子依然扮演执行者的角色。部分是受儒家伦理本位和家庭本位文化的影响，农民工夫妻之间的交换是关系取向的，这种交换强调的是夫妻关系的和谐和利益的一致，强调的是夫妻对家庭的义务。家庭整体的利益抑制了个人对其利益的追求。家庭取向的农民工夫妻尤其是留守妻子追求的不是个人的权利，而是家庭整体利益。有研究指出，在中国，传统家庭文化历来排斥为个人争权利、争自由的行为（左际平，2002）。部分是因为家庭权力是一种能力，家庭事务是谁晓得谁决定，而不是谁挣钱挣得多或者只要是男人就有发言权。家庭权力是服务于家庭的，而非为个人服务。有研究指出，在集体化家庭中夫妻间的交换强调夫妻关系的和谐，家庭事务的决策内在地为集体服务（Jiping Zuo and Yanjie Bian, 2005）。正如个案8中的彭女士所说："没讲什么权力不权力，只要家庭和睦，只要对家庭利益比较大，只要对家庭有利。自己最在乎的是家庭和睦。家庭不和睦，名声不好。"

第五章　双流动家庭的夫妻平等问题

笔者在第三章提到，农民外出务工或经商是农民家庭的一种策略，为的是增加家庭的收入，改善家庭的生活。外出确实改善了农民家庭的经济状况，在农业收入之外开辟了新的经济来源。研究发现，农民外出采取的是家庭阶段性流动的方式，初次外出首选对象一般是丈夫。丈夫的外出引起了家庭结构、家庭夫妻分工的变化。随着外出经历的增多以及能力的提高，率先出门的丈夫在打工或经商所在地渐渐站稳脚跟，这时家庭的流动进入到"夫妻共同外出"阶段。

那么，夫妻共同外出的家庭决策是如何做出的呢？与流动前相比，流动后夫妻性别关系会否发生变化？原因是什么？

第一节　双流动家庭的决策与夫妻平等问题

Hondagneu-Sotelo（1992）在对墨西哥移民的研究中发现，墨西哥已婚妇女移民到美国遭到了先前移民到美国的丈夫的反对，尽管她们通过各种方式来实现与丈夫在美国的团聚。丈夫在1965年前移民美国的墨西哥妇女多通过动用家庭成员及其亲戚来说服丈夫，从而移民美国；丈夫在1965年后移民美国的妇女大多是依靠其他移民妇女的帮助来挑战丈夫，从而移民美国。Hondagneu-Sotelo对此的解释是丈夫独自移民美国所导致的夫妻长期分居弱化了丈夫的权威，与此同时却增加了妇女的自主权和妇女在家庭中的影响。

笔者依据夫妻在决策过程中所起作用的不同，把家庭决策分为夫妻共同协商的家庭决策、丈夫主导的家庭决策和妻子主导的家庭决策。之所以要考察外出流动的家庭决策过程，是为了了解决策过程中展现出来的夫妻权力关系。为了更好地理解外出决策过程中所体现的夫妻权力关系，必须超越夫妻决策的具体情境，考察社会经济文化背景的影响，如社区背景、家庭背景的影响。

一　夫妻共同决定的家庭决策与夫妻权力平等

（一）"共同开店"的家庭决策与夫妻权力平等

个案 15：2006 年之前罗先生一个人出门做工，之后他不再为别人做工，而是自己开店。2006 年他与妻子严女士在县城开了快餐店，2007 年夏天开始在厦门开饮食店。

之所以在县城开店主要出于家庭的考虑，罗先生说："考虑到大人的身体，父母年纪大了，身体越来越差，（在县城开店）家里有什么事比较好办。头一年在海口的时候，父亲住院，那么远一下子回不来。再怎么样住院也是比较大的事，但是自己在外面，距离家里那么远，想回到家里但是没有那么容易到家。县城离家里比较近，家里有什么事照顾得到。那时候没有一点生意的头脑和基础。"

显然，罗先生在县城开店是为了方便照顾父亲，可以说是家庭因素中的父子关系以及儒家孝文化影响了罗先生开店的决定。

来厦门开店最直接的原因是县城的店开不下去了，他说："最主要的是前年在城里没法做下去了。"严女士则是不想再种田了，不仅如此，也不想给别人打工，对此她说："过完年不想在家里种田了，想出来打工。我会做的他不会做，他会做的我不会做，问题就变成打工也不是一个好办法。总之有这样一个想法：打工永远是打工，不想世世打工。意思是自己没有本钱，如果自己有本钱、有这个能力的话，小小的生意也觉得比打工更有味道。有这样的想法，打工毕竟要受人管。"

从严女士的话语中我们可以看出，她是家庭取向的，她既考虑到自己的出路，也考虑到丈夫的出路，而开店则恰好可以满足这一点。

去厦门开店是夫妻共同做的决定，严女士说："两个人做好了决定，问好了人。我去跟别人学做泡粉这个技术，他去找店面。他找到店面，我学到技术就开始开店。"

2006 年，出于家庭的考虑，罗先生就近在县城与妻子一起开快餐店。开店虽没挣到钱，但收获了经验。2007 年过完年，严女士觉得，一是种田很辛苦很累，效益又低；二是出来给别人打工也不是好办法，不想一辈子给别人打工。经过多方面考虑，夫妻二人共同决定继续开店。夫妻共同外出开店是商量好、筹划好的。无论是之前他一人外出做工还是现在夫妻共同开店，都是夫妻俩商量好的，都是夫妻共同做的决定，都是为了家庭，都是服务于多挣钱改善家庭生活，因此都是家庭的策略性安排。罗先生与严女士在家庭权力上是平等的。

（二）"共同打工"的家庭决策与夫妻权力平等

个案8：江先生30岁，2007年之前因为孩子还小需要人照顾，他与妻子彭女士上半年在家里种烟叶，下半年他出门做工。2007年，孩子可以进幼儿园了，他与妻子一起来厦门进厂打工。

夫妻二人之所以共同外出打工是出于多种考虑。一是孩子的照顾及教育。彭女士说："小孩可以送去幼儿园了。"二是种烟叶辛苦，体谅父母。她说："在家里种烟更自由，但是比较辛苦，出去干活要雨淋日晒，在家里会更累。在外面更不自由，工厂管理比家里严，但更单纯，事情少，毕竟是上下班。我们出来后两个老人还是有这个能力去种那些田，只不过是没种烟。"三是外出打工可以拓展家庭经济来源。她说："在家里种烟很累，夫妻都在家里的时候多种点烟，其他都是家里人顾得到的。自己在家里也是这么多收入，夫妻不在家里也是这么点收入。自己不在家里就少种点烟，自己出来的话大人不用种烟，可以清闲些。经济有来源了，意思是收入分为两路比较好，我们在这里挣钱，公公婆婆在家里种田。我们在家里种田也只有这么多田，我们来这里挣钱的话可以多积累点钱。如果在家里的话，就只有偶尔帮人做点小工，收入比较少。"四是为了家庭过上好的生活。"挣钱的目的是为了能够过上比较好的生活，以后盖栋房子，然后好好培养小孩。"

从彭女士的话语中我们可以看到，影响夫妻共同外出的家庭因素，首先是亲子关系，儿子长大了可以进幼儿园了，由此孩子的照顾和教育问题得以解决；其次是与公公婆婆的关系，夫妻二人外出打工，公公婆婆就可以不用继续种烟叶，这样可以减轻公婆的负担；再次是考虑到外出可以从根本上改善家庭经济。外出打工最终是为了改善家庭的生活。

夫妻都觉得出来比在家里好，共同外出是夫妻二人共同决定的，为了能够过上比较好的生活，同时减轻家庭的负担。

个案15和个案8，夫妻共同外出开店或共同进厂打工，都是夫妻共同做的决定，夫妻关系都是平等的。外出决策过程中，我们不仅看到了夫妻之间的平等关系，而且看到了影响外出决策的家庭因素。也就是说，不能仅仅停留在对外出决策过程中夫妻关系的分析，还须超越具体的互动情境，探讨其他因素的影响。唯有如此，才能更好地把握夫妻关系。

二 丈夫主导的家庭决策与夫妻权力不平等

（一）"男跑业务、女料理家务"的家庭决策与夫妻权力不平等

个案5：马先生40岁，2004年出来跑业务，在生意没稳定之前，妻子刘女士先是留守家里（在镇上开缝纫店），后到厦门打工，2005年下半年过来跟丈夫在一起。

马先生出来跑业务是出于发展以及改善家庭生活的目的，他说："为了将来有更好的发展，一家人能够过上比较好的日子。"出来的决定有跟家人和妻子商量过。刘女士对于丈夫跑业务持支持态度，她说："反正男人提出来合理的就鼓励他去做。"从马先生夫妇的话语中我们看到，外出决策受到了家庭因素和父权文化的影响。

马先生最初外出跑业务是他自己做的决定，虽然征求了妻子以及父母的意见，但最后是他自己拿的主意。后来妻子过来照顾他，也是他做出的决定。2005年下半年，由于家庭经济好转，他做出决定叫妻子过来照顾自己的生活起居，方便做生意。对此他说："当时经济有点好转，自己的老婆嘛比较了解自己的生活起居呀、生活习惯呀。再说夫妻在一起，生活比较安定，出去做事也比较放心。"

在访谈中，刘女士跟笔者提到她没有直接来丈夫这里而是先去厦门打工的原因。她说："那时家庭经济比较困难，来这里怕找不到事情做。他出来时间还不长，那时他的生意也还没稳定下来，还在最艰难的时候，所以自己能够帮得到的就帮点，主要是以男人为主。"

之所以没继续在厦门打工而是过来照顾丈夫，是为了使他生意做得更好。她说："去厦门打工的目的是多挣点钱，然后来这里能够让他生意更好，照顾他，还是以他为主。"出来跑业务的最终目的用她的话说是："为了多挣点纸票，过好自己的家庭生活，钱不会那么紧张，有屋子，各方面基本可以就好。"

从上述马先生夫妇的话语中我们看到，马先生夫妇都是家庭取向的，他出来跑业务是为了将来有更好的发展，为了整个家庭过上好的生活。在

经济好转、生意稳定后,他做出决定让妻子过来照顾他,以便更好地做生意,也是为了家庭着想。从外出决策过程我们可以看到,马先生与妻子之间在权力上是不平等的。家庭取向的刘女士选择了服从丈夫,她处处以丈夫为主,以家庭为主。虽然家庭权力掌握在马先生手中,但家庭取向的他把权力用于服务家庭而非个人。

(二)"男做大工、女做小工"[①] 的家庭决策与夫妻权力不平等

个案17:江先生,35岁,初中文化,泥水工,在2002年之前是他一个人外出做工,2002年开始带妻子出来。

江先生一个人外出是他自己做的决定,遵循老家男人做决定的传统,没有跟妻子协商,只告诉妻子自己准备去哪里。对此他说:"这没必要协商,像我是自己先出来,感觉出来在经济条件方面绝对会比家里好一点。我们那里都是这样子——由男的决定,做出决定后就跟老婆讲自己准备去哪里。"外出没有遭到妻子的反对,他说:"不可能会反对。从这里(龙岩)回家(永定)也不会很远,现在交通比较便利。"

江先生的外出决定显然受到其老家(农村社区)亚文化的影响,老家存在着男权传统。他遵循老家男人做决定的传统,为自己的外出决定寻求合法性解释。

2002年夫妻俩出来,主要是出于经济的考虑。江先生说:"是经济原因,最关键是经济原因。"家乡人多地少,种田仅能解决温饱。他说:"家里人多地少,像自己家里种双季水稻,一年收成不到一千斤,一年要买半年的粮食。如果在家里,刚好解决温饱。"丈夫的观点得到了江女士的证实。她说:"没有钱来存,反正一年干到晚省点钱,这点钱过完年就没了,第二年又得从头开始。"

外出是经济所逼,他说:"相对来说,口袋里还能剩下几块钱的话何必往外跑,在家里像现在这个时候自己就可以在老人协会玩了,书上写的田园生活应该就是这样的。没办法,(形势)迫使你出来。加上这些年水果价格一直跌,以前柿子一斤两块多,现在一斤差的平均还不到两毛钱。"

江女士补充说:"漂亮的大个柿子才三四毛钱一斤。"江先生对妻子的观点做了进一步补充:"自己家的柿子价格相对来说还好点,平均也就三

---

① 大工指的是技术工,小工则是粗工。

四毛。像我们自己没劳力的话,说真的,连请人除草打药的工钱都卖不到。请人采柿子一斤两毛,这是工钱,如果只卖两毛多那还不如不采了。"

因经济原因出来打工,打工是为了改善家庭生活。他说:"对呀,那当然是为了改善一个家庭的生活。"

之所以叫老婆也出来,是为了多挣钱。他说:"我要请人,要花钱。她在家里又挣不到这种钱,为何不叫她出来?与其叫别人做,还不如叫老婆来做。"

受社区亚文化(父权文化)的影响,江先生独自做出了外出打工的决定,他没有跟妻子协商,只告诉妻子自己准备去哪里。因为老家的传统是男的做决定,因此他的行动具有合理性。正因为如此,妻子没有反对他外出务工。外出务工受到社区因素和家庭因素的影响。首先家里人多地少,一年要买半年的粮食;其次是种水果没效益,在家里刚好解决温饱。2002年开始江先生不再给别人做工,而是包活自己做,因此带妻子出来。妻子外出的决定也是江先生做出的,最主要的还是家庭经济的原因。从外出决策过程看,江女士与丈夫在家庭权力上不平等。然而,我们不能仅停留在家庭权力分配方面,我们须看到,江先生是家庭取向的,外出打工是为了改善家庭,他所拥有的家庭权力是服务于家庭而非个人。

三 妻子主导的家庭决策与夫妻权力不平等

个案 28:罗先生一家四口,夫妻俩以及两个儿女,母亲于 2007 年去世。在 2004 年以前罗先生一个人外出做工挣钱,妻子留守。从 2004 年开始夫妻不再继续种田,而是共同外出做工。

之所以一起外出打工,一是考虑到种烟叶收入不好,二是孩子长大需要用钱。罗先生如此说:"烟叶烤得十分丑,烟种得十分好,但烤不好,只能收到三四千块。烤烟房又一直修,拆开来重装,装了又拆,拆了又装,还是烤不好,因此无论如何都不想种了。小孩越大越需要钱,因此才出去。如果不是烟叶烤不好还不会出去,烟叶收入最多才四千多,人工浪费很大。"

张女士与丈夫千方百计地想办法挣钱,无奈均告失败,因此最终下定决心外出。她说:"种烟没能挣到钱,就种香菇,投了一万多块本钱,又没挣到钱。种西红柿也要很多成本,种了一千多棵,这些都未挣到钱。在家里想了很多办法挣钱,就是挣不到钱,因此我就火了,跟老公说明年不种烟,田借给人种,出门做工。老公说,小孩还小,我妈又那么老了,没人照顾。我说，没办法，不理那么多，小孩如果真的会读书，那怎么办？是我发火要出去的。出去能挣得到小孩读书的钱就算可以了。"

外出是张女士提出的，没有跟婆婆商量。张女士说："真是我提出来要一起出去的。丈夫没反对，只提了一句：要出去就夫妻俩都出去。他母亲那么老了，没有跟老人商量，只是跟老的说，我要出门，家里种烟挣不到来吃。老人说，你要出去就出去，我省得喂猪。"

张女士的说法得到了丈夫的证实。他说："我们夫妻出门，老人更高兴，意思是家里不种田，她不用晒稻谷更清闲，老人在家没什么负担。"

很明显，罗先生夫妇外出决策受到家庭因素的影响。首先，务农所获取的家庭收入无法满足家庭培养子女的需要。其次，外出打工可以减轻婆婆的负担。夫妻共同外出是张女士提出的，也是她做的决定。外出的主要原因是在家里务农没收入，种田不合算，而儿女越大越需要钱读书。夫妻就外出进行协商，不仅如此，妻子也将外出的决定告知了婆婆。外出决定是张女士提出的，这表明她在家庭有地位，但她表示丈夫的权力更大，她说："丈夫无论什么时候权力都更大。"

在本部分，笔者分析了夫妻共同外出的家庭决策过程及其中展现出来的权力关系。笔者不仅分析了家庭决策过程中体现出来的夫妻关系，而且考察了影响外出决策的其他因素如社区亚文化以及家庭因素。从中我们发现，农民工夫妻都是家庭取向的，外出目的都是多挣钱，挣钱是为了家庭、为了孩子。"为了家庭、为了孩子"在访谈过程中不断重复出现。

与墨西哥妇女外出流动遭到丈夫反对形成鲜明的对比，本研究发现，我国农村留守妇女在外出流动时不仅没有遭到丈夫的反对，甚至很多丈夫主动带妻子外出。那么，为何会有这么大的不同呢？

虽然在我国农村地区父权文化的影响仍然很大，但是正如笔者前面所论述过的，农民外出务工或经商最主要是因为经济，直接目的是挣钱。农民深刻地意识到，待在家里务农没有效益，挣不了钱。外出的间接目的是多挣钱，以改善家庭的生活。当率先出门的丈夫意识到外出务工或经商比在家务农更有效益，当尝到甜头的他们在打工或经商所在地立足之后，安排妻子一起外出便提上议事日程。

留守妇女的外出决定有的是夫妻共同做出的，有的是丈夫做出的，有的是妻子做出的。即使外出决定由丈夫做出，丈夫也会把外出决定告知妻子，妻子们不仅没有反对，反而对丈夫的安排持支持态度。农村妇女早就想摆脱种田的辛苦与劳累，只是因为条件尚未成熟，当机会来临的时候，她们自然很乐意外出。

受儒家文化影响，农民工夫妻是家庭取向的。家庭本位的价值观强调家庭的整体利益，强调家庭关系的和谐，而外出能够改善家庭的经济进而改善家庭的生活。因此尽管在外出决策过程中存在家庭权力分配的不平等，但权力小的一方（主要是妇女）没有对外出决定持反对态度，而是从家庭大局出发，对外出决定持支持态度。家庭权力掌握在谁手中，只是形式问题，因为家庭取向的农民工夫妻所掌握的权力是用来服务家庭的，而非服务于个人。因此，权力小的一方没有为此斤斤计较。她们认识到，无论丈夫率先外出也好，夫妻共同外出也罢，都是服务于家庭经济的改善，都是为了整个家庭，为此夫妻必须互相配合、互相支持。

第二节 双流动家庭的夫妻分工与夫妻平等问题

学界对双流动家庭的夫妻平等问题的研究比较少。已有研究认为，流动推动了性别关系走向平等。马春华（2003）在博士论文中就市场化与农民家庭的性别关系之间的关系进行了研究。该研究发现，农村妇女从市场化程度较低的地区（如川西竹村）流动到市场化程度高的地区（如珠江三角洲地区）会促使农村家庭的性别关系走向平等。在作者看来，市场化给普通农村妇女提供了大量非农就业机会，在特定的非农就业模式（异地就业模式）下，她们获得的就业机会甚至超过男性劳动力。对于市场化对农村家庭性别关系的影响，作者得出了比较乐观的结论：农村女性劳动力外出务工，改变了父权制的生产方式，塑造了新的更为灵活的性别分工模式，突破了父权制婚姻模式对女性的束缚，增强了女性对家庭收入和财产的支配权，改变了作为父权制保障模式基本单位的父系家庭的范围，削弱了"孝"的运作，塑造了新的自我肯定的自我意象和社会定位，减轻了性别偏好意识。也就是说，农村女性外出务工改变或影响了父权制体系的规则和资源，促进了家庭性别关系趋向平等。

该研究的不足在于：其一，该研究仅考察了外出妇女的观点，丈夫（包括留守丈夫以及同样外出的丈夫）的观点没有考察，而研究性别关系仅仅考察夫妻一方的观点是不够的；其二，该研究在未考察流动前农村家庭的性别关系的情况下，就把流动前农村家庭的性别关系预设为父权制下的不平等关系；其三，过分强调经济资源在促进性别关系走向平等方面的作用，忽视了对非经济因素的考察。

上一章提到，丈夫单独外出务工或经商引起了家庭劳动分工的变化。丈夫外出后，家庭的生产劳动和家务劳动大都由留守妻子来承担，有的夫妻跟父母住在一起，因此父母会帮忙分担家庭劳动。"丈夫外出、妻子留守"使得家庭劳动分工呈现跨区域化现象，即丈夫在外从事非农活动，而妻子在家不仅从事农业生产劳动，而且负责家庭再生产劳动。与外出的丈夫相比，留守妇女在家的负担更重，夫妻之间的劳动分工客观而言是不平等的。虽然丈夫外出后，留守妻子在家庭中的权力因为丈夫的让渡而变大了，然而单流动家庭中夫妻的权力结构并没有因丈夫的外出而发生根本变化。

那么当农民工夫妻共同外出之后，作为两性的夫妻关系是否会发生变化？原因何在？

我们通过对访谈资料的分析发现，流动家庭中的夫妻关系不是同质的，而是分为两种：其一是传统的不平等的关系，其二是现代的相对平等的关系。

为了考察流动对夫妻两性关系的影响，我们不仅考察了流动前的夫妻关系，而且考察了流动后的夫妻关系，并对流动前与流动后的夫妻关系进行了比较。既考察妇女的观点，又考察丈夫的观点，以相互印证。

农民工夫妻从市场化程度低的地区流动到市场化程度相对较高的地区，家庭的生产方式与原来的传统农业生产方式不同，夫妻间的家庭分工因此也有了改变。那么，家庭分工的改变是否对夫妻两性关系产生影响？原因何在？

一 传统的夫妻分工与夫妻不平等

（一）男跑业务、女料理家务[①]兼打工与夫妻不平等

1. 男跑业务、女料理家务兼打工与夫妻不平等

个案5：马先生，高中文化，妻子刘女士，文盲。2004年马先生先出

[①] 在这种分工模式下，丈夫主要负责在外跑业务，挣钱养家糊口；而妻子主要负责料理家务，在料理好家务的同时也会去打工，不过她们打工是暂时性的。妻子外出是为了协助丈夫更好地跑业务，解除丈夫的后顾之忧。

来跑业务，2005年下半年马先生叫妻子出来，从此夫妻就租住套房，套房收拾得很干净，很有家的感觉。夫妻不在一起的一年多时间里，他先是一个人住，后来跟同学一起合租合吃，伙食费照交，同学的妻子会帮忙洗衣服。

在这个租来的临时家中，马先生负责业务的事，妻子负责家里。他说："家里的事情基本是她打理，业务上的事情我自己打理。"显然，马先生与妻子之间的分工是传统的社会性别分工，表现为"男主外、女主内"。

夫妻之间的家庭分工是根据能力来进行的。马先生说："根据个人的（能力），反正怎么说呢（笑），长期以来就是这样。"在马先生看来，出来跑业务前，夫妻之间的分工也是根据能力来进行。他说："在老家的时候夫妻之间的家庭分工跟现在一样，全部都是这样，形成了这种生活方式、做事风格。"

外出前，夫妻之间的分工就是"男主外、女主内"，外出后依然维持这种分工模式，即夫妻共同外出并没有从根本上改变夫妻之间的分工模式。

由于夫妻俩各自做自己擅长的事，马先生没有觉得夫妻之间的这种分工不合理。他说："合理不合理怎么说呢？她做家务事还是做得比较清楚的，在饮食方面对我的调理还是比较好的。像业务上的事我也没有去教她，放心不下，怕她做得更差，所以业务上的事情她还是帮不上忙。外头的事我理，家里的事她理，家里的事我也没有过问。"

显然，马先生是从比较优势的角度对夫妻之间的分工进行解释的。在贝克尔看来，虽然市场和家庭部门性别的明显分工部分归因于从事专业化投资的获益，部分归因于男女性别的内在差异。源于生物学上的差异，妇女把大部分时间用于提高家庭效率，尤其是生儿育女人力资本上的投资，因而与男人相比妇女在照料孩子和料理家务方面拥有比较优势。而男人把大部分劳动时间用于提高市场效率的人力投资上，因而他们与女人相比在市场部门拥有优势。因而当人力资本投资相同时，一个有两种性别的有效率的家庭，就会把妇女的主要时间配置到家庭部门，而把男人的主要时间配置到市场部门（贝克尔，1998：39~43）。

自己在外跑业务，妻子主要在家料理家务，马先生觉得这种传统的"男主外、女主内"的分工模式不公平。他说："没儿（不怎么）公平。我也想她去外头多做些事来分担，这样我不会那么辛苦。"

由于妻子主要局限于家庭，因此马先生觉得夫妻之间的分工不公平，但与此同时，他又质疑妻子分担养家糊口的能力。他说："问题是受到诸多因素的限制，她只能够做这部分事情，而我做其他的事情。"

在刘女士看来，男人的责任在于挣钱，女人的责任在于料理家务。她说："男人的责任是去外头挣钱，女人的责任是把家庭搞好，把家务、家里面的（事儿）做好。各人有各人的分工。"对于"男人的主要责任是出去挣钱"这一问题，刘女士说："男主外、女主内"。刘女士认可"男主外、女主内"的分工模式。她说："因为自己不是女强人，自己只能做到这点。"

从刘女士的话语中我们看到，她界定了关于男人与女人的类型范畴，并依此范畴指导自己的行动。显然，她深受传统社会性别分工的影响，认为男人的责任是挣钱养家，女人则是持家。由于夫妻俩都是在实践社会性别，因此她认可夫妻之间现有的分工状况。

其实她也想当女强人，她说："想是会想，但是不可能，因为自己没有这个能力，没有文化。"刘女士从另一个侧面证实了丈夫关于夫妻家庭分工基于能力的观点。

刘女士也表示，夫妻都出来之后，"男主外、女主内"的分工模式"基本上不曾（没有）变"。因为"家务事包括做卫生、买菜、做饭、洗衣服等等，全部都是我做，他没有帮忙做家务"。笔者在田野调查中的发现也证实了这点。家务事都是刘女士做，马先生即使有时间也是坐在沙发上看电视。

刘女士关于"男人的责任是挣钱"的观点得到了丈夫的支持，他说："我们家，养家的责任肯定是在我身上。"

"你觉得养家的责任还是主要由男的来承担？"对此，他从能力的角度进行解释："我也想她来承担，我也想老婆来帮忙承担养家的责任，问题是她受很多的局限性，她想做，可是她能力不够呀，她没有这个能力帮我分担这个养家的责任。但是她已经尽力了，做什么事她都会尽力。我觉得这就可以了。"

马先生从能力的角度对夫妻之间的分工进行了再次解释。他从能力的角度对自己的行为进行了辩护，也从能力的角度质疑了妻子分担养家的能力。与此同时，他指出妻子尽管能力不足，但妻子尽了力去分担家庭的责任。显然，马先生夫妇之间的交换是关系取向的（Jiping Zuo，2004；2008），这种交换模式强调的是夫妻利益的一致以及夫妻对家庭的义务。

事实证明，刘女士确实尽力去分担丈夫养家的责任。马先生说："她上半年也有去服装厂上班。"在访谈中，刘女士告诉笔者，2005年下半年她过来后并没有一直待在租来的家里，而是出去找事情做。她说："我也去做点其他的事情，是去做服装，用电动缝纫机。一年做半年，上半年做三个月，下半年做三个月。2005年过来的时候就开始做了，除了家务以外兼带着做的，今年上半年做了三个多月，一个月一千多。"

之所以去找事情做，主要是出于家庭的责任感，尽自己所能。她说："因为除了家务事外，在家里比较无聊，然后出去做点可以减轻家庭负担，最起码自己的零用钱会有，各方面自己做得到。多少做点自己的事业，凭自己的能力去做。"

刘女士的一番话证实了其丈夫的观点，即她会尽自己的能力去分担家庭责任。表面看来，刘女士找工作是为了使生活更丰富，其实支持她这么做的更深层的原因是对家庭的责任感：与丈夫共同分担养家的责任。夫妻在利益上是共同体，因此有责任分担。

做衣服的工作是无意中找到的，她说："见到了就询问，问了以后觉得划算就去做。上班的时间自己根据家务的时间来安排。"这再次表明了她以丈夫为主，以家庭为重。

上班时间固定吗？她说："不一定，七八个小时、六七个小时都有。没规定上下班的（时间），没去上班之前就讲清楚了的，因为家务做完了剩下的时间才去做的。因为要以家为主，家里面做好了，顺带去外面做。还是以男人为主，要帮他做好了，然后……"她之所以牺牲自己的职业成全家庭，是因为觉得自己能力不如丈夫。她说："可以说看别人看自己，如果你没进步，你就要有这样的思想去做好这个。"

家庭取向的刘女士以丈夫为主，在生活上照顾丈夫，与此同时工作挣钱分担家庭经济责任。刘女士强调的是自己对于家庭的义务，强调的是夫妻之间的相互配合。她以自己的实际行动配合丈夫，这展现了她的家庭大局观。尽管刘女士与丈夫共同分担家庭经济责任，但在家庭权力方面，她选择服从丈夫。

家庭权力的分配方面：丈夫主导家庭事务的决策。夫妻都在老家的时候，家里的决策一般是丈夫做，刘女士仅提供参考意见，她说："一般还是以他为主，因为他毕竟文化比较多，想事比较全面，他说后我给他一个参考。"刘女士做很少家庭的决定，只有她自己范围内的事（如做衣服）

她才会做主。

在这个家中丈夫的权力较大，在她看来，是因为丈夫性格强。她说："他性格比较强，他说什么，如果说得对就服从他，以他为主。"刘女士在家庭权力方面主动向丈夫让步。

访谈过程中，马先生提到，为了更好地做生意，买了一辆轿车。他说："有了交通工具，做事效率会提高。现在经济比较宽裕，置得起车。主要是业务上的需要，客户会觉得你比较有实力。"关于买车，马先生征求了妻子的意见，刘女士同意他买。她说："因为没车不好做生意，要有车才好做，有车生意才能做得越来越大。"买车的事情也说明了马先生夫妻之间的关系，即刘女士从大局出发支持丈夫做事。

家务方面，妻子全包。夫妻都还没出来的时候，在老家刘女士既要在缝纫店做衣服，又要做家务，马先生没有帮忙做家务。但她表示自己不会有不公平感。之所以不抱怨，在她看来是由于不平等。她说："因为自己不是跟他平等。"而这种不平等表现在从事职业的不同。她笑着说："不平等的，因为自己的事业不同，所以不平等的。"

夫妻都出来后，她仍觉得夫妻不平等，她说："还是不平等。"对此，她这么解释："因为自己的职业不同，自己没有这个职业，自己做不了这个职业，文化有限。"刘女士再次将自己与丈夫的不平等归结为所从事职业的不同，职业的不同在她看来是由于能力的不同。

家庭本位的资源管理（Treas，1993）。她说："钱没有谁管理的，他做生意，反正自己用钱就找他拿。钱我也拿得到，钱放在那儿谁都可以拿。"消费上，刘女士可以自主。她说："买衣服什么的可以自己决定。有时候自己一个人去买，有时候两个人去。"

夫妻俩出来跑业务的最终目的是挣钱过好日子，她说："为了多挣点纸票，过好自己的家庭生活，钱不会那么紧张，有屋子，各方面基本可以就好。"尽管出来跑业务要承担风险，也要承受压力，但马先生觉得自己的付出是值得的。他说："这个肯定值得，这是自己必须去面对的。"支撑他承受压力的动力是"为了将来有更好的发展，一家人能够过上比较好的日子"。

刘女士的思想和行为都是家庭取向的，她以家庭为重，以丈夫为主，尽自己的能力贡献家庭。对于丈夫出来跑业务，刘女士持肯定态度，她说："反正男人提出来合理的就鼓励他去做。"刚开始刘女士并没有跟丈夫一起出来，而是留在老家在镇上开缝纫店，后来去厦门打工，目的是多挣点钱，再后来到丈夫这里照顾丈夫，为的是"能够使他生意更好"。她照顾马先生，给他烧火做饭、洗衣服，她说："还是以他为主"。她在料理好家庭的同时也在外面上班挣钱，为的是减轻丈夫的负担，她说："自己是兼带了多做点。意思是多做点，在外头能做点，帮得上就帮，多少做点，减轻他的负担，但是挣不了什么钱的。"

马先生与刘女士之间的分工遵循传统的性别分工模式，马先生在外跑业务挣钱，刘女士在家料理好家务。夫妻都认为，之所以这么分工是由夫妻双方的能力决定的。受传统社会性别规范影响，她认同男人挣钱、女人持家的分工模式。夫妻之间这种"男主外、女主内"的分工是在实践传统社会性别。尽管她认为男人的责任是挣钱，女人的责任是料理家务，但她也尽力去分担丈夫的责任。这表现在她在做好家务的同时，也在外面的服装厂上班挣钱，对此她说："因为除了家务事外，在家里比较无聊，然后出去做点可以减轻家庭负担，最起码自己的零用钱会有，各方面自己做得到。"她利用的是做完家务后的剩余时间上班，对此她说："因为要以家为主，家里面做好了，顺带去外面做。还是以男人为主，要帮他做好了然后……"

刘女士以家庭为基点，以丈夫为主，为了家庭整体的利益，她牺牲自己的职业辅助丈夫做好生意。

家庭权力分配方面，马先生当家，家庭决策基本是他做出的，但也跟妻子商量，家庭取向的刘女士处处以丈夫为主。夫妻共同认为，流动并没有从根本上改变夫妻之间的关系。在马先生看来，夫妻之间现在的家庭分工跟在老家的时候是一样的，刘女士也认为"男主外、女主内"的分工模式"未曾改变"。也就是说，原有的性别分工复制到了流入地（谭深，1997：44）。

家务方面，刘女士承担了全部的家务，不仅如此，还在外面兼职做衣服，补贴家用。刘女士感到自己与丈夫是不平等的，这种不平等是因为自己跟丈夫所从事的职业不同，而职业的不同又是由能力的不同引起的。

总之，受儒家家庭本位价值观的影响，马先生出来跑业务是为了家庭经济的改善，刘女士跟随丈夫外出则是为了协助丈夫让他把生意做得更好。有研究者把妻子跟随丈夫外出，并以丈夫为主的流动方式称为"从属性流动"（谭深，1997：44）。夫妻俩在他乡租来的临时的家中密切分工、通力合作，共同维持作为整体的家。夫妻之间的家庭分工是基于比较优势原则（贝克尔，1998）。马先生在跑业务上有比较优势，而刘女士在料理家务上拥有优势。夫妻都在尽力履行自己对于家庭的责任，家庭经济在马先生外出后有了很大改善。马先生出来跑业务，因为风险的存在，他要承受压力，但他觉得自己的付出是值得的。

尽管在家务分工方面和家庭权力分配方面，夫妻之间存在不平等，但家庭取向的刘女士没有觉得夫妻之间的家庭分工不公平，因为夫妻都按照各自承担的性别角色尽力去贡献家庭，都履行了自己对于家庭的责任。显然，马先生与刘女士之间进行的是关系取向的社会交换，关系取向的社会交换由社会规范引导，强调夫妻对家庭的义务。丈夫跑业务是从经济上贡献家庭，自己做家务则以另一种形式贡献家庭。也就是说，刘女士追求的不是在家务分工、家庭权力上与丈夫平等，而是各自对家庭的贡献。家庭权力尽管掌握在丈夫手中，但家庭取向的丈夫所拥有的家庭权力是用来服务家庭的，刘女士做家务也是服务家庭。只要各自尽了自己的能力去贡献家庭，那么夫妻双方就不会有不公平感。

2. 男跑业务、女料理家务兼做钟点工与夫妻不平等

个案3：康先生，高中文化，妻子刘女士，文盲，一家四口，夫妻二人和一对儿女。康先生2005年出来跑业务，妻子半年后跟随丈夫外出。

个案3与个案5的不同处在于，丈夫外出跑业务是刘女士提出的。丈夫出来跑业务，是为了挣钱供子女上学。刘女士对丈夫跑业务不仅没有反对，而且这是她的意见。她说："是我叫他出来的。在家里挣不上钱，来这里看能否发展。在家里挣的钱只够吃，小孩长大了读书要钱，钱不够，因此要出来。"

从刘女士的话语中我们可以看出，丈夫外出跑业务的决策受到社区因素、家庭因素以及区域因素的影响。社区因素是老家没钱挣，家庭因素就是子女的教育问题，区域因素是与老家相比，广东经济发达，挣钱的机会多。

外出前挣钱靠夫妻俩，但以丈夫为主。康先生说："挣钱靠夫妻俩，当然主要是男人为主了。"对于丈夫的观点，刘女士笑着说："女人吃老公、穿老公的。"他笑着说："老婆顾店，我走出去，进货主要是男人负责，她负责卖，我也有卖。"

从康先生与刘女士的对话中我们可以看出，夫妻是利益共同体，因此挣钱靠夫妻两人。与此同时，康先生把挣钱的责任界定为男人的责任，女人起辅助作用。刘女士回应了丈夫的观点。

夫妻都出来后,挣钱的责任依然靠夫妻俩,虽然如此,康先生还是会质疑妻子分担家庭经济的能力:"这个没有说落在谁身上的,我也希望老婆多挣钱,问题是挣不挣得到?自己都半生死①。"由于生意竞争强,倍感压力的他说:"跟出来前相比感觉现在的压力更大,压力主要来自生意方面,其他没有什么压力,生意好就没有什么压力,生意是竞争很强的。"

访谈的时候,康先生的女儿也在场,笔者也访谈了她。她认为,在一个家中夫妻共同分担养家的责任,"一个家肯定是两个人一起分担,但也要看实际能力。精神上一起分担,实质上大家可能会差得比较多"。在康先生的女儿看来,家庭是利益共同体,家庭成员共同分担家庭责任。精神上夫妻共同分担,现实当中则根据能力来分担。

外出前的家务由妻子独自负责,康先生说:"烧火实在少,洗衣服更是没有。"之所以家务由妻子承担,他以自己事情多为由:"本身我事情很多,也没理到这些东西。"在康先生看来,对农村人而言,家务事是老婆的责任,"家里的事是老婆的事,在我们农村一定不可能男人洗衣服"。

对于父亲负责进货、母亲负责家务这种分工模式,康先生的女儿认为,在乡下大部分家庭中都是女人负责家务。她说:"反正在乡下都是这样咯,一般都是这样,大部分家庭是这样子。"虽然如此,她也觉得父亲有责任分担家务,"家务大家分咯,但现实中没有分担,因为老一辈情况都是这样"。

显然,在康先生的女儿看来,在乡下家务由女人负责。她把女人做家务一般化了。尽管如此,她认为,作为家庭共同体成员的父亲也有责任做家务。

2005 年先出来那半年,康先生住朋友那里,衣服自己洗。老婆出来后,他并没有把洗衣服的习惯保持下来,他说:"哪里会保持下来,妻子过来后,洗衣服有人指望了。"也就是说,康先生将洗衣服界定为女人的事情。之所以他外出时自己洗衣服,那是因为妻子不在身边,是无奈之举。

Pierrette Hondagneu-Sotelo(1992)在《克服父权限制:墨西哥移民妇女和男人性别关系的重构》一文中用质性研究法考察了性别如何影响美国的墨西哥男性移民和女性移民的迁移和定居经历以及迁移经历又如何重构

---

① 半生死指半死半活。

性别关系。该文通过对家庭阶段性迁移的研究发现,迁移经历如夫妻分离使得妇女们获得更大程度的性别独立,男人则在妻子不在时学习承担传统上定义为妇女们的工作。作者认为是这种迁移经历重塑了性别关系,推动了性别关系走向平等。

本研究中,尽管在迁移过程中男性学习承担传统上定义为妇女的工作(如洗衣服),但妻子外出后,丈夫在单独外出期间养成的习惯并没有保持下来,因此男性单独外出的经历并没有推动性别关系走向平等。

夫妻在一起后,家务依然是妻子负责,他说:"全部她做,我负责挣钱。"刘女士证实说:"家务事他不做,家务事都是我做。在老家也是这样。"康先生的女儿也证实:"家务是我母亲做得多,老爸很少做。"家庭取向的刘女士这么看待家务的分工:"他没做家务事,从小到大都没做家务事,没习惯做。再说我们会做家务,无所谓他做不做家务,反正为了一个家。"

从上述话语可以看出,康先生将家务界定为女人的事,将挣钱界定为男人的事。他通过建立关于"男人"和"女人"的类型范畴,从而明确夫妻俩各自的行为规范。显然,这是传统的社会性别分工模式。夫妻俩都认可这种分工模式,并在现实生活中以实际行动实践社会性别。尽管丈夫没有做家务,但刘女士对此没有意见。原因部分在于夫妻俩都认可社会性别规范;部分是受农村社区情理的影响;部分在于家庭取向的她意识到自己做家务是服务于家庭的;部分在于她考虑到丈夫的生活情境,即丈夫从小就没做家务的习惯。

在租来的家中,刘女士既负责家务,又在外面打散工。她说:"在快餐店洗碗,一个星期做三天,一个月做半个月,属于钟点工。每月可以挣三四百块。"之所以去做钟点工,是出于增加家庭收入的考虑,她说:"加得有一点是一点①,做钟点工多少可以挣点,补贴家庭,自己要生活,所以要找点事情搞生活。"她老公在一旁说:"30块一天,就这样算。"听到老公这么说,她开心地笑了:"这哪能挣得到吃呀,房租每月都要650块。"

虽然外出决定是由刘女士提出的,但在家庭权力分配方面仍是康先生主导。康先生当家,刘女士也证实说:"男人就是男人,天大了就是男人大。"考虑到自己挣钱能力不够,她不想当家。她说:"自己不想做主,自

---

① 收入能够增加一点是一点。

己没能力,没这个水平、没这个能力做主,有纸票就有本事做主。"她笑着说:"主头主头,男人就是主头。"当问及在家中谁的权力大时,没等刘女士回答,女儿就抢着说:"总是老爹,老妈说不上话。"

从刘女士的话可以看出,资源理论和父权理论可以在一定程度上解释夫妻之间的权力分配。刘女士因为挣的钱少,因此她在家庭权力方面选择了让步。受父权文化影响,刘女士在意识中觉得男人的权力天生就要更大。

家庭事务的决策方面,大事夫妻商量,妻子贡献意见,最后康先生拍板。"总的说来在做各种决定中,最终拍板的主要是我。小事情如买电视一般不用商量。家里比较大的事情比如买车、小孩读书,做什么事情都要跟妻子商量,事情还没做之前就先跟她说。"

康先生表示,妻子不会反对自己买车,因为这是生意需要。"不会遇到什么来自她的阻力,本身买车是要用的,交通工具嘛,生意需要,她还是支持的。"由于"买车的钱是借来的,都是管朋友借的,全部都是借来的,不是自己的"。刘女士之所以反对是因为"那时候没纸票,他说朋友会借给他,不用怕"。笔者访谈的时候,刘女士表示,由于家庭负担重,因此买车不合理。她说:"现在负担还这么重,还欠别人钱,因此不合理。"但考虑到生意需要,最终她还是支持买车,"做生意需要,要用车,没法子的"。

通过买车事件,可以看出其中展现的夫妻权力关系,康先生在家当家做主,在家庭中他的权力大于妻子。刚开始刘女士以家庭负担重作为反对丈夫买车的理由,后来意识到丈夫买车是为了更好地做生意,最终她还是同意了。

对于自己跑业务挣钱,妻子主要在家里,这种"男主外、女主内"的分工,康先生觉得合理。他说:"这个分工就是这样的,合理。本身挣钱就是以男人为主,是这样的。"康先生将挣钱界定为男人的责任,使夫妻之间现有的分工合理化了。

刘女士觉得夫妻之间做事要互相配合,要商量。关于夫妻配合状况,她笑着说:"挣不到钱,配合不好。"出来做生意和打工,是为了家庭,为了小孩,因此她觉得付出是值得的,她说:"为了家庭,付出了代价当然值得了。"为了供两个孩子读大学,她表示再苦也无所谓,"他们要读书,我们要努力支持他们读书,挣到钱来留点以后让他们生活好过,让自己也好过,现在苦点无所谓"。

显然，康先生夫妇之间的交换是关系取向的交换（Jiping Zuo，2004；2008）。关系取向的交换强调关系的和谐，强调夫妻对家庭的义务。康先生与刘女士按照传统的社会性别规范履行各自对家庭的义务，表现在康先生主要负责挣钱，从经济上贡献家庭；刘女士主要负责做家务，以另一种形式贡献家庭。夫妻俩都认可现有的分工模式，康先生觉得他负责挣钱合理，刘女士对她承包全部家务也没有任何意见。夫妻俩在他乡租来的家中相互配合。

康先生表示，夫妻都出来后分工"没什么变化"。刘女士证实说："没有什么改变，家里的事主要是我做，外面的事情主要是他做。"

刘女士跟随丈夫外出，她与丈夫之间的分工遵循传统的"男主外、女主内"的模式。挣钱的责任上，夫妻共同承担，刘女士确实也分担挣钱的责任（在快餐店做钟点工挣钱贴补家用），但以男人为主。家务分工方面，外出前后维持不变，外出前康先生也很少做家务。受传统社会性别规范影响，他觉得家里的事是妻子的事，夫妻在一起后他也没做家务。家庭权力分配方面，丈夫主导。刘女士也觉得老公的权力比自己大，小事不用协商，大事夫妻商量，最后丈夫拍板。夫妻双方都认可现有的分工模式，并且尽自己能力去贡献家庭。家庭取向的刘女士以家庭为重，独自承担家庭的全部家务。夫妻都认为，与外出前相比，外出后夫妻之间的分工模式从本质上看没有变化。外出前，康先生也是负责家庭外的事，刘女士负责家里的事；外出后康先生跑业务做生意，妻子则主要料理家务。

个案3和个案5的不同点在于外出决策的主体不同。个案5中马先生外出是自己做的决定，妻子外出也是他的安排，而个案3中丈夫外出做生意则是妻子的主张；共同点在于从家务分工以及家庭权力分配看，夫妻之间存在不平等，但家庭取向的她们没有把自己当作不平等的牺牲者，也没有为此感到不公平。家庭权力和家务都是服务于家庭，而非服务于个人。两位女士强调的不是个人的权力，而是对家庭的贡献。两位女士不仅承担了家庭的所有家务，与此同时还主动打工补贴家用，与丈夫一起分担养家糊口的责任。两对夫妻之间的分工都是基于能力来进行的，由于都是按照传统社会性别规范行事，因此他们都认可现有的分工模式。外出后的夫妻分工延续了外出前的夫妻分工，因此夫妻共同外出流动并没有从根本上改变夫妻之间的性别关系。

(二) 男做大工、女做小工兼做家务与夫妻不平等

个案 17：江先生，35 岁，初中文化，泥水工，妻子文盲。现在一家三口租住套房。江先生做泥水装修，江女士给丈夫做小工，同时兼做家务。

夫妻都在家时的分工是"男主外、女主内"，江先生说："自己一般负责外面的，家里的事、农活都不会干，家务事都是她的事。"旁边一位朋友补充说："跟传统一样，男主外、女主内。"江先生认为，夫妻之间的分工取决于能力，"那要看你的能力"。

在外出前的情境中，江先生夫妻俩的分工受到传统社会性别规范的影响。在江先生看来之所以会形成"男主外、女主内"的分工模式，部分受传统影响，部分受夫妻各自能力的影响。

结婚后江先生半工半农，做工回家他很少做家务，他说："很少，说实话很少。"

江先生认为，不能从合理与否的角度看待"男主外、女主内"的分工模式。他说："这没有合理不合理的，家里的事情本来就是这样子的，家里的事不可能样样都要分得那么清楚。"他认为，农村的传统是女人做家务，男人在外面挣钱；重活男人做，轻活如家务女人做。"农村一般是妇女搞家务。因为像我们在外面挣钱，回到家里，而且马上就要走，一般会叫你在家里休息几天，不会叫你去做什么。如果确实她做不了的重的东西，我会去弄。家务一般是比较轻松的。重体力活一般由男人去做。"

江先生认为，作为一家人，家庭的分工没有必要分得那么清楚。受社区情理（农村社区亚文化）的影响，他将挣钱以及重活界定为男人的责任，将家务以及轻活界定为女人的责任。由此，他建立了关于"男人"与"女人"的类型范畴。

对于"你老公主要是在外面挣钱，家里的事情主要是你去做，会不会觉得这种分工不合理"这一问题，坐在一旁的一位朋友这么说："钱赚来给她的，银行是她的。"听到这话大家都笑了。

家庭本位的资源管理（Treas, 1993）。她说："钱没有分谁去管，你要用你去拿，你要存你去存。他挣多少钱我知道，他挣的钱我拿得到，两个人的钱没有分你我的。"关于家庭资源的消费，他说："该花的花，不该花的不花，数量小的谁都可以去用。"她补充说："花钱比较多的时候要协商，如果是小物件，你想买就买，不会去计较那么多。"

消费上，江女士表示自己可以做主，她说："那可以，你自己要买什么就买什么，他不会管。如果这个他都管，那么我们做女人也太没意思了。我辛辛苦苦在家里干活，买一件衣服也要问？"在个人的消费上，夫妻都说不需要问对方。江先生说："三五百块的事一般不要问。"江女士补充说："如果是大物件，要花比较多钱的要协商一下看能不能买。"

一直以来，家庭事务都是夫妻协商，一般是"大家提出来商量怎么去做"。夫妻都出来后也是大家共同商量，江先生举例说："比如要买房子、建房子，钱够的话，那么要提出来我们准备盖房子，在什么地方盖，或者在龙岩买或者在永定买，要提出来。"江女士则说："是一家人，家人可以提供建议。"江先生说："从小就让小孩子发表意见，培养小孩的独立能力。"

这个家谁当家？她说："没人当家。"旁边的一位朋友则说是两个人当家。江先生说："反正买菜不关我的事。"

家庭权力分配方面，江先生占主导地位，家外的事情以及家里的大事由江先生决定。他说："肯定是我的权力大一些。因为有些方面，外面的必须要我决定，她决定的没用，家庭外面的很多事情都必须要我决定。像在外面干活，技术是我的，不是她的技术，比如贴瓷砖，叫我去做，两千块钱划不来，我不做，她要做，她去做，但她不懂得做，必须要我决定。"之所以是江先生决定，他进一步解释说："她也了解该怎么样去做，问题是她不懂得包，她就不会做。"她笑着说："指挥我会。"

在问及"家庭外的事情你决定，而对于家庭内的事情谁决定"的问题时，江先生回答说："那要看情况了，金钱方面比较大额的她必须要经过我，还有些小孩子方面的事情也必须要经过我。"

虽然江女士也参与家庭事务的决策，但家庭的大事、家外的事以及金额大的事都由江先生拿主意，因此客观而言，江先生的权力更大。家庭权力是为家庭服务的，因此江女士对此也没什么意见。

对于夫妻之间这种"男主外、女主内"的分工状况，江先生是这么看的，"也就这样子了，如果全部叫她这样也不可能"。坐在一旁的朋友说："他觉得很满意这样子了，干活一起干，回来家务都是她做，小孩也是她照顾。他有什么，泡茶这样子，一个月一斤多茶给他泡。"江女士对夫妻的这种分工表示认同，她说："反正这样子没办法。"夫妻双方都习惯了现有的分工。坐在旁边的朋友说："她做习惯了，干一天活回来还在下面的田里除草。"妻子在那边挖地种菜，江先生没有去帮忙，对此他说："越帮越忙。"江女士说:"他回家说话不要那么大声就可以了。"

正因为夫妻俩是按照社会文化的规定去履行各自对家庭的责任,因此行动具有合法性。夫妻俩都认可现有的分工。

关于对家庭的贡献,总的来讲是一样的。具体说,江先生在经济上的贡献更大,而江女士在情感以及家务上的贡献更大。江先生说:"都一样,这个没办法讲的,要分哪一个方面。比如经济方面,毕竟像我们做工的都是男的贡献大,比如去给人打工,女的做小工六十多,男的一百多,那肯定是男的比较多。情感方面肯定我输她,小孩子比较喜欢跟她待一块。像我经常往外跑,家里的事肯定她投入比较多。赚钱方面,同样是点工,我们男的要多些,不可能同工同酬的。"江先生也承认,与在老家时相比,妻子对家庭的经济贡献增加了。他说:"她在家里单纯做农活,再怎么做也做不到五六十块一天,在家里干农活一天还挣不到二三十块。"

夫妻在一起干活,回来家务活都是江女士做,她说:"他饭来张口,衣来伸手。"但她没有觉得不公平,她说:"哎呀,怎么说呢。"旁边的一位朋友说,"没人对比就不会,有人对比就会觉得不公平"。她听到这话笑了。

在江先生看来,夫妻之间的分工受到社区情理的影响。在农村,男人的责任是养家糊口,女人的责任是持家。他说:"一般来讲都是靠男人,在农村一般是靠男人,靠男人比较多。大部分是靠男人,尤其是农村出来的。持家主要是女人,一般都是女人,农村大部分都是这样。回到你原来那个问题,男主外、女主内,都是这样子比较多。"江女士说:"他就会喝茶。"江先生回应说:"家里过年过节就我来煮,老爸讲得非常有道理,他说女人一年到头都是她们煮,逢年过节就是让她们休息下。逢年过节一般没什么事。"

江先生将夫妻俩的分工限定在农村社区这个特定的情境中,不仅如此,他将男人挣钱养家以及女人持家一般化,这使得夫妻之间的分工具有合法性。另外,江先生关于女人持家的观点显然受到其生平情境和社会化的影响,江先生接受了父亲关于平时女人做饭、逢年过节男人做饭的观点。

对于夫妻的平等问题,江先生坦诚,夫妻在家务分工方面存在不平等。他说:"怎么讲平等不平等,从哪个角度来讲?比如家务方面,家务分工不平等呀,家务方面我从不干,这哪里算平等!"

江先生坦诚自己有点大男子主义，他说："自己就觉得自己大男子主义。"对于自己没做家务，他从自己的生平情境进行解释。他说："话要说回来，自己从小就没干过家务，叫我做也不会做。"

笔者问江先生："你认为有出息的男人是怎么样的？"江先生认为，有出息的男人应该是能从经济上把家庭搞好，从感情上把家庭成员之间的关系搞好。他说："这很难讲，每个人的想法不一样。我是这么想的，把整个家庭搞好，家里面夫妻感情之类搞好，孩子搞好，自己更不要说了。就是说有钱，现在的社会你有钱就有出息。"

笔者追问："你赞成有钱就有出息吗？"江先生表示赞成："没钱你再有本事也没用，你想买东西没钱，你想做什么没钱，学历再高也好，能力再强也好，现在这个社会没钱你走不了。你有钱没本事也变有本事了。"江女士赞同丈夫的观点。她说："钱是万能的，有钱你想做什么就能去做，想买什么就能去买。以前我不管，现在的社会都是讲这个人多么有钱，多么有出息。"

尽管夫妻俩都赞同有钱才有出息的观点，但当笔者问江先生："你老婆有没抱怨你挣钱挣得太少？"江先生表示那不会。笔者追问："她会不会拿你跟别人比较，说某人挣了多少钱，有车了，你怎么就……"江先生回答说："这个开玩笑的时候会讲。现在的经济条件跟在家的时候相比好多了，现在再怎么说口袋里过完年还剩下几个子，还有些积蓄。"

从上述江先生的话语中我们看到，江先生是家庭取向的，他强调的是家庭整体利益的改善。他把有出息的男人界定为既能从经济上搞好家庭，又能从感情上搞好家庭。也就是说，他在意的不仅仅是家庭经济状况的改善，更重视家庭成员之间关系的融洽。虽然江先生强调有钱才有出息，但江女士没有责怪丈夫钱挣得少，因为与没出来时相比，现在家庭经济状况改善了许多。显然，江先生进行的是纵向比较，而不是横向比较。

江先生告诉笔者，一个人在厦门打工的时候，他的衣服由朋友的妻子帮忙洗，自己也洗。大部分时候是自己洗，但洗不干净，回家的时候会把一大袋衣服带回家。江先生不洗衣服的行为符合他关于家务是女人的责任的观点。

江先生表示，夫妻在一起时的分工跟不在一起时的分工一样。他说："差不多，家务活我一般没做。"尽管妻子跟他一起做工，但他还是没帮忙做家务。对此，他解释说："虽然她也去做工，但她的劳动强度比较低，我们男人做的劳动强度比较高。干活回到家里我没帮忙做家务，干活回来我就负责泡茶。"江女士证实说："他吃完饭，屁股一拍就开始泡茶。"

江先生认为，夫妻目前的分工跟在老家时相比没什么变化。他说："真正讲起来没什么变化，在家里她干农活，在这里做小工，从本质来讲差不多。"

家庭取向的江先生认为，夫妻在维持家庭中所起的作用是相同的。他说："没有什么不同，都是为了这个家庭，为了小孩子与家庭。广义上讲没有不同，狭义来讲我做大工她做小工，再仔细分就讲不清楚了。"

江先生夫妇按照社会性别规范进行分工，尽管分工不同，但都是在尽对家庭的责任。显然，江先生夫妇进行的是关系取向的交换，江先生主要从经济上贡献家庭，江女士则通过做家务贡献家庭，同时也跟丈夫一起做工，分担家庭的经济责任。

江先生与江女士都在家的时候分工模式是"男主外、女主内"，当江先生一个人去厦门打工时也是维持这种分工模式。江女士跟随丈夫外出做工后，夫妻的分工模式还是维持不变。在江先生看来，夫妻之间的家庭分工部分受传统性别规范影响，部分由各自的能力决定，部分是受农村社区情理影响。对于这种"男主外、女主内"的分工模式，夫妻都表示习惯了。家庭权力分配方面，江先生权力大。家里的事情一般夫妻商量，家外的事情和家里的大事要经过他同意，江先生的权力之所以大，是因为这些事他更晓得。显然，家庭权力的分配是基于效率原则，家庭权力是一种能力，这种能力是服务于家庭而非个人。家庭资源共同管理，夫妻挣的钱放在一起，不分彼此。江女士在消费上有自主权，可以自主决定买什么东西。养家糊口的责任主要由江先生承担，持家主要是江女士承担。在江先生看来，农村出来的夫妻都是如此分工，因此夫妻俩的行为就具有了合理性。

受儒家家庭本位价值观的影响，江先生觉得，总的来说夫妻对家庭的贡献是一样的，没法分谁贡献大。如果要细分，那么在经济上是自己的贡献大，而在情感上则输给妻子。一直以来，家务事主要都是江女士做，而江先生则负责家外的事。江先生自己觉得在家务分工上存在不平等，坦诚自己有大男子主义，在家庭权力分配方面也存在不平等。尽管如此，由于家庭权力和家务都是服务于家庭的，因此江女士对此没有意见。

（三） 男开店兼做工、女料理家庭与夫妻不平等

个案 18 不同于个案 17 的地方在于林先生的妻子不用做工，只要料理家庭以及在丈夫外出送货时帮忙照看店面；相同点在于家务都是女人做，男人很少做家务。

个案 18：林先生，38 岁，开油漆店，同时兼做油漆装修，妻子做家务和照看店面，目前一家三口住在店里。

林先生 1997 年下半年结的婚，结婚后在家里种田种了半年多，在耕田方面他笑称自己是老师傅了。夫妻都在家的时候干活有分工：女做小工，男做大工（犁田耙田）。插完秧后就出来做工，家里的生产活动由父亲、母亲和老婆做。林女士说："农活不都是我做，主要是公公婆婆做。农活做不完的时候会请人，公公婆婆去跟别人换工，用牛去换工。"

在老家的时候林先生没做家务，他将家务事界定为女人的事。他说："做家务是女人的事。"林女士说："他就懂得做家务是女人的事，他就坐在那里等饭吃。"不仅如此，林先生还将不做家务与男性气质联系起来。他说："男子汉大丈夫肯定是这样子的，女人是做家务的。"尽管林先生将不做家务与男人气质联系起来，但林女士说他也帮忙做家务，"他有帮忙提水、喂猪，就是做得没有我多"。

林先生通过建立关于"男人"和"女人"的类型范畴，使夫妻间的分工合理化。在他看来，男人的责任是挣钱，女人的责任是做家务。他说："男人出去赚钱，不管女人的事，家务肯定是女人的事情，洗衣服、煮饭都是女人的事情。"显然，林女士接受了丈夫界定的关于"女人"的类型范畴，她在一旁笑着说："女人洗衣服、煮饭、洗菜。"对于丈夫所持的"家务是女人的事情"的观点，她不认同："我认为不是，我认为男人也可以做。"林先生针锋相对地说："你没钱的时候不得找男人要。"

正因为林先生夫妇按照传统性别范畴行事，因此他认为家务应该由妻子做，自己负责赚钱，这种分工合理。他说："哪里不合理了？！"听到丈夫这么说，她笑了。林先生对自己及妻子的活动范围和职责做了进一步划分，他说："我没叫她去赚钱，意思是你作为女人把家里弄清楚就行，外面的事情我出去干。没钱买菜找男人，其他家务事我不管。我有这个思维。"对于丈夫的观点，她笑而不答。

在林先生看来，女人的责任就是把家里的事情搞清楚，而男人则在外

面挣钱,但与此同时他也强调男人不能乱花钱。他说:"作为女人要把家庭里面的事情搞清楚,男人如果在外面乱花,去做坏事,那么是不行的。"她说:"他回来帮我洗一下菜,我专心炒菜,菜就不会烧掉。"

笔者问林女士:"丈夫不做家务你会不会觉得不公平?"她笑着说:"我会骂,会吵架,觉得这个不公平,心里觉得太不公平了。"笔者问林女士:"其实你也是认可这种分工的,对不?"她笑着说:"有时候他洗菜没洗干净,他不懂洗。"尽管家务做得多,还要看店,但林女士没有觉得家里存在性别不平等,对此她表示:"没想过。"

家庭权力分配是丈夫主导。林女士告诉笔者:"老公当家。"林先生证实,自己在家中的权力比妻子大。他说:"那肯定是,肯定权力会比较大。"林先生认为,自己的责任主要是赚钱,她负责买菜、洗衣服、煮饭、看店。林女士补充说:"除赚钱外,还有小孩子,小孩读书厉害就行了。"林先生也说:"小鬼有出息考上大学。"

家庭中的大事由林先生决定,如大的事情以及业务上的事,日常事务妻子可以决定。林先生清楚地界定了夫妻各自的权力范围。

笔者问林先生:"开店夫妻俩有没有商量过?"林先生认为开油漆店的事情没有跟妻子协商,而林女士则认为有,她说:"有,跟我爸爸借的钱。"林先生解释说:"自己做出决定之后,跟她商量借钱之类的事。那时资金不够,要借钱,原来想跟母姨①借,结果她没钱,因此就向丈人借。"林先生坚持说:"开店没经过什么协商。"她则认为有协商:"他问我要不要开,我说由你。"尽管有协商,但最后还是林先生拍板,他说:"还是由我决定。"她补充说:"他对我讲,他跟他堂哥说好了要合伙开店,问我两个人合伙会不会可靠、会不会吵架。我说随便,你要跟他一起开就开。"

从开店事件可以看出,林先生夫妇在家庭权力分配方面存在不平等,林先生当家做主,在权力方面明显大于妻子。

家庭本位的资源管理模式(Treas, 1993)。林先生告诉笔者:"上万块的(钱)存到银行比较保险,两个人的钱是放在一起。"林先生表示,她有消费自主权。他说:"她买东西我不管,花多少钱我不管。"林女士证实说:"要买什么他都不管。"

对家庭,夫妻俩都操心。林先生认为自己对家庭更操心:"操心肯定

---

① 母姨是客家方言,指丈母娘的姐姐或妹妹。

我多些,她没什么可操心,天掉下来也有我顶着。"林女士则认为自己也操心:"他不知我操心什么。我烦的事情没讲出来,他烦的事情讲出来了。"林先生操心的是挣钱,他说:"男人有钱拿回家;没钱,男人要出去找钱,心里比较烦躁。房租店租每个月要交,房租一两百,店租上千块,要不要烦,要不要操心?"她说:"我的压力没讲出来,他的压力就讲出来了。"

林先生表示,妻子不会抱怨他挣钱不够,他说:"那个不会,那个她不管。"妻子也不会拿他跟别人比,他说:"那个她不敢提,那个她不会。不用去比,反正自己尽力了。"

显然,林先生夫妇之间的交换也是关系取向的交换,强调夫妻各自对家庭的义务。林先生作为男人,其主要职责是挣钱养家糊口;林女士作为女人,其职责是做好家务。尽管分工不同,但都是在贡献家庭。林先生表示,他尽了自己的能力去挣钱,履行了作为男人对家庭的责任,正因为如此,他再三强调妻子作为女人要把家庭内部事务搞好。

出来做装修和开油漆店的主要目的是赚钱。林先生说自己的责任"主要是赚钱,养子女、养小鬼、养老婆,这些是最基本的"。听到丈夫的话,林女士笑得很开心。林先生再次明确表示,男人的责任是挣钱,女人的责任则是做家务,"三餐买菜没钱了,作为男人要不要出去找钱?这是最基本的。女人要我洗衣服,那是不可能的事"。林先生不仅在思想层面上认为男人的责任是赚钱,女人的责任是负责做好家务,在行为层面上也是如此做的。因此可以说,林先生是在实践社会性别。林女士说:"叫他洗菜他不洗,买菜回来叫他洗菜、做饭,他就坐在这里乘凉。"他说:"要不然女人用来干嘛!要我做那些是不可能的。"

跟出来之前相比,林先生表示夫妻之间的分工没有变化,依旧是男人挣钱,女人搞家务。他说:"那没什么变化。我的意思是女人把家庭做清楚就好,钱赚多赚少(无所谓),我回来会满意。回来有时候看到家里乱七八糟,心里感到很讨厌。作为一个女孩子,最起码要把家务弄清楚,这是最基本的事。"

受传统社会性别规范的影响,林先生与林女士之间的分工遵循"男主外、女主内"的传统分工模式。林先生建立了关于"男人"与"女人"的类型范畴:出去赚钱是男人的事,家里没钱找男人;家务则是女人的事,女人要把家务搞好。林女士也认为赚钱是男人的事,但她认为男人也可以做些家务。家庭权力分配方面，林先生当家，很自然他的权力大些。在家庭事务的决定上，大事由林先生决定，家务事林女士可以决定。对这个家也是林先生操心多些，家里没钱是他出去找钱，钱是他管理，但妻子在消费上有自主权。家庭取向的林先生之所以既承接油漆业务又开店，是为了养家糊口。林女士尽管要做家务和照看店面，但她没觉得夫妻之间存在不平等。家务分工和家庭权力分配方面，林先生与妻子存在不平等。尽管如此，在家庭取向的林先生夫妇看来，家务分工和家庭权力都是服务于家庭整体，而非服务于个人。在林先生看来，外出前夫妻之间的分工就是如此，因此夫妻共同外出并没有从根本上改变夫妻之间的关系。

对比个案17和个案18，我们发现家庭权力分配方面，夫妻存在不平等，都是男人权力大；家务分工方面，也存在不平等，都是女人做得多。两位男性案主均认为，家务是女人的事。外出前夫妻在家务分工和家庭权力方面存在不平等，外出后依然如此。外出后尽管夫妻从事非农职业，但夫妻之间的分工以及由此体现的夫妻关系并没有因此而发生改变。

上述四个个案具有如下一些共同点。第一，从流动方式看，妻子跟随丈夫外出，以丈夫为主，属于"从属性流动"。从流动目的看，外出的直接目的都是挣钱，间接目的都是家庭。夫妻都是家庭取向的。第二，夫妻之间的分工部分是按照社会文化的规定，社会文化既包括社会性别规范，也包括农村社区的亚文化；部分是基于夫妻各自能力的不同。男性案主们建立了关于"男人"与"女人"的类型范畴，并且依此行事。因此，夫妻之间的分工具有合法性。家务分工方面都存在不平等现象，家务基本都是女人做，男人很少主动做家务。挣钱的责任则主要由男人来承担。第三，家庭权力分配上，男人当家做主。家庭大事基本由男人做主，日常事务则由女人做主，夫妻家庭权力的范围很清楚，家庭权力方面存在不平等现象。第四，资源管理方面，实行家庭取向的资源管理模式（Treas，1993），夫妻挣的钱放在一起，不分你我。第五，妻子拥有消费的自主权。

本研究发现，夫妻共同外出并没有改变夫妻的分工状况以及由此体现的性别关系。夫妻分工依然是"男主外、女主内"，在他乡租来的家中复制了老家的分工模式。家务分工方面，女人依旧做绝大部分的家务，男人很少做家务。因此在家务分工方面，夫妻存在不平等。在家庭权力分配方面，夫妻外出后，夫妻之间的权力状况没有发生改变，丈夫在家庭权力分配中依然占据主导地位。妻子与丈夫在权力分配方面存在不平等。

尽管妻子承担了大部分家务，在家庭的权力上也不如丈夫，但妻子没有为此斤斤计较，没有感到不公平。她们没有把自己当作不平等的牺牲者，她们都认可且习惯了夫妻之间已有的分工模式。妻子之所以没有对家庭权力分配和家务分工表示不满，部分原因在于夫妻之间的分工是基于传统的社会性别规范和农村社区亚文化的规定，因此具有合法性；部分原因在于农民工夫妻之间的交换是关系取向的（Jiping Zuo，2002；2004；2008）。关系取向的交换模式强调的是夫妻关系的和谐，强调的是夫妻对家庭的义务，家庭整体的利益抑制了个人对其自身利益的追求。农民工夫妻之间尽管分工不同，但都是在贡献家庭。丈夫们挣钱养家糊口，妻子们则搞好家务，以另一种形式贡献家庭。尽管形式不同，但对家庭的贡献是相同的。总之，农民工夫妻都在尽各自对家庭的责任，夫妻之间在家务和权力上虽存在不平等，但实质上夫妻对于家庭的义务却是平等的。家庭权力尽管主要掌握在丈夫手中，但家庭取向的丈夫所掌握的权力并非用来为个人服务，而是服务于家庭。

二 现代式夫妻分工与夫妻平等

（一）共同进厂打工、共同做家务与夫妻平等

个案8：江先生与彭女士，初中文化，2002年冬天结婚，一家八口。现在夫妻同在厦门上班，租房子住。

在老家时夫妻家庭分工是这样的：田里的活没什么分工，重活男人做。丈夫会主动做家务如喂猪，家务由于大人会帮忙做，因此丈夫做得少。彭女士说："上半年在家里种烟，下半年他出门打工。上半年夫妻都在家里的时候，夫妻一起去干活。田里的活没什么分工，干活回家家务事有大人帮忙，我洗衣服、烧火，他帮忙喂猪。因为婆婆和我都在家，因此他没有烧火。烟叶种得多，多的时候十多亩，少也有七八亩，重的活主要他做。烟叶收成后，八月节左右他出门做工。他家务事做得少，烧火、洗衣服在家里肯定是女性做的。"

江先生表示自己在家的时候做的家务不会少，他说："在老家的时候家务就是烧火、喂猪，喂猪方面我能达到一半。"

夫妻都出来后，由于丈夫上班地点比较近，而且骑车上班，他会主动做家务。彭女士说："丈夫下班后他会接小孩回来，给小孩洗澡。如果时

间还早,他还会洗小孩和自己的衣服。"

通过江先生夫妇的上述对话我们看到,夫妻都在家务农的情境中,彭女士建立了关于"男人"与"女人"的类型范畴。她将烧火、洗衣服界定为女人的事,重活界定为男人的责任。田里的农活夫妻之间没什么分工,家务方面,江先生会主动帮忙喂猪。由于有母亲的帮忙,江先生家务做得不如妻子多。夫妻都外出打工的情境中,江先生由于上班地点比较近,另外也没有父母帮忙,他会主动做家务。尽管如此,在夫妻都外出的情境中,家务分工仍然受到农村社区亚文化的影响,夫妻做家务还是按照老家的传统。她说:"有人来玩的时候,一般男性跟人聊天,女性烧火、洗衣,按照我们老家的传统。不比四川、江西那边的人,我们老家那边,帮老婆洗衣服的没听说过。"

田里的活一起做,彭女士家务做得比丈夫多,但她没有觉得不公平。她说:"早上吃完饭我洗衣服,他先去田里干活,不是在家里一直等到我洗完衣服才和我一起去干活。"她之所以没有觉得不公平,是因为她在做家务时,丈夫并没有闲着而是去做别的事了。

无论是夫妻在老家务农还是现在在外面打工,家务方面彭女士都做得比丈夫多,但对此彭女士没有意见。她说:"没有抱怨,也没有觉得不公平。"这是因为江先生会主动帮忙做家务,他说:"自己做得到的会去做。在老家的时候,大家同时进屋的话,猪食弄好后我就去喂猪,接下来烧火就是她了,吃饱后她去收拾。在老家的时候,我极少帮忙洗碗筷。"

老家的传统是吃完饭由女人收拾干净,彭女士证实说:"在老家的时候,大家吃饱饭后收拾干净(碗筷)是女人的事情,而男人吃饱后就坐在那里休息。在老家没有男人去收拾的事情。"

夫妻都来厦门打工后,彭女士不觉得收拾(碗筷)还是女人的事情了。她说:"有时我下班回来他已经吃完了,也洗澡了,洗好衣服了,我没洗澡、洗衣服,那么他会把碗筷收拾干净,而我去洗澡。"

从彭女士的话语中我们可以看出,无论是在老家还是外出打工,夫妻之间的家务分工都在一定程度上受到社区情理的影响。夫妻都外出后,由于情境发生了改变,因此彭女士不认为饭后收拾(碗筷)一定要女人做,而是要根据情境灵活应对。彭女士表示,夫妻都上班后,丈夫会主动帮忙做家务。她说:"在这里虽然可以依赖我去做家务,但他不会去等我做家务,因为这样时间会拖延,小孩跟在身边。在家里他也不会拖延,我没去做家务，婆婆会去做。"

夫妻俩都认为，出来后夫妻分工没有变化。他说："出来后夫妻之间的分工跟没出来时相比没什么不同，只不过出来后事情更单纯。"她说："真实情况是他下班比较早，回来接小孩，给小孩洗澡、洗衣服、烧火做饭。"

从彭女士的话中我们看到，在夫妻都外出的情境中，江先生由于上班地点近，而且下班时间早，因此与外出前相比，江先生做的家务变多了。

家庭权力的分配遵循"谁对谁有权"的原则。彭女士说："两个人有商量，谁对就听谁的。如果他提出来的，自己感觉有错的话自己会提出意见，自己对的话肯定要听我的，他对听他的，没说谁有权的。他提出来的，我如果有意见也可以说出来，两个人商量看哪种意见更好。不可能他错也听他的。"

彭女士表示，夫妻之间的关系一直以来就比较平等，并不是来到城市后受城市的影响。在没结婚的时候就已经有了夫妻权力平等的观点，她说："结婚之前就想以后嫁人不能老公错了也听他的，什么都听他的。"彭女士认为，时代不同了，现在夫妻权力平等。她说："现在每对夫妻都差不多，不比以前妇女较无权力，男人权力较大。"在彭女士看来，旧社会妇女比较没权，而新社会夫妻权力差不多。

家庭本位的资源管理模式（Treas, 1993）。她说："钱不存在谁管理的问题，夫妻俩挣的钱放在一起，共同支出。比如要借三千块给人，他会跟我商量。借一两百给别人周转就不要说了。他考虑事情比较多，比较成熟。他讲出来要借给谁，肯定是对方信得过的，自己肯定要支持他做人的行为。再比如家里要用钱，要买的东西也没法去省。"

在家庭资源的支配上，夫妻共同协商。江先生举例说："比如买电视，可能是觉得无聊大家要看电视，是不是去买台电视，肯定会跟对方说一下，对方不会说不要买。两个人一起去商场买。"彭女士证实说："夫妻有商量，不会我行我素。他不会留零用钱，我只会带每天的生活费。比如酒，如果有客人来是正常要买的，没客人自己想喝酒的话也会去买。钱存到卡里面，身上没带很多钱。男的身上装三四百，女的一两百。钱用掉了，他比较方便取钱，他会拿卡取，取回来拿给我，我方便的时候我会取。"

彭女士拥有消费自主权，她说："我可以自主决定买什么、吃什么。"江先生表示，夫妻都拥有消费自主权，他说："这个双方都有，如果两个人去买的话会考虑下是否太贵。"

彭女士建立了关于"男人"与"女人"的类型范畴，即男人的责任是挣钱，女人的责任在家庭。她认为，尽管男女分工不同，但要各尽各力去贡献家庭。她说："男人的思想负担在于挣钱方面，女人对于家庭的思想负担比较重。女人负责家里面的，对于外头比较大的负担，如要买什么屋呀，是男人的负担。家里的如饮食方面主要是女的负责，家外主要是男的负责。还是有点'男主外、女主内'，行动上做法上肯定有分工的，各人尽各人的能力。他能挣五千，我自己只能挣一千，尽了自己的能力，都是一份心。"

显然，彭女士关于夫妻责任分工的看法受到传统社会性别规范的影响。在她看来，夫妻之间的交换是关系取向的（Jiping Zuo, 2002; 2004; 2008），关系取向的交换模式强调的是夫妻关系的和睦以及对家庭的义务。

彭女士认为，有出息的老公需要满足三个标准。首先是能体贴妻子。"不一定是要挣很多钱，要能体贴对方。能感觉到对方做家务的辛苦，能了解到对方对家庭的付出。"其次是尽力挣钱，以履行自己作为男人的责任。"如果他有挣钱的能力，如果今天要上班他不去，一个月下来除了正常的休息时间，可以拿到五千块，他偷懒去其他地方玩，在家里睡觉，不去上班，只能拿到两千，那么他就没有什么责任心，因为你有挣钱的机会你不去挣。如果尽了能力，厂里不要你加班，在家里玩那是应该的，厂里的生意不好，你不可能去找其他的事做。只要他尽了心、尽了力，那么就可以了。"最后是对子女的培养，"再一个小孩要有教育"。

显然，彭女士对"有出息的男人"进行了具体的界定。江先生认为自己符合妻子认为的有出息的男人的标准。他说："自己能体会到老婆在家里的辛苦，包括她现在在外头的辛苦、自己的辛苦以及大人在家的辛苦。因为自己从小开始就做过家里的事情。挣钱（方面），自己目前只有这样的能力，而能力这东西是会变化的。"

对目前夫妻之间关系的状况，彭女士表示满意。因为在她看来，夫妻俩都各尽各的能力去贡献家庭。她说："自己的行动嘛，都尽力去做，肯定可以的。不可以的话肯定会对对方说要做什么，各人都尽自己的能力去做。"

江先生夫妇都出来打工，一家三口租房子住。夫妻俩白天都在工厂上班，晚上也经常加班。夫妻根据具体情境来决定家务分工。彭女士起得早，孩子由她送去幼儿园。江先生上班的地点离家比较近，且骑自行车上班，因此通常是他去接孩子回家。接孩子回家后，如果时间还早他会做好饭，给孩子洗澡，洗自己和孩子的衣服。夫妻都尽力去做，不会把家务留给对方去做。

夫妻打工挣的钱放在一起，共同支付，彭女士有消费自主权。家庭权力分配方面，家庭事务夫妻相互商量，谁有理听谁的，夫妻权力平等。彭女士表示，夫妻关系一直以来就比较平等，并非受到城市的影响。家务分工方面，丈夫外出后依旧会主动帮忙做家务。因此，夫妻共同外出并没有从根本上改变夫妻之间的性别关系。

受传统社会性别思想影响，彭女士表示，男人挣钱方面的思想负担比较重，而女人的思想负担则是家庭方面。尽管各自的责任不同，但夫妻俩都尽自己的能力去贡献家庭。家庭本位的他们无论是在挣钱方面，还是在做家务方面，都在尽各自的能力。

很明显，受儒家伦理本位文化、传统社会性别规范以及农村社区亚文化的影响，江先生夫妇是家庭取向的。这首先表现在资源管理模式上，其次表现在他们之间的交换是关系取向的交换。关系取向的交换强调的是夫妻之间的相互配合、相互体谅以及对家庭的义务。有研究指出，中国是伦理本位的社会，伦理本位的社会讲究情与义。"父义当慈，子义当孝，兄之义友，弟之义恭。夫妇、朋友乃至一切相与之人，莫不自然互有应尽之义。伦理关系，即是情谊关系，亦即是其相互间的一种义务。"（梁漱溟，2005：72）冯友兰指出，中国是家庭本位的社会。"在家庭本位的社会制度中，所有的一切社会组织，均以家为中心。所有一切人与人的关系，都须套在家的关系中。在旧日所谓五伦中，君臣，父子，夫妇，兄弟，朋友，关于家的伦已占其三。"（冯友兰，2007：43）伦理本位以及家庭本位强调家庭成员对家庭的义务。夫妻俩按照文化的规定履行各自对家庭的义务，正因为夫妻都尽了自己的能力，因而彭女士对夫妻关系的状况持满意态度。

（二）共同开店、共同做家务与夫妻平等

个案8中，江先生与彭女士进厂打工，白天各自上班，晚上下班回家一起做家务。而个案15中，罗先生与严女士开饮食店，这要求夫妻相互合作、相互配合。

个案 15：罗先生，初中文化，严女士，小学文化，两人 1996 年结婚，结婚后的 4 年里，夫妇都在家种田。2007 年到现在，在厦门与别人合伙开饮食店。

在家务农时，除了耕田是男人做外，田里干活夫妻没什么分工，家务则是共同做。他说："没几多分工，只不过犁田耙田是男人的事情，田里的其他活基本上没分工，客家妇女能吃苦，这个要承认。夫妻干完活一同回家，把猪食弄好，我去喂猪，她继续做饭。田里的活差不多同样做，比较平均。"

罗先生表示，在农村妇女比男人累。他说："总的来讲，在农村妇女比较累，这个要承认。虽然重活男人做，妇女劳碌心，有点空都会去砍柴，忙个不停。"

夫妻都在家务农的情境中，罗先生将重活如耕田界定为男人的责任，其他方面夫妻之间没什么分工，一起干农活，一起做家务。

与在家种田一样，严女士觉得，开饮食店夫妻之间也没什么分工。她说："干活没什么分不分的，他们两个男人早上起床后一个去买菜一个熬骨头汤，昨天剩下的骨头汤早上要先弄热，好让八九点钟客人来时有得吃。如果晚上我收摊，那么我稍微晚点起床，擦桌子，有时候桌子没擦完就要切菜、切肉。如果晚上不是我收摊，那么就会早点起来煎蛋，我们俩姐妹谁先起床谁煎蛋。他们两个菜买回来要洗菜，先用热水把粉干煮熟，然后用自来水冲凉，抹上油防止粘在一起，再用秤称好。我们姐妹俩在他们把肉洗好后就开始切肉，然后就开始吃早餐。"

罗先生说："夫妻俩挣的钱放在一起，一般是我管理。"严女士在消费上有自主权，买东西（如衣服）不需要过问罗先生。

家庭权力分配方面，夫妻平权。严女士认为，夫妻谁想得对谁有权。她说："我想得对我有权，他想得对他有权，就这样。"

家庭事务是谁知道谁决定。严女士说："我晓得，因此我去买农药。再比如他去赶集，我没去，（我）就会交代他买什么回来。他自己知道的东西也不需要我说，他自己会买回来。"罗先生说，"日常事务夫妻两个人都可以决定。"家庭大事则是共同决定，她说，"两个人决定，没有说你决定或者我决定，而是两个人共同决定。肯定两个人决定，意思是两个人的权力是平（等）的"。

当笔者问道："你怎么会觉得你们夫妻的权力是平等的？有人认为男

人做主多些,家务男人做的较少,男人的权力会较大。"严女士说:"没这么觉得。但是讲到做家务事,我不会认为他不要做家务。"她问笔者:"你的意思是他不用做家务,因此权力比较大,而我要做家务则权力较小?"笔者说家务事做得多的人一般权力会小些,她说:"我没这么认为。反正做家务事,我想得对的,我有权,他想得对的他有权,就这样。"

没出来之前,严女士觉得"两个人平权"。出来开店后,她表示也是夫妻平权,"也是这样"。她解释说:"要怎么说呢。在店里做事,两个人平等。但是要搞什么关系,打比方要办理什么证明,如卫生许可证或工商证明,那么就要由他决定。"

之所以把店外的事情交给丈夫决定,是由于自己没文化,处理不了。她说:"因为我毕竟一字不识,什么都不晓得,不晓得如何办理,弄不清楚,不晓得这些,所以要交给他办理。"

从罗先生夫妇的上述话语我们看到,夫妻共同分享家庭权力,家庭事务如大事谁晓得谁决定,小事夫妻都可以做决定。受文化的影响以及能力的限制,严女士将与外面打交道界定为丈夫的责任。她说:"反正这样想,对于与外头打交道,毕竟他是男人,书也读得更多,世面也比女人见得多。一说出来就是女人头发长见识短。"

严女士表示,夫妻俩对家庭都操心。她说:"两个人都操心。我什么都操心,反正想得到的都会愁,活会愁,钱也会愁,人也会愁,样样都会愁。"

罗先生建立了关于"男人"和"女人"的类型范畴,在他看来,养家糊口的责任主要是由男人承担,在拓展业务方面、做大的决定方面、与外面打交道方面,都应由男人负起主要责任,女人则主要起辅助性作用。他说:"毕竟要拓展什么,大的东西,以男人为主。虽然成功的男人背后有个女人,女人只是支持男人,起辅助性作用。大的决定还是取决于男的,男的是外部形象,比如借钱,男人不出面,如果全部靠女人,在目前社会状态下有多少人会这样想?比如你想做什么,男人不出面借钱,想让女人去借,又不是借一百两百,借几多①,有多少人会放心去借给你?女人只能够支持,正确的东西女人要支持男人去做、协助男人去做,不能去泼冷

---

① 几多是客家方言,指比较多。

水，这样做是不对的。"

罗先生一家经历了三种情形：其一是夫妻结婚后在家一起务农；其二是罗先生一个人外出做工，妻子留守在家种田；其三是夫妻共同外出开店。严女士觉得，无论是夫妻共同在家种田还是出来一起开店，夫妻之间相互配合、相互理解，夫妻关系都是平等的。从时间上看，夫妻都在老家的情境中，田里的活一起去做，没什么分工，回来他会帮忙做家务（如喂猪）；出来开店后的情境中，店里的事情夫妻都会做，没什么分工。笔者观察发现，严女士一般在厨房做事，而罗先生在餐厅做事，她接订餐电话、给客人点菜。夫妻一方不在的时候，另一方可以顶上去。也就是说，夫妻之间的分工是根据情境灵活调整的。家庭权力分配方面，夫妻共同分享权力，家庭事务共同决策，谁想得对，谁有权。日常事务夫妻俩都可以单独决定，大事夫妻共同商量、共同决定。对这个家，夫妻俩都操心。罗先生夫妇之间的交换也是关系取向的交换（Jiping Zuo, 2004；2008），强调的是夫妻对家庭的责任，强调的是夫妻关系的和谐。夫妻俩按照各自的分工尽自己对家庭的义务。实行家庭本位的资源管理模式，夫妻挣的钱放在一起，妻子在消费上有自主权。

总之，罗先生夫妇之间的关系无论是在外出之前还是在外出之后都是平等的，没有受到外出的影响。也就是说，夫妻共同外出并没有从根本上改变夫妻之间的性别关系。无论是家务还是家庭权力都是为家庭服务的，家务并不是无价值的。家庭权力是一种能力，是用来服务于家庭而非服务于个人。

个案19：江先生，32岁，初中文化，家里三人，开饮食店，女儿7岁。

江先生2000年结婚，结婚后他继续在县城开摩托车修理店，妻子则在店门口摆摊卖早餐（馒头、包子），他会帮忙卖。后来江女士没再卖包子，去超市上班。2006年夫妻开始开饮食店。

夫妻都在县城时，夫妻一起做家务，江女士说："两个人一起做，比如说我现在上班了，今天上早班，早一点煮饭，煮好后就去上班。谁有空谁煮，我有空我煮，他有空他煮。这样子，作为一个女人，像家庭的事情自己做得来会自己做，如果有特殊情况才会叫他帮忙。自己有空会自己做，没空才会叫他一起做。"虽然家务夫妻一起做，但江女士依然把家务界定为女人的责任。

夫妻开饮食店的分工是这样的："早上江先生比较早去买菜，店里点菜都是他，外面的事情，订餐、送餐等也是他，其他杂事我做，炒菜我炒，洗碗这些杂事我做，跟外面打交道也是他。"

对于夫妻之间这种一内一外的分工模式，江先生觉得"还可以"，因为"有些内的事情毕竟要女人做才能做得好，自己做不好，外面的事情我做得更好"。显然，江先生是从比较优势的角度来解释的，江女士则从时间的角度来解释，她说："自己做了店里的事情后就没时间去买菜了，店外的事情就顾不上了，顾了里面的，外面的就顾不到了。比如早上如果有客人来，自己就走不开了，因此两个人需要分工。"也就是说，江先生夫妇的分工讲究的是效率，强调发挥夫妻各自的优势，强调夫妻之间的合作与配合。

尽管共同开店，江女士做的事情多且烦琐，但她不会觉得丈夫做得不够。她说："来不及的时候他也会帮忙。自己比较忙的时候，如果碗没洗就会叫他帮忙，自己比较有空的时候就不会叫他帮忙。"

夫妻俩相互体谅。江先生表示，开这个店妻子更累，"她更累，要蒸饭，要炒菜、洗碗、洗衣服、给小孩洗澡等等。"江女士表示："要说累（我）也不累，他要接送小孩。"

店里的事情有分工，尽管家务做得多，但江女士表示不会有不公平感，她说："那不会。"在她看来，夫妻之间的家务分工要看情况。如果自己忙得过来，她就会自己做家务，因为家务是女人的事。如果自己忙不过来，那么丈夫就应该帮忙做。因为现代社会男女平等，家务夫妻要一起做。她说："这些事情我也这么觉得。不过要看（情况），如果男的没事情做，而自己忙不过来，肯定要一起做家务，你说是不是？不管什么事情，现在是男女平等，事情一起做，做完了要玩一起玩。"

从江女士的上述话语我们看到，一方面受到传统性别思想的影响，她把家务界定为自己的事情；另一方面她又接受了现代社会平等的观念，认为家务夫妻要一起做。也就是说，江女士的思想中有着传统与现代两种观念，这两种观念之间充满了张力。她是这样解决思想上的张力的，即做家务要看情况。显然，在她的头脑中传统思想占了上风，她只有在自己忙不过来的时候才会叫丈夫帮忙做家务。自己做家务符合她关于女人责任的界定，这使她的行为具有了合法性。

因为丈夫尊重自己，江女士觉得自己的家庭夫妻平等。她说："像有些人感觉就不是这样平等，男的老是欺负女的，或者怎么样，打也好骂也好,女人感觉没有一点尊严,一点都不受尊重。我公婆在一起就互相尊重,彼此平等的。"

家庭本位的资源管理模式。江先生说:"家里的钱我管,她要钱就向我要。"江女士说:"家里的钱两个人都知道,钱存银行不会乱花,钱要拿去干嘛、要怎么用,要用的时候才拿出来,不要乱花就可以了。"尽管丈夫管理家庭资源,但江女士拥有消费自主权。江先生也表示,妻子要买东西可以自己决定。

家庭权力分配方面,家庭大事夫妻共同决定,谁对听谁的。江女士说:"事情一般都是夫妻商量好了才去做。如果他不同意就不做。大点的事情都有问对方,小的就没有。有时他拿主意,有时我拿,一般是双方讨论后觉得有必要买就买。"

在江女士看来,家庭的权力分配是遵循"谁有理就听谁的"原则。尽管如此,江先生感觉他的权力大一些,因为"家庭以男的为主"。他表示,来龙岩后还是以男的为主。因此,江先生夫妇权力方面的平等只是相对的。

江先生表示,妻子对家庭更操心。江女士说:"会想以后的事情,夫妻在一起,三个人吃饭,不可能两个人赚钱就刚够吃,得为以后着想。"

江女士不觉得丈夫有大男子主义。受生平情境以及社会化的影响,她把洗衣服界定为女人的责任。她说:"自己再忙也不会叫男人洗衣服。洗衣服就是女人做的。从小就看到妈妈洗衣服,自己作为女人经常洗,习惯了自己洗。叫男人洗衣服会让人家觉得这个女人很懒惰,什么事都要男人帮忙做。"

江女士将洗衣服界定为自己的责任,这与她把家务界定为女人的事情是一致的。正由于她按照自己建立的"女人"范畴行事,因此其行为具有合法性。她之所以负责洗衣服和尽力不让丈夫做家务,为的是维持自己关于"女人"范畴的划分,维护自己的女人形象。

"你觉得老公怎么样才算有出息?"江女士表示她不在意老公是否有本事,在意的是丈夫对自己的体贴。她说:"什么有本事有出息咧?两个人相处得好就可以了,其他事情可以慢慢再来,两个人商量得好就可以了。老公挣钱多少是次要的。作为一个女人,老公体贴点这是最主要的,其他都是次要的。如果老公对你好,其他事两个人慢慢做,慢慢一起来嘛,你说是不是?我觉得是这样子,老公对老婆体贴一点,多关心一下。"

江女士觉得自己对家庭的主要责任是挣钱，培养孩子。她说："最主要是小孩子，接下来的责任就是赚钱了，小孩子是第一也是最重要的。"

她之所以把孩子放在如此重要的位置，是因为"本来就是小孩子最重要，如果不是为了下一代，干嘛要这么辛苦！夫妻俩随便都赚得到吃。希望小孩读书以后能出人头地，考大学，升点官什么的，只想把小孩培养好。"

江女士对孩子充满了期待，因此尽管家里人要她再生一个孩子，但她认为孩子不在于多而在于培养好。她解释说："所以呢，他们（公公婆婆）说再生一个儿子，这样女儿有伴。我其实也不想生二胎，就想把一个小孩培养好了。小孩再多，没培养好也没用。（孩子）不在于多，在于培养好。不一定要儿子，女儿培养好也一样。"

江女士不认同男人养家的观点，她说："虽然以前是这么讲，一个家主要靠男人，要看各个家庭的情况，反正都是为了家庭。"

对于做饮食业是否很累的问题，江先生说很累，江女士则没感觉很累。她表示，只要有钱赚、有生意就不会累。她表示已经习惯了，她说："想起以前，天天上山开荒，那时候真的很累，太阳晒也要去，现在感觉轻松很多。自己以前生活不是很好，（家里）四五个姐妹，自己排行第二，天天跟大人（指父母）上山干活，去很远的地方，很早就走路去，带饭去山上吃。那时候在家里真的很累，现在这样出来感觉没什么，不要晒太阳也不要淋雨，毕竟都是手上的活，又不要挑，感觉轻松很多。"

家庭取向的江女士认为，为了挣钱维持这个家，自己的付出是值得的。她说："那值得，反正是这样子，一家人和和睦睦就足够了。"

很显然，江先生夫妇之间的交换是关系取向的交换（Jiping Zuo，2002，2004，2008）。关系取向的交换强调的是夫妻关系的和谐以及夫妻对家庭的义务。江先生夫妇互相体贴、互相尊重。虽然家务江女士做得多，但她没有意见，没有觉得不公平。她之所以不会有不公平感，部分原因在于她受传统思想的影响，把家务界定为女人的责任；部分原因在于做家务也是有价值的，也是贡献家庭；部分原因在于丈夫对她很尊重，丈夫会在她忙不过来时帮忙做家务。显然，江女士不在意家务谁做得多、谁做得少，在意的是夫妻关系的和睦以及家庭整体利益的改善。只要有钱挣，她就不觉得累。

当夫妻都还在县城的时候，夫妇俩在做家务方面就是灵活的，谁有空谁做。外出后夫妻共同开店，分工有内外之分，店里的事情主要由江女士负责，江先生主要负责跟店外打交道。夫妻之间的这种内外分工显然是受到传统社会性别思想的影响。家庭权力分配方面，家庭事务的决策基本是夫妻共同商量，谁有道理听谁的。家庭资源遵循家庭取向的管理模式，家里的钱夫妻俩都知道，江女士有消费自主权。家务基本是江女士做，她自己也认为家务主要是女人的事情。对于这个家她更操心，开这个店她也更累，尽管如此她还反过来体谅丈夫。为了挣钱维持这个家，她认为自己的付出值得。她觉得自己的责任主要是培养孩子，并拥有生育自主权。她不在乎丈夫能挣多少钱，而在乎丈夫对她的体贴、关心与尊重。她觉得夫妻之间相互尊重、彼此平等，出来开店后夫妻之间依旧维持平等的关系，即外出没有改变夫妻之间的性别关系。

上述三个个案的共同点在于：夫妻之间的关系比较平等，无论是外出前还是外出后都是如此。夫妻分工方面，没有明显的内外和主从之分，分工界限比较模糊。在家庭的责任上，夫妻共同承担养家的责任。家务上妻子会做得相对多些，丈夫会主动帮忙做家务。家庭权力分配方面，家庭大事夫妻共同商量、共同决定，小事夫妻俩都可以单独决定，夫妻权力平等。家庭资源集中管理，夫妻俩挣的钱放在一起。妻子拥有消费自主权。夫妻都相互体谅、相互尊重、相互配合。

本节笔者用了两组案例来分析双流动家庭的夫妻分工状况以及由此呈现的性别关系。两组个案的异同点如下。

相同点有以下五个方面。其一，夫妻共同外出是家庭的一种策略，都是为了多挣钱，以改善家庭的生活。其二，家庭资源集中管理，夫妻的钱都是放在一起，不分彼此。这种资源管理模式如 Treas（1993）所说是集体化的（collectivized）或家庭取向的资源管理模式。集体化的资源管理模式强调夫妻利益的一致，强调夫妻婚姻关系的稳定。农民工夫妻深受儒家文化的影响，坚持家庭本位的价值取向，因此在资源管理上采取不分彼此的管理模式。有研究指出，"西洋近代社会之所以是个人本位者，即因其财产为个人私有。恩如父子而异财；亲如夫妇而异财。""反之，在社会本位的社会，便是以土地和各种生产资料手段统归社会所有。"（梁漱溟，2005：73）家庭本位的农民工夫妻，实行家庭取向的资源管理模式。其三，妻子都拥有消费的自主权。其四，受儒家伦理本位影响，农民工夫妻实行关系取向的社会交换，都按照文化的规定尽自己对于家庭的责任（左际平、边燕杰，2005：617）。其五，夫妻性别关系并没有因夫妻共同外出而发生根本改变。

不同点有以下两个方面。其一，流动方式不同，第一组个案都是丈夫先外出，妻子跟随丈夫外出，妻子外出的目的是为了协助丈夫，属于从属性流动；而第二组个案中妻子与丈夫共同外出，没有主从之分。其二，夫妻性别关系不同，第一组个案中夫妻关系不平等。家庭权力分配方面，基本是丈夫当家，丈夫拥有绝对权威。家庭事务的决策方面，虽然也跟妻子协商，但拍板的大都是丈夫。而第二组个案中夫妻关系比较平等，没有明显的内外与主从之分。夫妻共同挣钱养家，一起做家务，虽然家务仍是妻子做得多，但丈夫会主动帮忙。家庭的权力分配方面，虽然也是丈夫当家，但丈夫不拥有绝对权威。家庭事务的决策上，夫妻共同商量、共同决定，谁对听谁的，夫妻俩谁都可以说了算，夫妻共同分享家庭权力。

总之，在夫妻共同外出的双流动家庭中，夫妻之间的性别关系比较复杂，既有不平等的夫妻关系，又有平等的夫妻关系。研究发现，农民工夫妻外出务工或经商没有从根本上改变夫妻之间的性别关系，农民工在流入地复制了流出地的夫妻性别关系。与此同时笔者还发现，农民工夫妻大都是家庭取向的，尽管在家庭权力分配方面，妻子们不如丈夫有权，家务方面妻子们做得相对较多，但妻子们仍然觉得夫妻关系平等。之所以她们仍然觉得夫妻平等，主要是源于夫妻之间的交换不是市场取向的公平交换，而是关系取向的社会交换（Jiping Zuo，2004；2008）。也就是说，夫妻之间不是用各自拥有的资源进行直接交换，而是通过为家庭做贡献来进行间接的交换。市场取向的交换认为夫妻之间的利益是对立的，强调交换的公平；而关系取向的社会交换强调的是夫妻利益的一致，强调家庭整体利益，而非个人利益。关系取向的社会交换由社会规范引导，强调夫妻关系的和谐。受儒家伦理、农村社区亚文化以及社会性别规范影响，农民工夫妻追求的平等不是权利方面的平等，而是家庭义务的平等。

如前所述，农民工夫妻流动没有改变夫妻之间的性别关系，原因何在？笔者依据前面的论述，将夫妻都外出的双流动家庭的夫妻分工模式分为两种：其一是"男主外、女主内"的传统分工模式；其二是夫妻之间分工界限比较模糊的现代分工模式。为了便于分析，笔者依次探讨两种分工模式下夫妻性别关系延续的原因。

1. 传统的不平等分工模式得以延续的原因

（1）分工建基于能力之上，且夫妻俩都认可目前的分工模式。上述这种分工模式是夫妻在共同生活中形成的,而且这种分工建基于能力之上。调查发现,丈夫的文化水平普遍高于妻子,经历也比妻子丰富。丈夫大都比妻子先外出,而且外出的次数也相对较多。丈夫的能力显著高于妻子,在出来之前如此,出来之后依然如此。相对而言,丈夫对家庭外事务投入的时间和精力较多,因而在家庭外事务的处理上更有经验。而妻子在家庭事务上投入的时间和精力较多,因此在做家务方面拥有优势。有研究认为,当男女在人力资本上投资相同时,如果妇女在家庭部门较之男子有比较优势,那么一个有效率的家庭,就会把妇女的主要时间配置到家庭部门,而把男子的主要时间配置到市场部门(贝克尔,1998:40)。贝克尔的比较优势理论在一定程度上可以解释上述这种分工现象。"因为自己的事业不同所以不平等,因为自己没有一个女强人的事业。"(案例5,刘女士)在刘女士看来,夫妻间的不平等表现在事业的不同,而这个不同则源于能力的不同:"因为自己的职业不同,自己没有这个职业。自己做不了这个职业,文化有限。"前面提到,刘女士以家庭为主,家里事做好了才到外面去做。她对此的解释是:"可以说看别人看自己,如果你没进步,你就要(有)这样的思想去做好这个。"个案3中的刘女士也表示她没有能力当家:"自己不想做主,自己没能力,没这个水平、没这个能力做主。"

(2)受传统社会性别规范的影响。传统社会性别规范规定了男性养家、女性持家。具体说就是夫妻在意识上已经接受了、内化了这样一种观念:养家的责任由丈夫来承担,持家的责任由妻子来负责。他们在意识层面这么认为,在现实生活中也如此行事。也就是说,案主们不仅建立了关于"男人"与"女人"的类型范畴,而且接受了相关的行为规范。调查发现,案主们普遍认为"男人挣钱养家,女人料理家务"的分工合理。"男人的责任是去外头挣钱,女人的责任是把家庭搞好,把家务、家里面的(事情)做好。各人有各人的分工。"(案例5,刘女士)"这个分工就是这样的,合理,本身挣钱就是以男人为主,是这样的。"(案例3,康先生)"男人挣钱,女人做家里的,应该合理。"(案例3,刘女士)案例17中的江先生夫妇都表示已经习惯了"男主外、女主内"的分工。所有男士均表示"洗衣服"是女人的事。当独自在外打工时,有的人是不得已自己洗,有的人是让朋友的妻子帮忙洗;当夫妻在一起后,男人们从来没有自己洗过衣服。

虽然农民工夫妻从市场化程度相对较低的地区迁移到市场化程度相对

较高的地区，夫妻之间的家庭分工内容跟老家相比有一定的改变，如丈夫从务农转变为从事非农职业，妻子的家务内容则简单了许多，至少不用再喂猪。但从文化的角度看，农民工夫妻仍然在同一文化（儒家文化）区内流动。受现有制度安排的影响，农民工夫妻的流动只是暂时的流动，而非永久性的流动，因此他们绝大部分是要回到农村社区生活的（具体可参见第六章的分析）。农村社区的亚文化在很大程度上就是父权文化，父权文化与传统性别规范相互支持，因此导致农民工夫妻在流入地依旧维持在老家已经形成的分工模式。

（3）受儒家伦理本位以及家庭本位文化的影响，农民工夫妻追求的是对家庭的义务，追求的是家庭整体利益而非个人的权利。在乡土中国，家庭不仅是生活单位，而且是生产单位，农民夫妻为了维持家庭的生存，必须在生产和生活中互相合作、互相配合、互相依赖。家庭本位的价值观强调家庭的和谐与稳定，强调家庭整体利益而非个体利益。"怎么讲呢，反正以前两个人配合，毕竟是夫妻，你不可能出来这里后，因为你更会挣钱回到家里就什么都不做，你说呢？这是不可能的事。作为老婆，如果不要上班，那么我可以少做点家务。两个人都去做事，那么就不能这样讲了，就要帮忙做了。反正家是自己的，不是别人的，反正没有什么分工不分工，会做的去做。"（案例4，严先生）

费孝通在分析传统社会时说，乡土社会是个男女有别的社会，是个稳定的社会。"男女有别使男女只是行为上按着一定的原则分工合作，他们不向对方要求心理上的契洽。西方社会是个人本位的，在家庭性别关系中，追求个人平等和两性平等权利占有重要地位；当代中国农村是家庭本位的，家庭内部讲等级、秩序，而不是民主、公平，讲家庭稳定多，讲个人幸福少，夫妻之间强调义务与和谐的关系，而不是权利与平等。"（费孝通，1998）妻子甘愿辅助丈夫，甘愿料理家庭，为了家庭整体利益而牺牲小我的利益。如"他没做（过）家务事，从小到大都没做家务事，没习惯做，再说我们会做家务，无所谓他做不做家务。反正为了一个家庭。"（案例3，刘女士）"会就多干一点，能者多劳。反正都是为了这个家。"（案例17，江先生）

外出是家庭的策略性安排，服务于家庭整体利益的改善。夫妻外出是家庭决策的结果，得到家庭成员的支持。尽管从农村流动到城市，农民工夫妻仍然处于儒家文化的影响下，他们仍然保持传统的价值观和期望，并受家庭义务约束。

受儒家伦理本位以及家庭本位文化的影响，农民工夫妻之间进行的交换是关系取向的交换（Jiping Zuo，2004；2008）。关系取向的社会交换强调的是夫妻对家庭的义务，强调夫妻关系的一致以及夫妻关系的和睦。农民工夫妻通过履行社会文化规定的对家庭的义务间接地进行交换。具体地说，妻子们通过做好家务来贡献家庭，而丈夫们则通过挣钱养家来服务家庭，夫妻之间通过履行各自对家庭的责任间接地实现义务上的平等。夫妻之间的这种间接交换模式不同于市场取向的直接交换。市场取向的交换认为，夫妻之间的利益是对立的，夫妻通过各自拥有的经济资源进行直接交换，这种交换强调的是公平与对等。市场取向的交换从个体理性出发，认为夫妻之间的博弈是零和博弈，夫妻之间的关系此消彼长。

本研究发现，农民工夫妻是家庭取向的，也是伦理本位的。他们在流入地临时租来的家中，彼此相互配合、相互支持，共同维持家庭。在家务分工方面，妻子们与丈夫相比承担了较多的家务，之所以如此，部分是因为她们能力有限，部分是因为她们按照社会性别期待行事，部分是因为她们意识到家务也是有价值的，也是对家庭的贡献。她们通过做家务，使丈夫们能够集中精力挣钱。在家庭权力分配方面，尽管丈夫占据主导地位，但家庭权力的分配是依据谁晓得谁决定的原则，而且家庭权力是用来服务家庭的，而非为个人服务。正因为如此，尽管妻子们在家庭权力上不如丈夫，但她们对此没有意见。农民工夫妻虽然分工不同，但都在尽自己的能力贡献家庭。只要夫妻都履行对家庭的责任与义务，那么农民工夫妻尤其是妻子们就会对夫妻之间的关系感到满意，就不会有不公平感。

2. 现代的相对平等的夫妻分工模式得以维持的原因

（1）夫妻之间的分工建基于能力之上。据调查，在第二组个案中妻子的能力与丈夫相差不大，从事的职业与丈夫基本相同，或者共同开店，或者共同进厂，或者做工。因而夫妻之间的平等表现在职业上的平等，职业的平等又源于能力的平等。她们与丈夫共同承担养家的责任。由于妻子能力强，因此夫妻在家庭事务的决策上遵循谁有理听谁的原则，谁都说得上话，夫妻的权力因此比较平等。"结婚之前就想，以后嫁人不能老公错了也听他的，什么都听他的。现在每对夫妻都差不多，不比以前妇女较无权力，男人权力较大。"（案例8，彭女士）妻子与丈夫在家务农的时候，除了耕田外，田里的其他农活和丈夫一起干，没什么分工，夫妻之间的能力差距不大。妻子外出的过程中，跟丈夫一样能够不断提高自身能力，能够与丈夫一起分担压力与责任。案例 15 中，严女士学习了制作泡粉的技术，案例 19 中也是妻子去学烹调技术。这些技术是在外出过程中学会的，掌握一定的技术使她们能够拥有与丈夫谈判的人力资本。由于妻子的能力与丈夫接近，因此能与丈夫从事相同的职业，夫妻之间因而能够维持比较平等的关系。

（2）丈夫对妻子的体贴很大程度上提高了妻子的平等感。丈夫主动帮忙做家务，在很大程度上提高了妻子的平等感。夫妻都在家务农时，丈夫主动帮忙做家务；夫妻都出来后，丈夫也会主动帮忙做家务。

有研究认为，当男方不体贴妻子、不很好地履行对家庭的义务时，妻子就会产生不平等的感觉。（左际平，2002：56）如个案 8 中江先生表示，他体谅妻子的辛苦。他说："自己能体会到老婆在家里的辛苦，包括她现在在外头的辛苦、自己的辛苦以及大人在家的辛苦。因为自己从小开始就做家里的事情。"

个案 19 中江女士不在意丈夫是否有本事，在意的是他对自己的体贴。她说："什么有本事有出息咧？两个人相处得好就可以了，其他事情可以慢慢再来，两个人商量得好就可以了。老公挣钱多少是次要的。作为一个女人，老公体贴点这是最主要的，其他都是次要的。如果老公对你好，其他（的事儿）两个（人）慢慢做，慢慢一起来嘛，你说是不是我觉得是这样子，老公对老婆体贴一点，多关心一下。"

因为丈夫尊重自己，江女士觉得夫妻"平等"。她说："像有些人感觉就不是这样平等，男的老是欺负女人，或者怎么样，打也好骂也好，女人感觉没有一点尊严，一点都不被尊重。我们公婆在两人一起就互相尊重，彼此平等的，这样子。"（个案 19，江女士）

（3）受儒家伦理本位以及家庭本位文化影响，农民工夫妻追求家庭关系的和睦以及夫妻对家庭的义务。夫妻共同外出是家庭的一种策略，是为了多挣钱，改善家庭的经济和家庭生活。为实现这个共同目标，夫妻在流入地根据各自的能力进行分工，并尽职尽责。

彭女士建立了关于"男人"与"女人"的类型范畴，男人的责任主要在于挣钱，女人的责任主要在于持家，尽管责任不同，但夫妻都要尽各自的能力去贡献家庭。她说："男人的思想负担对于挣钱方面肯定比较重的，女人对于家庭的思想负担比较重。女人负责家里面的，对于外头比较大的负担，如要买什么屋呀，则是男人的负担。家里的如饮食方面主要是女的，家外主要是男的。还是有点'男主外、女主内'，行动上做法上肯定有分工的，各人尽各人的能力，他能挣五千，我自己只能挣一千，尽了自己的能力，都是一份心。"（个案8，彭女士）

农民工夫妻之间的交换也是关系取向的，这种交换模式强调的是夫妻关系的和谐以及夫妻对家庭的义务（Jiping Zuo, 2002; 2004; 2008; Jiping Zuo and Yanjie Bian, 2005）。农民工夫妻们追求的是义务的平等，而不是权利的平等。农民夫妻之间的平等不是通过用各自拥有的资源进行直接交换来实现的，而是通过为家庭做贡献，履行各自对家庭的责任这种间接的交换方式来实现的，因而夫妻之间的平等可以说是责任与义务上的平等。农民工夫妻共同做家务，共同分享家庭权力，并且通过各自的实际行动贡献家庭。他们在流入地租来的家中互相合作、互相配合、相互体谅。

第三节 双流动家庭的夫妻关系维系与夫妻平等问题

农民工夫妻流动从最初的一方流动进入到夫妻双方共同流动阶段，夫妻关系的维系更多地体现在夫妻双方能否履行对家庭的义务，而这种义务是由社会文化规定的。

Thomas Burns（1973: 118）认为，行动者互动的结构和时间背景，包括行动者之间关系的过去和预计的特征，会影响行动者的行动取向、行动偏好、决策和互动模式。也就是说，社会交换的双方关系越稳定、越持久，那么就越可能形成"他人取向"（other orientation）而非"自我取向"（selforientation）的交换模式。行动和制度受社会关系的影响是社会理论中的古典问题。行动嵌入社会（关系）结构中，受社会（关系）结构的影响（Granovetter, 1985: 481）。同样的道理，农民工夫妻之间的互动（包括交换行动）受彼此关系质量和稳定性的影响。

本研究发现，绝大多数农民工夫妻关系是稳定的、持久的。绝大多数农民工夫妻相互依赖、相互合作、相互理解、互相信任。

研究发现，农民工夫妻流动并没有从根本上改变夫妻之间的性别关系。也就是说，原有的性别关系外出后得以维持，不平等的夫妻关系外出后依旧不平等，平等的夫妻关系外出后依旧平等。与此同时，我们还发现，受儒家伦理本位和家庭本位文化的影响，农民工夫妻之间的交换是关系取向的，这种交换模式强调夫妻利益的一致，强调夫妻关系的和睦以及夫妻对家庭的义务。也就是说，家庭取向的农民工夫妻追求的不是在家庭中权利的平等，而是各自对家庭义务的平等。

左际平通过在广西壮族自治区马山县的调研，对农业女性化过程中的夫妻平等问题进行了探讨。该研究指出，当夫妻一方不体贴对方为家庭付出的辛劳时，中国乡土式的平等观念和实现过程就会被打破，为家庭做贡献的一方就会感到不公平。其后果往往是夫妻之间发生冲突，最终导致感情破裂，影响夫妻合作关系的发展（左际平，2002：56）。

本研究一方面支持了左际平的研究发现，另一方面还发现如果配偶一方没有尽到其对家庭的义务，那么对方就会产生不公平感。下面笔者通过正反两个个案进行具体阐述。

一　男做大工女做小工、共同做家务与夫妻义务平等

个案28：罗先生，45岁，张女士，42岁，夫妻俩2004年共同外出做工，如今在建筑工地上班，一个做大工（技术工），一个做小工。

张女士告诉笔者，夫妻都在家务农的情境中，做事相互分工、相互配合，一起去干活，一起做家务。她说："去田里干活没什么分工，同时去干活，重活他做，他耕田，干完活一起回家。早上我烧火做饭，丈夫拌肥料。我弄好猪食，他去喂猪。"张女士将重活界定为男人的责任。

丈夫很主动去做事情，因而张女士对丈夫的评价很高。她说："他很晓得做，不是说分工不分工。他一直以来就很晓得做，不需要提醒，他自己会主动去做。他自己晓得去做，我从来没安排他去做。"

在夫妻都外出打工的情境中，夫妻一起上班，一起做家务。张女士说："早上夫妻一起去工地上班，丈夫做大工，我给丈夫做小工。下班一起回，回到住的地方，我用压力锅蒸饭、炒菜，他烧水。水烧好后一般他先洗澡，然后吃饭，吃完我洗衣，他洗碗筷。现在夫妻都出去，夫妻都做。他很勤快，我洗好衣服他会拿去晒。"

张女士与丈夫都尽自己的能力去贡献家庭。她说："自己在外面一天没干活，就会大喊大叫，会骂老板，说没活干就不要答应我。去干一天活，夫妻俩就有140元。不去干活，连一块四毛都没有。"在建筑工地打工很辛苦，她说："干活很辛苦，天晴、下雨、天冷都要去干活，路再远

也要去。"尽管干活很辛苦，但她表示，挣钱培养孩子是值得的。她说："为了一个家，为了两个小孩，当然值得。"

张女士觉得丈夫尽了其对家庭的责任。她说："丈夫十分疼爱小孩，过分疼爱，不会大声骂小孩，小孩被他顺坏了。他宁愿自己累，也不会叫小孩去干活。现在社会不同了，小孩都在玩。小孩没钱时，他对小孩说，你不要担心，我去找老板拿钱寄给你。他从来没骂过小孩。"

罗先生作为男人不仅尽到了其对子女的责任，而且尽到了对妻子的责任，这表现在他对妻子的体贴上。张女士说："他今年和去年更勤劳，以前没有这么勤劳。以前连上厕所的纸都要替他准备好，牙膏替他挤好，洗澡水要替他提好。"丈夫之所以会变得更勤劳，变得对妻子更体贴，原因在于她的身体不如以前了。她说："我更做不得了，做了身体会这边痛那边痛。他当然要帮忙做。自己的身体跟以前不同，他更体谅。以前他没有这么体谅。以前更懒，现在勤劳得多。现在下班一回家，我压饭、炒菜，他烧水。吃完我洗衣服，他洗碗筷。"

张女士表示，出来做工后夫妻的家务分工没变化。她说："在家的时候自己烧火，他喂猪。在外面自己烧火，他准备热水，差不多。"

张女士告诉笔者，丈夫很会做家务。她说："丈夫做家务事很晓得，如果家里请客，有三四张桌的客人，自己不用怕，丈夫捡捡拾拾很扎实。丈夫做事很周全。"正因为丈夫很会做事，因此她很满意。她说："不是自己吹的，自己嫁了好老公，就是有时他脾气不好，其他没什么可嫌弃的。"

家庭事务夫妻商量，谁晓得谁决定。她说："家庭事务有提起来说，没有说你说我说。我晓得的我决定，他晓得的他决定。"

在家庭权力的分配上，张女士觉得丈夫的权力更大，外出后与外出前一样。她说："要他说的才算，家里挣了多少钱要他才弄得清楚。打个比方，老板那里拿了多少钱，扣除自己的生活费，寄给小孩多少，是他拿去寄的，还有多的要存起来，我自己弄不清。男人的权力更大，有些事情我要问过男人敢不敢做，什么事情都有问过他。老板有活给我们做，会问老公敢不敢拿来做，他不同意就不做。在家的时候也是他权力大，几时（无论什么时候）都是他权力更大。在家里有酒吃，清明都是男人去吃。外面弄得到活做，要他满口答应才敢去做。"

从上述张女士的话语中我们可以看出，丈夫的权力主要体现在家庭经济的管理与支配以及家庭大事的决策上。丈夫的权力之所以会更大，部分原因在于家庭资源的管理与支配只有丈夫才弄得清楚；部分原因在于张女士尊重丈夫，出于维护丈夫作为男人的形象，她选择了让步。她说："打比方，今天他说了做就做，不做就不做。如果你不听，他会发火。我觉得他是一个男人，自己让他，自己不跟他争。男人要有威信。"

受父权文化的影响，张女士认为，男人的权力就要更大。她说："男人几时都是男人。女人最强不敢强过男人，女人讲十句话不如男人一句。"

家庭资源采取家庭取向的资源管理模式（Treas, 1993），夫妻俩挣的钱放在一起。对此，张女士说："自己从来没有对丈夫说，我挣的钱我拿起来，你挣的钱你拿起来。为了一个家庭，比如我挣50元，他挣50元，凑一起就100，两个人为何要分开？钱从来没分开。"显然，张女士是家庭本位的。

针对有朋友认为家里的钱肯定是张女士管，对于别人的质疑她回答说："你不信可以问我老公是他拿还是我拿，老公作证最好。买菜的钱放在那儿，不是说谁拿，他口袋从来不装钱，钱要寄给小孩，还有多少要存起来，都是他负责，我没理，我又不识字。自己没读书，好笨。"

很多人问张女士："会不会攒钱？"她回答说："不会，也不是自己吹的。虽然我老公脾气没十分好，他不会吃亏我，从来不会把钱拿去赌，也不会把钱送给别的女的，从来不会。我从来不会攒钱，一分钱都不会，他也不会吃亏我。你今天要买衣服，今天你要吃什么自己去买，他从来不会管。他还会叫我买好的衣服，再贵他都不会说。"

从张女士的话语中我们看到，尽管家庭经济资源由丈夫集中管理，但丈夫在金钱方面不会让她吃亏，丈夫很顾家，不会把钱花在不该花的地方。张女士有消费自主权。

张女士觉得她与丈夫的关系平等，这种平等显然不是权力方面的平等，而是义务上的平等。她说："怎么会不平等？做的东西没分，我做的事情他会帮忙做，全部事情他会帮忙做。"

在张女士看来，夫妻都出来打工后关系依然平等。她说："跟以前没变。"她表示，丈夫虽然"脾气不好"，但"做事情很有思量"，很会替她考虑，因此她给予丈夫很高的评价。她说："如何不如何，我已经公认他好，工地上只有我讲老公的好，只有我讲老公如何思量我。即使我对他生气，也不会说他的不好。长汀有句话是这么说的：'家里不好，外人欺。'本来就是出门，你家庭不好更加被别人欺，大鸡啄了小鸡啄。从来都没有讲他的不好。贵州、四川的工友对我说：'阿姨，从来都没有听人说老公的好，就你一个人说你老公如何照顾你，叫你什么东西都不要做，你老公叫你不要去做小工。'本来就是这么讲，他就是这样照顾我，他一直叫我不要去做。有一回我说要做，他说不要，他的手机不拿给我打电话给老板，意思他思量我。"

从上述张女士的话语中我们看到，她与丈夫之间的交换是关系取向的交换（Jiping Zuo, 2004, 2008; Jiping Zuo, Yanjie Bian, 2005）。关系取向的交换模式强调夫妻关系的和睦，强调夫妻对家庭的义务。张女士与丈夫都拼命挣钱，不管是晴天还是雨天，不论路有多远，只要有活干，张女士与丈夫都会干，为的是挣钱培养子女。张女士与丈夫在流入地租来的家中互相配合、互相体贴。

罗先生夫妻 2004 年共同外出做工，外出没有从根本上改变夫妻之间的性别关系。家务方面，夫妻共同做家务，丈夫会主动帮忙，外出前如此，外出后也如此。家庭权力方面，张女士尊重丈夫，不跟丈夫争权，丈夫的权力更大，外出前后都如此。虽然丈夫权力更大，但家庭取向的丈夫所掌握的权力是用来为家庭服务的。张女士不在乎谁的权力大，在乎的是家庭整体的利益。家庭资源采取家庭取向的资源管理模式，夫妻挣的钱放在一起，从来没有分开过。有研究指出，当丈夫能体贴妻子，且能很好地履行自己对家庭的义务时，妻子就会有平等的感觉（左际平，2002：56）。部分因丈夫的体贴，部分因夫妻都在尽各自对家庭的义务，因此她觉得夫妻关系平等。当然，这种平等不是家庭权力方面的平等，更多的是对家庭义务的平等。

那么在什么情况下，农民工夫妻会产生不公平感呢？研究发现，当夫妻一方没有尽到对家庭的责任时，对方就会产生不公平感。下面通过一个特殊案例进行具体说明。

二 一个特殊案例：男做大工、女做小工与夫妻义务不平等

这个个案的特殊在于丈夫不顾家，表现在丈夫没有尽到养家糊口的责任，平常不跟家里联系，甚至连过年也不回家跟家人团聚。由于他没有尽到对家庭的责任，妻子有很强的不公平感。

个案25：沈女士，40岁，一家四口，夫妻二人和两个儿子。2003 年丈夫去厦门打工，在建筑工地做工，沈女士留守在家。2004 年她跟丈夫去

厦门打工，后因丈夫不顾家，沈女士回家务农。2006年她独自去了泉州打工。

之所以跟丈夫外出打工，原因有二：一是丈夫2003年外出打工一年，没拿什么钱回家；二是由于以往没出过门，想尝试一下。沈女士说："丈夫2003年去了一年，没拿什么钱回来。意思是跟他出去有活干。另外自己没什么（怎么）出过门，想去外面尝试一下。"

沈女士在厦门做工，拉车和驮钢筋，在工地上干了两个月。那时做工一天有27元的收入，在家里一天的收入有18元。做了两个月她就放弃打工了，选择了回家，原因有两方面。一是丈夫不顾家。"丈夫这种人，你跟他出来后，他也是到处走，根本不知道他去哪里了。"由于丈夫来无影去无踪，家庭取向的沈女士对丈夫失望了，她从此开始打自己的主意。她说："他想去做的事情就去做，我也不想理，反正自己能挣多少就拿来培养小孩，他挣的钱爱拿去干嘛就干嘛。没有那么好的精神去理睬他，打自己的主意就好了。"二是出于对孩子的考虑，心里放心不下孩子。她说："去厦门后心里放心不下小孩。加上清明回家，大儿子说弟弟哭了好几次了。小儿子读小学时会哭，没大人在家。自己在厦门会想小孩，有时候想到小孩在家，自己在外头，心肝都会出眼泪。"

家庭取向的沈女士会想念孩子，而个人取向的丈夫则不会。她说："像丈夫那样一点都不会想子女，他说想子女干嘛！他这种人长了这样的心。所以说小孩从小到大去镇上赶集，上街跟下街，从来不会跟他。他没买果子给小孩吃，也没拿钱给小孩，只顾自己。"

沈女士认为，父母只有关心孩子，对孩子负责，以后孩子才会反过来理睬父母。她说："有些小孩跟父亲好，有些跟母亲好。对子女要负责、要理睬，吃的用的。平常你负责小孩，小孩才会理你。你不理我，你（只）说一声'你是我爸爸'，你永世以来都没理我。子女全部要这样去做，他们才会反过来理你。"

正因为丈夫不关心孩子，因而两个儿子都不想理睬他。沈女士说："我们的小孩还小的时候，他才不管你有穿没穿，穿得再烂他也不晓得。五日墟（当地有集市，五天一次）有点果子，去中心小学读书，在店里等小孩放学后出来，小孩才会跟你。你如果永世不理小孩，小孩也不会理你，就这样。但是没人说（他做）得对，没一个跟他那样，很少跟他那样的。"

外出打工后，个人取向的丈夫依旧不关心子女。沈女士说："他不关心子女，连电话都没打回来，手机号码都改掉，打不通。连带他自己也不打电话回来。班主任跟我儿子说，以后你爸爸回来，你不要理睬他。大儿子从龙岩读完书没用他一分钱，现在儿子在厦门打工了。"

由于丈夫只顾自己，不顾家，所以沈女士再次出门时没有跟丈夫一起，而是独自去了另一个城市。2006年沈女士去泉州打工，帮别人洗碗筷。之所以再次出门，是因为丈夫不顾家，一个家庭靠自己一个人来维持实在辛苦，想改变一下环境。她说："觉得一个人在家里做很那个……有的时候……看下给别人打工会不会更轻松。"沈女士谈到了一个人维持家的辛苦。"有的时候，比如在家里，晚上很晚了看不见了，还要点电筒去收晒出去的稻谷。有次没收起来，半夜下起雨来，当时恨不得要哭。这边摸黑看不见，这边雨又落下来了。"

这次外出也没持续多长时间，因为读初中的儿子打电话说他去泉州，不读书了。因此她只好放弃打工，选择回家。

儿子之所以会产生厌学情绪，在沈女士看来，是由于父母都外出了，儿子一个人在家没人可依靠，更主要的原因是父亲不顾家。她说："意思是我出门了，爸爸也出去了，觉得爸爸反正都不顾家，他想还不如不读书了。"

沈女士从厦门打电话给嫂子，嫂子说最好还是她自己回来。她说："我回来后打电话催了儿子几次，叫他回来读书，他哥哥也叫他回来读书。当时我很信任儿子，卖稻谷的1000多元钱都在他身上，全部都在他存折上。他没有乱花钱，就是车票、密码箱和一条裤子的钱。我打电话给儿子，觉得纸票呢去了泉州用掉了。电话中听到儿子的哭声，儿子回来后我也没怎么说他。"

丈夫的不顾家、儿子的弃学以及一个人维持家庭的艰辛，让沈女士对人生充满了感叹，她感叹人生的不公平。（在访谈中，沈女士说到伤心处多次落泪——笔者注）

"唉，做人一辈子，常常觉得做人很没意思，反正很多烦恼的东西。我在儿子面前说做人好不公平，儿子说不公平的东西多。天下不公平的东西很多，为何有些人轻轻松松吃好穿好，自己辛辛苦苦还要吃苦穿烂？干活累得半死还要比别人吃得更苦，穿得更烂。其他人随便过的生活都比自己好。"

这种不公平感源于尽管自己尽了力去维持家庭，但家庭就是不如别人。访谈的时候一位婆婆也在现场，这位婆婆说："总不可能一辈子都这么累。"沈女士反驳说："怎么不会，命运长成这样的人。"在沈女士看来，家庭生活之所以不如别的女人，原因不在于自己，而是因为老公不好，老公不好使得一个家庭只能依靠自己。她说："你不要说什么，女人如果嫁的老公不好会制得你一辈子死，制得你死，制得你很死。就拿我来讲，不是我好高，平平常常女人干活，自己干活不会赢不了别人，但是你家庭就不如别人。干活，这么多妇女当中，我挑也赢得别人，做也赢得别人，但是家庭就比这么多妇女穷，就赢不了别人，你说是不是？你嫁的老公不好制得一辈子死。"

正因为丈夫不顾家，对家庭没有责任感，沈女士有了不公平感，夫妻关系已经到了要离婚的地步。她说："唉，那时候，觉得这个人（丈夫）没了，死掉了，很想跟这个人离婚，他没有一样像话。（离婚之事）在哥哥面前讲过几次。哥哥说，你要看儿子一面，你跟他离婚也是这么大的事，不跟他离婚也是这么大的事。你儿子这么大了，不是还小，离婚了还可以带。现在儿子这么大了，你没办法了，就当没这个老公好了。"

之所以没有跟丈夫离婚是出于对儿子的负责，看在儿子的面上。家庭取向的她说："自己就是看两个儿子一面，只会看儿子的面。像他那么多年，觉得没什么好看的了。真的只会看两个小孩的一面。小孩是自己生下来的，如果你自己不理，小孩如果变成叫花子（指乞丐）会害小孩一辈子。没办法，小孩生都生出来了。"

正因为亲子关系的存在才使得夫妻关系得以维系，家庭取向的沈女士尽力去培养小孩。她说："自己当时只会想尽自己的能力去做，自己能做到多少就做多少，自己做不到就没办法了，等于就是这样。"

2007年中秋节丈夫回来，过完节又出去了。丈夫回来的时候，她没理睬他，对此她坚定地说："真是没理睬他，反正想得很绝。他去了这么多年，他什么都不要，去了这么多年连家庭都不要。"她害怕丈夫回来，对丈夫的感觉已经很陌生。她说："感觉自己会怕他回来了，觉得这个人好像跟陌生人一样了，就跟不认得的人一样。他去了这么多年，又没见过面，又没怎么样，就跟陌生人一样。就这样，感觉怕他回来。两个小孩也当作他不回来了，父子没感情了，他都没管。"说到此她哭了，眼圈红红的，充满了泪水。

　　沈女士建立了关于"好男人"的类型范畴，在她看来，好男人不在于要会挣钱，而是要沉着、诚实，能承担家庭的责任。她说："不是自己碰到的男人就要很会挣钱，但是要碰到一个沉着的男人，能够依靠得上，你说是不是？如果会挣钱的人把钱乱花，跟你什么都没协商那也没用。反正种田的人，你只要碰到这样的男人，比如种田，重的男人去挑，不能（说）重的也要女的来挑。做事情不能欺骗对方，比如跟别人赊账的不能说是自己付钱买的，等到别人去你家要钱的时候你又会气得半死。就要诚实。"显然，沈女士关于好男人的界定，受到了农村社区情理的影响。

　　考虑到丈夫有改过自新的意思，沈女士接受了丈夫回家。但从此开始，罗先生在家中没了权力。农田的管理，如今罗先生说不上话。沈女士说："田里的活现在我做主，比如我不去，他不知道要如何做。种烟也是我做主，我说施几次肥就施几次。他就知道摘烟叶和烤烟。他好几年没种田了，下多少肥料都不知道。我说下多少斤肥料就下多少斤。"

　　也就是说，罗先生之前的不顾家行为导致自身在家庭中地位的下降。不仅如此，罗先生被剥夺了家庭资源的管理权。沈女士说："钱我也拿不到，他也拿不到，儿子才拿得到。现在的户头是我的了，收烟的时候身份证也是用我的。密码是儿子设的，收烟的钱都是儿子去取的。我叫儿子不要把密码告诉他爸爸。"

　　沈女士之所以会有不公平感，主要原因就在于丈夫没有尽到作为丈夫、作为父亲对家庭的责任。由于丈夫不顾家，沈女士一个人支撑家庭。从沈女士的上述话语我们可以看出，她是家庭本位的，她强调的不是个人权利，而是家庭整体利益。尽管作为女性她不输给其他妇女，但家庭就是不如别人。家庭之所以会不如别人，是因为丈夫不顾家，这使得沈女士产生了不公平感。沈女士坚持关系取向的交换模式，因此她才会尽力去贡献家庭。丈夫不顾家，没有尽到其应有的对家庭的责任。夫妻家庭义务上的失衡，使沈女士产生了不公平感。

　　个案25与个案28形成了鲜明的对比。个案28中，张女士尽管在家庭权力分配方面不如丈夫有权，但丈夫一方面尽力挣钱养家糊口，一方面对张女士很思量、很体贴。而个案25中，罗先生虽然在外打工多年，但挣的钱没用在家庭上、没用在孩子身上，没有尽到其作为丈夫、作为父亲应尽的责任。相比个案28中的张女士，沈女士只能一个人维持家庭，只能既扮演工具性角色又扮演表达性角色。由于缺少丈夫的配合，沈女士尽管尽了力，但家庭就是不如别人，这使得沈女士产生了不公平感。

笔者通过正反两个个案说明受儒家伦理本位和家庭本位文化的影响，农民工夫妻之间的交换是关系取向的交换。该交换模式强调的是夫妻对家庭的义务，强调夫妻关系的和睦。只有夫妻双方都尽自己的能力去贡献家庭，夫妻家庭义务平衡，夫妻才不会有不公平感。如果夫妻一方没有尽到其对家庭的义务，夫妻家庭义务失去平衡，对方就会产生不公平感，夫妻之间的关系就会因此而受到破坏。上述两个个案还说明，农民工夫妻追求的不是个人权利的平等，而是对家庭义务的平等。

小结

笔者调查的30个农民工家庭中，29对夫妻是家庭取向的，只有1个家庭（个案25）中丈夫是个人取向的。尽管如此，该家庭的妻子也是家庭取向的。农民工夫妻在家庭经济资源的管理上实行的是家庭取向的管理模式，夫妻俩挣的钱放在一起，不分你我。这种家庭资源管理模式如（Treas, 1993: 723）所说是集体取向的。

通过上述分析，我们发现受儒家伦理本位和家庭本位文化影响，农民工夫妻之间的交换是关系取向的（左际平、边燕杰，2005: 604）。在这种交换模式中，夫妻之间的交换关系是间接的，配偶之间不是直接交换，而是通过履行他们对家庭的义务来进行间接交换。关系取向的交换强调夫妻关系的和谐、夫妻相互信任和权威结构（Curtis, 1986; Ekeh, 1974; Treas, 1993; Jiping Zuo and Yanjie Bian, 2005）。这种间接的互惠模式承认配偶工作和家务劳动对家庭的贡献（Clark and Mills, 1993; Jiping Zuo and Yanjie Bian, 2005）。农民工夫妻尽管由于能力不同导致分工不同、从事的职业不同，但他们都尽各自的能力去贡献家庭。夫妻双方都认为，无论是在家庭做家务、带孩子，还是在外做生意挣钱、做工挣钱，都是为家庭做贡献。尽管夫妻能力不同，在对家庭的贡献上形式有所不同，但总体而言，夫妻对家庭的贡献是相同的。

这种间接的交换模式强调和谐关系的维持和提升，甚至以牺牲个人的利益为代价（lin, 2000; Jiping Zuo and Yanjie Bian, 2005）。如个案5中的刘女士在家庭权力分配方面主动向丈夫让步。尽管家务都是刘女士一个人做，但她没有觉得不公平。虽然她认为丈夫的责任是挣钱养家，自己的主要责任是料理好家务,但她在搞好家庭的同时还去打工挣钱,以尽自己对家庭的义务。个案 28 中的张女士也是在家庭权力分配方面选择了让步,为的是维护丈夫作为男人的气质。家庭集体主义依赖于家庭资源的集中,把家庭的利益看得比个人的需求更重要,通过家庭的情感和履行个体对家庭的义务来实现关系的和谐(Fei, 1949; Liang, 1949; Yang, 1959; Jiping Zuo and Yanjie Bian, 2005)。

第六章　流动家庭的走势：延续或终结

如前所述，社会转型期农民外出流动是制度、家庭等多种因素综合作用的结果。城乡之间巨大的经济和社会差距吸引着农民离开土地进城打工或经商，户籍制度以及与此相关的其他制度安排的松动为农民的外出提供了可能性和合法性。农村家庭联产承包责任制的推行使得农民的主体性和能动性得以发挥，由此农民自主地安排农业生产和配置劳动力资源，农业生产效率得到了极大的提高。生产效率的提高使得农业劳动力与土地之间的矛盾更加突出，农民开始在农业之外寻求非农收入。

改革的推行和人民公社制度的终结，使农民从制度的束缚中解放出来。改革的推行使农民获得了"自由流动资源"和"自由流动空间"（孙立平，1993：65）。农民是理性的，这种理性不是个体理性，而是家庭理性。家庭本位的价值观，使得农民外出时考虑更多的是家庭而不是个人。为了寻求家庭的生存和发展，农民家庭制定了外出的家庭策略。

外出是农民家庭的一种策略，这种策略服务于家庭经济的改善。农民的外出特别是家庭核心成员的外出引起了农民家庭形态的变化，如丈夫单独外出过程中出现的单流动家庭以及夫妻共同外出过程中出现的双流动家庭。为了配合外出家庭策略的实行，农民工夫妻通过不同的性别分工来共同维持家庭。

始于20世纪80年代中后期的农民大规模城乡流动现象，到目前为止没有减缓的趋势。调查对象普遍反映，外出已经成为社会的潮流，是社会的趋势。"现在的社会潮流是年轻人出门"（案例8，彭女士）。"外出是社会的趋势"（案例15，罗先生）。尽管农民外出的趋势不可扭转，但农民工在城里务工或经商以及生活仍然受到了现有制度安排的影响。诚然，农民进城务工或经商在一定程度上冲击了城乡二元结构。有学者认为，流入城市的农民工实际上突破了传统的城乡二元结构的束缚，开创了三元社会结构的先例（李强，2004：368）。农民工不同于农民，也不同于城市居民。"农民"表明了他们的社会身份，"工"表明的是他们的职业。"农民工"就是"农民"这种身份与"工"这种职业的一种独特的组合。"农民工"这个身份职业群体，正如这种称谓所表明的，反映的是一种极为矛盾的现实。他们的户口是农村的，但其基本活动场所却是在城市中（孙立平，2004：152）。有的甚至只是在春节期间才回到农村生活几天，更有举家出来而几年不回老家的。"行政主导型的二元社会结构"（孙立平，2004：152）阻碍了农民工社会身份的转换。

以户籍制度为核心的相关制度安排以及由此体现的城乡二元结构，使得农民工难以向城市居民转化，难以在流入地城市化。由此农民工的流动具有不同于西方的特点，表现在我国人口的流动是受限制的，而西方人口的流动是自由流动。不仅如此，我国农民流入城市后不能取得城市身份，而欧美国家的农民流入城市后，可以在城市定居完成城市化，成为市民。这些制度安排使得农民工的流动更多的是候鸟式的循环流动。所谓循环流动，是指农民工每年从农村流入城市，再从城市流入农村，年复一年地循环往复（李强，2004：80）。循环流动是户籍制度的产物，由于农民工不能在城市取得正式身份，这样他们就将农村的家庭视为自己永久的家庭（李强，2004：80）。有研究认为，农民工的循环流动具有如下特点：一方面表现为农民工自己一生中的循环，即农民工在劳动力最富足的年龄往返于城乡之间；另一方面也表现为代际循环，即老一代的农民工因年龄大返回农村，而他们的子女开始在城乡之间流动。农民工的流动还具有季节性特点，每年春节之前从城市流回农村（李强，2004：80）。有些外出的农民工还在农忙时节回家帮忙，因而其季节性表现为农忙时回家种地、农闲时外出打工。

笔者在调查中也发现了上述循环流动的特点。在丈夫一方单独外出的单流动家庭中，很多丈夫是在农闲时才外出打工，农忙时回家帮忙；而夫妻共同外出的双流动家庭则一般是在节假日，尤其是春节和中秋节才回家。

尽管农民在城市务工或经商面临诸多限制和不利条件，但他们仍然顽强地在城市生存下来。笔者调查发现，共同外出的夫妻基本是住在一起，他们租房子住。农民工夫妻在城里生活和工作，在城里居住了多年，许多方面已经跟城里人无异。但当笔者问他们是否打算长期在此务工或经商时，他们大都明确表示年轻的时候在外打拼，等年纪大了拼不动了就回老家，少部分表示要看条件。

既然外出已经成为社会的潮流，那么进入城市务工或经商的农民是否会选择在当地安家呢？农民工家庭是会延续下去还是走向终结？原因何在？

关于农民工家庭模式的走势，李强（1996）认为，一方面由于城乡差距的存在，一方面也由于城市生存空间的限制、人口的压力、户籍制度的限制等，农民工分居的家庭在数量上会不断增加。就我国农民总体而言，在未来很长一段时间分居家庭模式都会是农民家庭的主要形式。李强的研究更多是从宏观侧面（如制度、人口等）考察农民工家庭模式延续的原因。

笔者认为，研究流动家庭的走势，不仅要考察宏观层面的制度因素，而且要考察微观层面的家庭因素。

第一节 土地制度与家乡情结

笔者调查发现，农民工绝大部分在家乡还有土地和房子，因此尽管他们在城里工作和生活多年，但他们对生于斯、长于斯的家乡依然有着浓厚的情结。

一 家是"根据地""避风港"

个案15：罗先生，初中文化，1996年结婚。2000年前，他一个人外出务工，妻子留守在家，农忙时节回家帮忙。2006年他与妻子在县城开饮食店，2007年夫妻俩来到厦门开饮食店。

罗先生外出打工是"为了一个目标：把家庭搞好"。由于"出门是摸着石头过河，先走出来，打工也要找到落脚点"，因此他把家庭看作根据地。他说："家是根据地、是避风港，你再没钱的时候，回家有地方落脚，老家是不能丢掉的。你在外头打工十分不得意的时候（可以）回家，家是避风港。打工如果没找好地方的话，没地方落脚。所以我还是属于没胆量，还不能完全放开手脚。所以老家使得你还有后路，可退回去的。"受农村社区情理的影响，罗先生具有浓厚的老家情怀。他说："因为我们出生于农村，因此爱农村。假如有钱以后，如果以后有变化，回去买田地，叶落归根。也许还会在农村置田产地产。这是以后的事。"

罗先生表示，有钱后如果要盖房子，首选是回老家盖。他说："有纸票家里也要做，家里先做，从农村走向城市，周边的人搬迁到镇上住，镇上的人搬迁到城里住。按照这个趋势去走，但是家里还是要的。"

罗先生把老家看作根据地和避风的港湾，当打工不如意的时候他可选择退回老家，老家可以提供落脚之处。他不想也不愿意放弃老家，他割舍不掉老家，老家在某种程度上束缚了他，使得他不能完全放开手脚。拥有浓厚家乡情结的他想在有钱后回乡置些地产，想落叶归根。

笔者的调查显示，大多数农民工表示，在打工有钱后会首先回老家盖房子，其次才是在打工所在地生活。罗先生保持与家乡的密切联系，现在每周五下午会给父母以及儿子打电话，并经常汇款回家。家乡还留有土地。

二 "老家毕竟是老家"

个案8：江先生与彭女士，2007年夫妻俩一起来厦门进厂打工。江先生夫妇与儿子租房住，弟弟、弟媳以及妹妹都在厦门打工。

考虑到自己是打工，挣钱能力有限，因此江先生没有在打工所在地安家的打算。他说："自己的能力没想过，幻想是肯定会的（笑——笔者注）。以自己目前的能力是没想到，但是以后的发展肯定不晓得。讲真实点，目前的能力达不到，跟做梦一样，幻想买一次彩票中奖，不可能，这是未知数。心中肯定是想的，问题是理想一跟现实结合，以目前的能力是不太可能的事，毕竟做每件事要有基础。"

部分由于打工不是长久之计，部分因为老家的土地可以提供生活保障，部分受农村社区情理以及家庭因素的影响，因此在彭女士看来，如果有钱首选回老家盖房。她说："现在的想法是大家在这里上班，如果有这个能力，在老家盖栋比较像样的房子，一家人住。幻想过了在外头有屋子，但实际上没往这边想。因为夫妻都打工，屋价很高，实际是没想的，凭空想是每个人都会的。目前来讲想把房子建在老家，比较实在点，毕竟自己没工作。如果把房子建在县城，以后的生活不知道。如果自己以后在县城开店挣了很多钱，还是想在老家建一栋房子，一方面大人[①]在老家住得比较习惯，接大人去城里住，他们的生活习惯还是改变不过来。在家里做一栋，大家住一起，够住就行。如果还有多余的钱可以考虑在县城或者

---

① 大人是客家方言，指公公婆婆。

厦门买一套房,这是以后的事情。老家毕竟是老家!如果以后自己没这个能力去打拼了,只有这个能力在家种田过日子也可以。小孩呢,以后读书出来了。当你没这个能力了,在城里的话不可能坐在那里等饭吃,除非小孩来路得对①,以后能挣很多钱,那是以后的事。目前的打算是要按照自己的环境和实际的生活来想,在老家你没挣吃的能力了,种田总是还会。当年纪大的时候,在老家挣自己吃的总是能行的。"

江先生一家八口,因为外出打工一个家分成两个家,老家一个家,厦门一个家。江先生夫妇常跟家里的父母联系,彭女士说:"家里要钱的时候会寄钱回家,而且家里也有收入。现在跟家里的联系多,大家都有打电话回家。我一个礼拜最少打一次,他比较少。"

江先生与彭女士没有打算把家安在厦门,因为他们觉得凭借自己的能力还无法达到。他们觉得比较实际的想法是在老家建房子,一来父母住得习惯;二来土地能够提供生存保障。年轻的时候可以在外打拼,年纪大了拼不动了就只能回家种田,老家毕竟是老家。他们具有浓厚的家乡情结,与家乡保持密切的联系,经常打电话回家。家乡的土地依然由父母耕种。

三 "老家才是真正的家""我们自己的根永远在老家"

个案23:江先生,油漆工,他和妻子以及两个女儿,如今租住民房。

江先生表示,有钱后会在老家盖房子,因为房子是根。他说:"如果有钱,要买房子,还是会选择在老家,再有能力一点就在县城。基本上自己能做一点房子,建房子跟买房子价钱差不多,宁愿在老家建一座房子,在老家建起一座房子是根。在外面买就不一样,买了三五十年,买了十几年之后如果拆迁,补贴你点。"

之所以要把房子盖在老家,部分是因为打工不是长久之计,部分是考虑到家庭因素,部分是因为家乡土地能够提供生存保障。他说:"自己的根永远是在那里。自己祖籍在那边,对农村生活还是比较适应,如果真的在城里生活,我们还是跟不上。我们老的时候,经济来源就没有了,你要靠什么经济来源是不可能的,人家也不会给你,是不是?在农村,再怎么老的话随便种点菜,米随便都有得吃。像在城里就没经济来源了,你要去买菜呀,还有其他什么东西呀,我们根本没这个经济实力。在这里把房子

---

① 来路得对是客家方言,指有出息。

买下去，每个月管理费要多少，算起来，宁愿把这些管理费拿来家里吃，房子建好的话，还不是差不多。我们老的时候，管理费的钱就是我们养老的钱。各人的想法不一样，我的想法跟别人不一样。"

江先生觉得，自己在打工所在地是无根的，到处流动。他说："比如我们事情比较少的时候，随时随地都可以走。如果根在这边，想走都没那么容易，考虑的方面就很多。"

在江先生看来，家庭是否流动取决于家庭经济状况。在他眼里，只有老家才是真正的家，目前租住的家是临时的，是功能性的。受社区情理的影响，他认为主要的家还是在老家，心理上的家永远在那个地方。他说："自己的家现在就是流动的，比如我们经济之类的（情况）可以在这边生活的话，生活能力可以在这边待下去的话，就暂时在这边，如果不行的话，先把家留在这边，自己先到外面闯一下，有这个能力的话就把家带到那边。家庭是流动的，主要的家还是老家，这边的家是次要的。现在一个家庭在这边，因此这边现在也成为主要的家了。自己在考虑的时候，有问题思考的时候，就是说这个家还是在老家，不是在这边。心里还是觉得老家才是真正的家。我们自己的心永远还是归属于老家，我们的根在老家，没办法。我们现在什么东西都是向人家借来的，以后如果人家需要的时候，我们还要还给人家，不是（到）我们自己的。像我们把房子租下来，如果这边房子要拆迁的话，那我们（到）哪里去住？要另外找地方住。这房子本来就不是我们的，我们是跟人借来住的，意思是这样子。虽然要给人家钱，但是借来的，不是我们自己的。"

受户籍制度以及土地制度的影响，江先生认为，自己的根永远在老家。他说："有钱的人会想在这里买房子，你买之后，你的子孙未必能在这里待得下去。如果待不下去，你的房子就没用了，如果你想把房子卖掉，便宜你不肯卖，想卖好价钱人家不要。好地方价钱高你买不起，差的地方以后卖都卖不出去。我的想法不一样，就是说要建房子的话，那么最好能先在老家建房，有自己的根，在祖籍所在地弄好以后，有这种经济能力，为了孩子在外面再买房子。老家交给我们做父母的去打理，我们还是把小孩带到外面来发展，等到我们老的时候，小孩在这里就有他们自己的空间了，我们就回老家养老，城里空间交给孩子自己去发展。如果孩子觉得不好发展的时候，那个房子是小孩的事。我们老一辈不管这些了，安心在家里养老。在老家做什么事情都比较顺手，想怎么做就怎么做。在这里，我们要去做都没法去做。"

如果有钱，江先生会首先在老家盖房子，在他看来建一座房子是根。受社区情理的影响，他觉得自己的根永远在老家，因为自己祖籍在那儿，对农村生活也比较适应。江先生之所以会这么认为，是因为自己在城里打工，工作不稳定，收入不稳定，经济来源得不到保障，跟不上城里的生活；深层次的原因在于以户籍制度为核心的一系列制度安排以及由此体现的二元社会结构的存在。农民工由于没有城市户口，无法享受政府提供的社会保障。而在老家因为有土地提供的保障，可以自己种稻谷、种菜，吃饭不成问题。他觉得老家才是真正的家，老家是主要的，这边的家是次要的。他心里的家还是老家，这边的家是借来的，是要还给人的。他感觉自己目前的家是流动的，随时随地都可以走。家是流动的，家要流向哪里，由自己的生活能力来决定。江先生想在年轻的时候在城里打拼，老了回老家养老。他觉得自己在老家比较适应，做事情比较顺手。

个案 22：苏先生，35 岁左右，初中文化，木工，江女士，初中文化，在家带儿子，一家三口租住在民房。

与个案 23 相似，江女士也表示，有钱后会选择回老家盖房子。之所以这么选择，是由于受现有户籍制度的影响，依靠打工谋生的他们在年纪大的时候会缺少经济来源。她说："因为像在城里生活，自己老了什么都没有保障，就算你房子有保障了，吃喝哪来的保障？还有生活各个方面，房子管理费什么的多少也要开支。像我一个老乡，她老公一个月有六千多，她自己可以买房子了，她都不愿意买而是选择回老家去做。我一年花点钱在外面租房子，回家住可以很舒服，空调什么的都有，建得像别墅一样，在紧急情况下我还有资金来周转。你在这把一二十万买了就没钱了。我拿十万回家去做房子可以做得很漂亮，我还有十万周转，紧急情况我可以不用向人借。"

江女士一家三口租房子住，但她感觉这个家不是自己的，而是别人的。她说："这个房子是别人的，毕竟租别人的，老家的房子毕竟是自己的，这个家不是自己的。"

尽管是租来的房子，江女士表示，这个租来的家"多少有点家的感觉，像是在自己家里一样"。然而，她很快就意识到租来的家与老家的家的不同。她说："这个家是租来的、借来的，老家的家是自己的，肯定不一样。根不在这，而且龙岩人很排外的，特别是本地的，厦门还好。在这里如果你碰到好的房东还好，碰到不好的房东会很糟糕。"

江女士表示，有钱后会选择回老家盖房子，一是担心老了在城里生活没有保障；二是她觉得老家才是自己的家，现在租住的房子是别人的。根在老家，在老家住会比较舒服。

四 "老家是真正的家""我们的家在那个地方"

个案17：江先生是泥水工，搞泥水装修，一家三口租套房住，母亲还在老家。

江先生表示，有钱后会回到家乡买房子。之所以这么做，是考虑到打工不是长久之计以及一些家庭因素。他说："工作环境，打工这种体力活到了一定年龄干不动了，到时候开支收入方面要考虑一下。到了一定年龄的时候你可能就要回家了，退回家了，就要结束打工生涯了，首选是回老家。"

江先生觉得租来的家与老家不同。朋友插话说："这边才是真正的家，老家是副的家。"江先生笑着说："现在这个家是临时的家、没有根的家，因为是租来的、别人的，我的家在那个地方。"

江先生有钱会首先回老家买房，一是因为老家才是真正的家，二是因为打工不是长久的。他觉得租来的家是临时的、没有根的，自己的家在那个地方。

"家是根据地""家是避风港""老家毕竟是老家""老家是根""老家才是真正的家"。透过这些质朴的语言，我们可以看到农民工身上浓厚的家乡情结。农民工之所以会有如此强的家乡情怀，笔者以为首先是受社区情理的影响，老家是他们出生的地方、长大的地方，所谓"我们出生于农村，因此爱农村"（案例15，罗先生）。回到农村生活会让他们感到比较熟悉，比较舒服。其次，他们大都拥有土地，土地可以给他们提供生活保障[①]。他们依恋家乡，在某种程度上是依恋土地。农民工年轻的时候在城里打拼，年纪大了拼不动的时候，就没了正常的收入来源，缺乏社会保障的他们只得回农村种田。再次，农民工在城里生活还会受到城里人尤其是本地人的排斥（案例22，江女士）。在家里毕竟人与人之间的情谊比较深

[①] 有研究发现，外出就业的农民多数没有割断与家乡承包地的联系。农民工是有农村承包土地为保障的有缓冲余地的兼业性、过渡性转移。（王西玉、崔传玉、赵阳、马忠东，2000：67）

厚，城里人人情比较淡（案例14，罗先生）。最后，农民工在城里没有房子，也买不起房子，他们只好租住别人的房子，没有所有权，只有使用权，而且这个使用权只是暂时的。

第二节 家庭生计与流动家庭的生存策略

外出务工或经商的农民把家庭带到城市，他们在城市租住别人的房子。有研究根据农民工是否有定居的愿望，把城市农民工分为准备定居的农民工和不准备定居的农民工（李强，2004：63）。也有研究把"流动人口"区分为城市中的新移民和"暂住者"（李路路，2003：126）。笔者根据农民工是否有迁移意愿，把农民工家庭的生存策略分为两种：流动型生存策略和定居型生存策略。

一 流动型生存策略

（一）跟着市场走：看能否接到订单

个案5：马先生，40岁，高中文化，妻子文盲，租住套房。马先生现在跑业务，妻子主要在家料理家务，父母和儿子在老家。

在马先生外出跑业务的过程中，一个家变成了两个家。他说："爹妈还有小孩在老家要生活，在这里也有一个家，家庭的生活费用、电话费、交通费，还有人情世故等等，成为一个家总有那么多费用。因为当时是先有老家这个家，因为我要出来这里，不得已要出来发展，出来自己生活上很辛苦，老婆是等自己有一定的收入了才过来，就这样形成了两个家。"

在马先生看来，两个家的出现部分在于为了让父母过上好日子；部分在于孩子的教育问题，为了不影响孩子的教育；部分在于家乡经济落后，缺少挣钱的机会。他说："就是因为在家里发展的机会很少，这里是比较发达的地区。来这里发展，说土气点就是多挣点钱，小孩才有以后，爹妈在家干活也比较辛苦，因此身体积累的后遗症比较多。让爹妈过好日子，有能力去培养小孩。小孩如果有能力出国，自己就要有能力支持。在家里这些显然实现不了，但在广东也许就可以实现得了。还有就是小孩的教育问题，考虑到他的读书问题，就是这个原因。其实讲起来一个家的费用比起两个家肯定不会更多，但是呢考虑到区域问题。小孩带出来这儿读书，回去老家参加考试，是绝对考赢不了别人的，会造成这种局面还是因为小孩的教育问题。"

刚出来跑业务时一个客户都没有，马先生备感压力，精神上备感孤独。他说："很艰辛，感觉到来自方方面面的压力，经济上的压力呀，自己业务又做不好。一个人感到很孤独，半夜里经常睡不着，坐在床上想小孩、想家里人，眼泪都会走出来。"

后来他通过花钱做关系，运作社会资本，一步一步打开局面。他说："自己去跑，去联系，慢慢地跑出来的。做关系、社交，说土点就是在花钱。关系是钱做出来的。客户比我们接触的人更多，接触了无数的客户，什么层次的人他都接触过，什么样的人他都见过了。你要能做进去，要能做好，肯定要有过人之处。不断地跟人沟通，不断地跟人吃饭，建立一定的关系。不会花钱是做不出来的。"

经过一年半的打拼，2005年下半年生意开始稳定下来，经济开始好转，妻子也过来了，夫妻俩租住现在的套房。2008年暑假，笔者做调查的时候，他把父母和孩子都接了出来。他对现在的生活状况是这么看的："生活比较简单，关系做好了，做贸易嘛，客户关系已经巩固了。"

由于是做生意，而生意的好坏以及未来取决于市场。他说："要看这个市场，比方说我们在这里做，这东西做不做得下去。如果做不下去，那么转型做另外一个项目，在这里有没有这个项目，适合不适合我去做，看有没有发展。随着自己经济的不断变化，生活的质量也在不断变化，买屋子也是提高生活质量很重要的一部分。还是看自己的经济实力，比如说我一年挣一百万、八十万，买一套房子对我来说不是压力，你说对不对？如果我一年只能挣十万，费用每月都要一万，有车，长汀的家的生活费用，自己的费用。一个朋友邀我去看房子，我对朋友说：'你是东莞人，我如果挣不到钱可能就要背着书包到其他地方发展。'"

马先生为寻求发展，外出跑业务。他的外出引起了家庭形态的变化，首先是伴随他一个人外出而出现的单流动家庭，其次是夫妻共同外出的双流动家庭，最后导致两个家的出现，这边一个家，老家一个家。两个家的形成是制度、个人以及家庭等因素共同作用的结果。如前所述，外出后家庭经济得到了很大改善，但他没有在当地买房的想法。社会交往方面，业务上跟客户交往，生活中跟老乡交往，跟当地市民交往比较少。在马先生看来，未来由市场决定。

个案3：康先生，44岁，妻子刘女士，家里四口人，儿子将读大二，女儿即将读大学。2005年康先生出来跑业务，妻子晚半年出来。夫妻俩租住套房。

与出来之前相比，康先生觉得现在的压力更大，压力源于生意竞争。他说："压力主要来自生意方面，其他没有什么压力，生意好就没有什么压力。生意是竞争很强的，生意可能被别人做去。"刘女士证实说："生意呢不会做，两个小孩要读书，你说压力大不大？"

夫妻俩挣的钱主要花在孩子的教育以及自己的生活上，他说："花在小孩（身）上，花在生活上，现在挣的钱生活都保不到，只够自己一张嘴。"

由于生意竞争和生活带来的压力，康先生还没有在当地安家的打算。他说："落家，那是以后的事，要挣得到钱才有用，想不到的事。挣得到钱（也）不一定会在这里落家，你说呢？"

谈及未来的发展，康先生认为这取决于生意的情况。他说："这个要怎么说呢，想当然是想过，生意变化很大。"

社会交往方面，康先生说，生意上主要是同客户打交道，生活上较多是同老乡打交道，碰到本地人也会打招呼。

为了挣钱供子女上大学，康先生2005年出来跑业务，妻子比他晚半年出来，夫妻租套房住。夫妻俩都感受到了生活的压力，压力主要来自生意方面。夫妻俩挣的钱主要用来支持子女上学以及自己的生活开支。是否在当地安家和发展取决于生意的情况。社会交往方面，生意上同客户交往，生活中跟老乡交往，与当地市民交往较少。

以上两个个案的共同特点是：家庭生计取决于市场情况，由于业务不稳定，生意变化很大，因此家庭的生存也存在不稳定性。受此影响，他们没有把家安在当地的想法，没有在当地买房的打算，都是租套房住。社会交往方面，业务上同客户交往，生活中同老乡交往，与本地人交往不多。他们在老家都还有土地。

（二）跟着市场走：看能否接到活

个案22：苏先生，35岁左右，初中文化，木工，江女士，初中文化，在家带儿子。一家三口租住民房。苏先生之前在厦门打工，2007年来到龙岩。

相比家里，苏先生觉得，出来后生活方面除了住的不如家里外，其他方面比家里好。他说："出来住的环境会比较不好，要租房子，空间会比较拥挤，可能没老家那么宽敞，但吃的比家里好，吃、穿、行什么的还比较方便。"

江女士觉得做木工的活不稳定。她说："目前的木工、泥水、油漆，木工是最不稳定的。木工有的时候很不稳定，不稳定的时候就只能玩。活不是连续的，不是每天都有，这段时间有活，下段时间不一定有活。"

不仅如此，她还觉得木工这行当做不长久，部分是因为木工是体力活，年轻时才能做；部分是由于科技的发展，木工会被淘汰。她说："一般来说，像他做木工这一行，是很难干下去的，到了一定年龄一定会被淘汰，体力各方面跟不上，或者人家不愿意把活给你做的时候，就得回家。像现在发展下去，慢慢地像橱柜会被整体橱柜代替，慢慢地木工的活会被淘汰。"

虽然丈夫掌握了木工手艺，但江女士仍然觉得丈夫文化程度偏低，会跟不上科技的发展，而且伴随着年龄的增长，体力也会跟不上，因而丈夫所从事的木工职业难以长久。"怕到了一定年龄也比较难讲，像现在很多都向高科技发展，而且你书读得比人家少。"

由于家乡还有土地，因此当无法继续打工的时候可以选择回家。江女士说："到时候就只能回老家。老家也有果树什么的，如果自己不管理也可以给别人管理，家里的果树和田地现在由父母管理。"

有活干才有收入，没活干的时候家庭生活就得节约。苏先生说："没活干时就要节约点，其实我们出来外面的，每天花销平均起来很稳定。能省下来的会省。一般不会乱花，会规划好，基本的该吃的还是要吃，该用的、该花的还是要花，能够不花的就暂时不花。经济紧的时候就不花了，经济好点要花也可以。总的来说还算比较省。"

笔者调查期间注意到江女士很认真地教儿子读书，显然她对儿子充满了期望。她说："期望每个人都会有，大家都会望子成龙。目前来说，小孩学习能跟得上、过得去就可以了。像我们外来人，龙岩有规定，你孩子没考到多少分就不会收。比如学前班培训，孩子必须考到 85 分，没有（考到）就不会收你，其他地方就没有遇到过，龙岩就有。男孩子比较调皮，如果刚好考到 85 分，学校学生也收够了的话，那它也会说你是男孩子，比较调皮，不收。像现在比较好的学校我们会打招呼去问，都很难进去。"

苏先生一家的经济来源于他做木工的收入，江女士在家料理家务以及带儿子。由于木工的活不稳定，因此家庭收入不稳定。有活才有收入，没活就没收入，家庭的生活状况由经济收入来决定。苏先生一家会根据家庭的收入情况规划好家庭的开支，奉行能省则省的原则。考虑到木工是体力活，而且不稳定，因此江女士觉得丈夫年轻的时候做工，年纪大了体力跟不上了，就一起回家种田，管理果园。作为外来人口，儿子的上学也遇到了难题。江女士对儿子充满了期待，希望儿子能够上大学，不要走自己的打工之路。

个案23：江先生，35岁，小学文化，油漆工。一家六口，两个女儿以及父母，现租民房住。

受宏观经济形势影响，油漆装修业务减少，工作不稳定。江先生说："现在还不稳定，上半年事情稳定不下来，下半年还可以。今年我们国家灾难太多，经济方面比较差点，经济方面下滑挺多，买房、装修房子的少了，接的活也少，自己个人经济受到的影响很大。"

江先生告诉笔者，油漆装修的活是通过社会网络获得的。他说："都是靠朋友介绍的。朋友介绍来以后，公司看我做得还可以就叫我去做，房东看我做得好，有些人看到我做得可以也会叫我去做。"

就现在而言，江先生会继续打工，对于未来他持观望态度。他说："现在就是说有这个打算，那要看，有的时候还可以。如果事情自己做不来的时候，就回家了，没办法，就退回去了。经济方面我们也跟不上人家，我们岁数也大了，真的做不来了，没这个能力在这里待了，就只能回家了。"

江先生表示，年轻的时候还能接到活，还能挣到钱维持家庭生活，因此会继续打工；年纪大了接不到活时，由于没有城市户口，家庭生活缺少保障，因此他会选择回老家。他说："现在还可以待下去，过几年岁数比较大了，怕自己年龄大了接不到活，没事情做，还有自己岁数大了，体力消耗比较大，人家不要了，那时候我们自己觉得在这里待下去会对我们自己没有什么好处。因为到那个时候自己经济来源就没有了，没经济来源的话就没办法在这边维持生活。我们只能回家，在家里随便都能生活下去。这边还有点储蓄，不敢花完，而是带回老家，要留点空间给孩子。不敢自己在这边用完了这些储蓄，真正没办法才回老家的时候，那时就来不及了。经济还是根本，要先为了孩子。在老家要做什么事情，在家里发展，靠自己勤劳去打造。"

通过江先生的话我们看到，作为民工的他，未来的发展既受经济波动、户籍制度以及土地制度的影响，也受年龄影响。

工作不稳定，家庭收入易受影响，因为家庭的开支由经济来源决定。江先生说："比如买什么东西，我想买什么东西跟她讲一下，她想买什么东西也会跟我讲。商量下看能不能买，主要看我的经济来源。比如有来源，收入差不多，这段时间有那么多收入，想买什么东西，以后接下来活能接得到，钱还可以花多久，没接到事情的时候这个钱还能够花到半个月或者一个月，扣除伙食费，如果还有剩余，你想买什么东西，比如在外面人家觉得你的衣服比较差，比较嫌弃，那么也要买套比较好的衣服，也会讲来听。现在挣钱开销主要是一个家庭里面的生活费，如果有钱的话就想买一些电器之类的回来，如果实在没有办法的话就先顾一下自己生活。如果有钱，也想买些人家会买的电冰箱、热水器啊之类的，自己也有这个想法，现在经济上达不到，那没办法，如果能达到也想买。"

江先生在外做油漆装修，妻子在家带孩子及料理家务。能否接到活受宏观经济的影响，经济发展好，买房子的人多，装修的人多，活就容易接；反之，则不容易接到活。家庭的经济主要靠他，因为油漆的活也不稳定，受此影响，家庭的收入不稳定。家庭的生活开支取决于江先生能否接到活，家庭开支是有计划的，家庭收入首先要保证家庭生活。在江先生看来，年轻时在外做工，年纪大了如果接不到活，或者给别人做工人家不要，那么就只好回家。接不到活意味着没有经济来源，又由于没有城市户口，不能享受当地政府提供的社会保障，不得已只能回家种田。江先生一家人租房住，有家的感觉。社会交往方面，生活中跟老乡交往比较多，大多数活也是老乡介绍的，跟当地市民交往比较少，仅限于跟房东和客户。

个案17：江先生，35岁，泥水工，一家四口，夫妻、儿子和母亲。现租套房住，母亲留守老家。江女士跟丈夫一起做泥水装修，丈夫做大工，她做小工。

江先生表示，哪里有活干就流动到哪里。他说："只要说条件允许，我们就会（去），如果这里没活干，别的地方有活干，比龙岩发展好，我们就到那边去。"一位朋友补充说："主要是为了孩子，还是会在这边接着住，打工在外面打，是这样子，还是主要为了孩子。"朋友的观点得到江先生的证实："小孩子在这边读书，走也走没地方去，如果别的地方发展好，小孩也可以在那边上学的话就去那边。自己在外面跑那么辛苦，就是为了下一代不要像自己这样，以后教育方面比较好，有一份安定的工作，那样自己就宁愿回家。"

对于人际网络是否打开这一问题，江先生说："很难讲，不能说完全打开来了，只能说这个圈子里大家比较熟悉了。没事的时候会出去跑一下，这边泡泡茶，那边聊聊天。"

对于挣钱方面夫妻之间有没有共同目标这一问题，江先生表示，打工不是长久之计，未来取决于市场。他说："就是这样子，将来如果有更好发展的地方……做工永远不是长久的，必须跟着市场走。"

江先生一家三口租住套房，家庭的经济来源是夫妻俩做泥水装修的收入。他觉得做工要跟着市场走，哪里有活就去哪里做。做工不是长久之计，泥水这种体力活是年轻时干的，年纪大了，体力跟不上时就得回家。儿子的上学受到户口的影响，要回老家参加高考。江先生对儿子充满了期待，把儿子接出来，在打工所在地上学，为的是让儿子接受更好的教育，以图日后有个安定的工作，他不希望儿子重走自己的打工路。社会交往方面，日常生活中跟老乡交往多，业务上跟客户交往多。

以上几个案例的共同点：家庭经济来源于做工的收入，家庭的收入取决于他们能否接到活，而能否接到活受市场的影响。能接到活意味着家庭收入来源有保障，而如果一段时间没接到活，那么家庭就得节省开支。总体而言，做工是不稳定的，易受市场竞争和宏观经济状况的影响，收入不稳定。农民工没有城市户口，无权享受政府提供的社会保障。他们普遍表示，年轻时会在外继续打工，当年纪大了，体力跟不上时就回老家种田。他们在城市生活，社会交往方面，更多是与老乡交往，交往的对象也大都是打工者，业务上跟本地市民打交道。流动是他们的根本生存策略，哪里有活干就到哪里去，家庭因此跟着流动。由于市场不稳定，生活就不稳定，因此家庭必须保持流动，难以在某地扎根。

二　定居型生存策略

（一）想定居下来，不打算长期做工，什么比较好赚钱就改行做什么

个案 18：林先生，38 岁，油漆工，一家十口，没分家，兄弟都外出，父母在老家。租了一个店面，他与妻儿住店面楼上。

尽管租房住，但他觉得家已经在这里了，因为一家三口住一起了。然

而毕竟是租来的家,因此他还是有不同的感觉。

"那肯定是觉得家在这里,租来的也是等于家嘛,出来了家也是家,肯定当作自己的家了,一样样的。跟别人租来的不能胡来,把这里弄得像家一样。这里毕竟不是自己的,如果是自己的,最起码要装修,别人的弄干净就好,整齐就好。"

现在妻子和孩子都在这里,仍然保持与老家的联系。林先生说:"夫妻都有打电话回家,偶尔电话联系,问家里情况,田怎么样。"

林先生告诉笔者,业务是通过动用社会资本获得的。他说:"熟人介绍,自己不要再去找了,朋友会介绍业务。"无论是业务上还是生活方面,林先生都是跟老乡交往多。在他看来,关系就是资源。

"老乡交往多,生活圈子里还是老乡多。现在做这个业务全部要求人家,熟悉的人帮忙介绍。大家熟悉了就要去多玩、多走动,这其实也是互相帮忙了。朋友也是一种资源,平常要用的时候就会相互介绍业务,关系很重要。"

是否长久做下去取决于市场情况,他说:"那要看(情况),装修和开店都没打算长期做下去,什么比较好赚就改行做比较容易赚的。"

儿子的上学受到户口问题的影响,他说:"小孩上学比较麻烦,外地人不要你读就不要你读,就这样子。要找关系。××小学教育质量比较差,民工的孩子在那边上学。一般是当官的、单位的人的小孩在那边上学,没关系根本就进不去。"

由于房价太高,林先生还没买房。他说:"还没有,还早呢。这个店面是租的,哪里买得起。这边买房太贵了,四千多,哪里买得起。如果五年前有可能会买,贷款都会买。"

林先生已经有在龙岩定居的打算,他笑着说:"那个,想肯定有想,想不到,感觉靠运气,运气好的话肯定有机会在龙岩安家。"

笔者问道:"你既然接了那么多业务,又开店,算是比较好的。"林先生说:"要房租,要吃,摩托车要加油,七七八八要很多钱,开支很大,小孩子有时候感冒要花钱。"

林先生不仅承接油漆业务，而且开油漆店，家庭经济相对好些。他有在龙岩安家的想法。林先生仍然与老家保持密切联系，不仅打电话回家，而且还寄钱回家让父母买肥料。社会交往方面，生活中跟老乡交往比较多，业务上跟本地市民打交道，不仅如此，他还去拓展社会网络，如跟过去的一些雇主保持联系。

（二）想在打工所在地安家，不想长期做工，想改行做生意

个案21：李先生，30岁，油漆工，妻子在家带两个小孩，女孩7岁，男孩1岁多。现在租套房住。

尽管租房子住，由于住的时间长，李先生已经适应了这里的生活，因此他有家的感觉。他说："那家是有点感觉，在这边时间长了，好像也适应了。"

考虑到自己还年轻，主要在外面发展以及方便孩子日后的发展，因此李先生想在打工所在地安家。他说："我们心里这样想，有钱我们能够在这里买套房，有钱首先在这里买房子，毕竟我们在年轻的时候还是在这边发展，老了以后再来打算。这边如果真的没有，看孩子发展得怎么样，读书出来就知道了。自己也会这样去推测，我们目前能够在这边买套房子，老了夫妻想到家里享受的话，就把房子卖掉，在老家随便盖几间房子。"

李先生买了房子，不过后来又退掉了，原因部分在于做工收入不稳定，部分考虑到家庭因素。他说："想买房子没那么容易，压力太大了，吃不消，按揭的。比如这套房子要二十多万，自己资金才七八万，买下去后又顾虑到小孩子。自己一个家庭要有预备金，偶尔有什么事情（能应付）。我们不是很稳定，今天没去做就没钱。按揭下去每个月都要还，这个月没去做又要欠人家钱，越欠越多，心理压力太大。主要是考虑到家庭，我们一个人这样子去创业，觉得不容易，压力太大，加上房子的压力。主要是我们每个月收入不稳定，不是每个月都有，就是这样子。"

目前养家糊口的责任由林先生一个人承担，因此他拼尽全力去挣钱。他说："自己没接到业务的时候就去给人家打工，按天算工资，想去拼，就是这样子。自己还年轻，想年轻的时候发挥得好一点，年纪一上就拼不动了。除非是用头脑赚钱，因为自己本身就没有一点底子，像我们兄弟亲戚都是打工的，都是靠自己。我们房子买下去，每个月要交，得自己俭朴。"

从上述李先生的话语中可以看出，他的家庭责任感很强。之所以有这

么强的家庭责任感,原因在于家庭条件的限制以及为了使家庭不落后于别人。他说:"自己对家庭很负责的,从小都是讲条件。自己很早就当家了,没办法,这都是讲条件。如果自己跟不上人家,自己心里也不好受。"

由于做工不是长久之计,他想改行做生意。由于资金有限,又缺少亲戚的支持,因此他想通过夫妻的共同努力去发展。他说:"做工接下来也很难做,赚不到来开支,没打算长期做下去。主要是没本钱,想做一些生意,目前负担这么重,又没亲戚帮,一直想改行做别的。一个家庭在城里费用要这么多,要做别的也很不容易。等到小的能够自己上学了,大的能够照顾小的,这样子两公婆就去发展下。现在有这个劳力都没办法出去做,没人帮忙,也是不得已。也有想过叫丈母娘来帮忙照顾小孩,丈母娘自己有两个小孩要带,家庭也不富裕,也是贫穷的。"

社会交往方面,李先生觉得自己的交往还行。他既跟老乡交往,也跟客户交往,还跟当地市民交往。他说:"现在的交往圈子,在小工地觉得是差不多。老乡也有,老顾客也有,跟龙岩市交往的人也多。"

李先生认为自己对于家庭的责任是:"把家庭搞好。"而要把家庭搞好,就得把关系搞好,在他看来关系就是金钱。他说:"尽量各方面发展呐,在外面关系要搞好,有关系就会赚钱,现在都是这样子。你没关系就赚不到钱,没朋友介绍,七七八八,单靠自己也赚不到钱。"

尽管他在物质上已经适应城市的生活,但在心理上依旧没融入城市生活。他说:"现在已经适应这里的生活,但心理上觉得还没跟上城市人。如果有钱,会把家建在这里,为了小孩在这边以后读书等各方面更方便。"

访谈中,李先生提到家里的农田已经没再耕种了。他说:"现在家里的田都有没种了,荒掉了,老家的人都不要,田也不多,都在山沟里面。不是良田,是梯田,灌溉不好,野猪会搞坏。"

受现有户籍制度的影响,孩子的教育碰到了难题。他说:"现在压力比较大的是小孩的户口,我们农村来的,就是想上比较好的学校,有这个条件(限制)都很难进去,一讲就是我们外地户口。好的学校不好进,即使多交钱都很难进,因为大家都有后门要照顾,进去要关系很不错的。小孩进入不了好的学校是我比较担忧的。生活方面来讲目前还是马马虎虎,还跟得上,就是考虑到小孩子读书。培养小孩,是第一目标。比如说她现在上幼儿园,想上一年级,想尽量把她弄到比较好的学校去。但是我们随便去问问,人家说你外地户口不好弄。是想把小孩弄到好的学校去读,自己又没这个能力，没这个经济条件。"

受生平情境的影响，李先生辛苦挣钱的目的是为了家庭，为了孩子。对此他这么说："像我们自己那么辛苦，真的，那我们是没办法，讲到现在这也没什么。我们这么辛苦，小孩子再发展下去，像做工的话那不是更惨。我们是（因为）父母亲留下的条件很差，因此要尽量把小孩子培养出来。"

李先生夫妻的共同目标是多挣钱，改善生活。他说："尽量在外面赚点钱，能够积累点钱。我们做这项工对身体的影响也很大，做时间长了对自己影响很大，毕竟有考虑到这点。现在想赚点钱做点小的生意，尽量能够过生活，不要做这个项目。其他的目标不敢想，没这个能力。"

李先生一家租套房住，老婆在家带孩子。家庭经济来源主要靠他做工，而做工的收入是不稳定的，因此他备感压力。考虑到做油漆工对身体有害，不想一直做工，想改行做生意。想在城里安家，考虑到收入不稳定，同时也出于对整个家庭的考虑，李先生退掉了原本首付买下的房子。年轻时在城里打拼，攒点钱，年老时回家养老。受户籍制度影响，孩子难以进入当地比较好的学校，为此他很苦恼。社会交往方面，他不仅跟老乡交往多，而且跟老顾客和当地市民交往也挺多。家里还有土地，但不是良田，父亲在家种点田。

案例18和案例21的共同点在于：案主都想在城市定居，都有买房的想法，无奈由于家庭收入不稳定，房价太高，未能得以实现。社会交往方面，两位案主都积极拓展社会网络，不仅跟老乡交往，而且主动跟当地市民交往。家庭经济方面，他们都积极拓展业务。

对比流动型生存策略和定居型生存策略，可以发现不同取向的生存策略的异同。

不同点在于准备定居的农民工打算在流入地进行一些固定资产投资，如开店或买房，而不准备定居的农民工则更多地保持资产的流动性，把钱带回家，在家乡进行投资。社会交往方面，不准备定居的农民工跟当地市民的交往比较少，仅仅在业务上与当地市民交往；而准备定居的农民工则会主动地拓展社会网络，不仅在业务上跟当地市民打交道，而且会与先前的客户保持联系。

共同点在于无论是准备定居的农民工还是不准备定居的农民工都表示，打工不是长久之计，年轻、体力好时才打工，年纪大了要么回家，要么改行。农民工的收入受市场影响，受宏观经济影响，因此家庭收入不稳定。农民工在城市的生活受到户籍制度的影响。由于没有城市户口，农民工不能享受政府提供的社会保障，当家庭经济来源受影响时，家庭生计便成问题。农民工子女的上学也因户籍制度的限制遭遇了种种困境，如被要求转学或多交一些费用。他们都希望把子女培养好，不希望子女走自己走过的路。

有研究发现，准备定居城市的"新移民"与家乡保持微弱的联系（李路路，2003：128）。本研究则没有发现类似的现象，在城市打工的农民工依然与家乡的亲人保持密切的联系，如给家人打电话、汇款回家、回家过年等。

第三节　户籍制度与身份认同

前面提到，尽管农民工在城市工作和生活多年，他们仍然拥有浓厚的家乡情结，依然强烈地认同家乡。那么他们对于自身身份的认同是否会发生变化呢？

一　农村人还是城里人

笔者调查发现，绝大多数外出的农民工尽管已经在城市多年，像城里人一样上下班、一样生活，但他们仍然认为自己是农村人、乡下人、外地人。农民的身份无法随着职业的变化而发生转换，"农民工"这个称谓反映了一种矛盾的事实，即"农民"身份与"工人"职业的不统一。

（一）"没办法改变，农村人就是农村人"

个案21：李先生，30岁，油漆工，一家四口，现租套房住。尽管现在大部分时间在城市生活与工作，也已经适应城市的生活，但心理上还没融入城市生活，因此依然认为自己是乡下人。他说："现在虽已经适应这里的生活，但心里觉得还没条件跟上城市人。在家里倒是感觉不习惯。自己还是乡下人，没这个条件跟上城市人。"

案例17中，尽管江先生一家人大部分时间在打工当地像城里人那样工作和生活，但他依然认为自己是农村人。他说："本来就是农村人，这没办法改变，农村人就是农村人。"

个案 15 的罗先生认为自己"还是农村人"。他谈到了城乡生活方式的不同,乡下生活比较单调,没时间观念。城市生活比较丰富,吃的比农村好。他说:"在乡下的时候早早地就睡觉了,到晚上十二点的时候觉都已经睡了几个时辰了,在这里,即使你不是做餐饮,十二点也还没睡。城市的生活跟农村的生活区别很大,城市人餐桌上的东西比较丰富,包括你是打工的,也是餐桌上的东西比农村要丰富。农村人的日子是很单调的,日出而作,看太阳工作,没时间观念,这里讲时间。家里干活的时候一两点钟吃饭都有,虽然我们做餐饮也是一两点吃午饭,但我们是餐餐推迟,干活的人是没有的。"

案例 18 的林先生夫妇认为:"还是农村人,还是山区人。"

个案 14 的罗先生受社区情理的影响,认为老家那边的人比较有人情味,而城里人则比较冷漠。他认为自己是老家那边的人。他说:"自己仍是老家那里的人,感觉家里更好,在家里毕竟人情味浓。自己是长汀人而不是福州人,人情冷暖,综合起来觉得自己是长汀人,城市人人情上比较淡。"

(二)"感觉自己是城里人"

个案 19:江先生 32 岁,与妻子开饮食店,一家三口。江先生谈到了生活方式上农村与城市的差别。他认为自己在生活方式上已经跟城里人差不多,因此他感觉自己是城里人。他说:"现在感觉自己是城里人,在农村吃的就差得很远,就感觉跟城里人不一样。但还是跟那些上班的不一样,自己就是底层。不要说领导,就是那些上班工人,我们都差了一半,我们吃的跟他们不一样,我们追求的比较中下一点,不要说高档,在这方面不能勉强自己。"

从江先生的话我们可以看出,他只是认为自己在生活方式上像城里人。在社会地位上,他认为自己不仅不如领导,甚至连上班的工人都不如,因此他把自己归入社会底层。

二 "永远都是外地人""永远低人一等"

个案 23:江先生,小学文化,油漆工,一家四口,现租民房住。尽管租房子住,但江先生表示有家的感觉。他说:"家是有家的感觉,反正一家人在这里,自己的家庭在这边。"尽管有家的感觉,但他认为自己在社会地位上低城里人一等。他说:"跟人家相比,永远低人家一层。在这边再怎么住下去,永远低人家一层。"有多年打工经历的他谈到了自己为何低人一等的具体原因,部分在于自己的能力不如别人,部分在于户籍制度的影响。他说:"自己出门在外看多了,心里想一下,自己到每个地方做工的时候,为什么人家的能力跟自己的能力相比,人家会比我们好很多,在外面做工会有钱买房子?房子买下去以后,跟本地人对比就会矮人家一层。出去讲话,人家本地出去讲一句话,自己十句话不如本地人一句。小孩读书之类的,我们房子买下来,户口搁到这边来,你读书都低人一等。永远你比人家矮。"

江先生不仅觉得自己低人一等,而且还视自己为外地人。他说:"不是我觉得自己是外地人,人家每个人都觉得你是外地人,是外地来的。你永远都是外地的。"

个案22:江女士,家庭主妇,初中文化,丈夫苏先生是木工,一家三口租民房住。受自身以及朋友生活经历的影响,尽管在龙岩生活一年多了,但她没把自己当作龙岩人,而是视自己为外地人。她说:"永远不可能觉得自己是龙岩人。在每个地方都不可能觉得自己在这待久了就变成本地人了。自己还是永定人。自己一个老乡嫁在隔壁,到现在还是被人当作外地人看待,被人家瞧不起。这两年生活好一点后会好些了,人家还会说你是外地嫁过来的。"

个案19:江先生32岁,与妻子开饮食店,一家三口。如前所述,尽管江先生觉得自己在生活方式上像城里人,但在社会地位上他把自己归入底层。与此同时他认为自己不是本地人,是民工。他说:"对呀,自己不是本地人,再说自己是民工,怎么也比不上人城市人,物质上的追求不一样。"

农民工在身份认同上仍认为自己是农村人,视自己为外地人,不仅如此,在社会地位上作为民工的他们也低于城市人。

农民工是社会转型期出现的一个新的社会阶层。农民外出务工或经商在一定程度上冲击了城乡二元社会结构。有研究认为,随着农民工的出现,中国的社会结构由原来的二元变为三元,而这第三元就是流动于城乡之间的社会群体,即农民工(李强,2004:385)。农民工既不是纯粹意义上的农村人,也不是纯粹意义上的城市人(孙立平,2003:152)。农民工处于一种尴尬的社会位置,虽然从事的职业是工商业,但社会身份迟迟得不到改变。农民工虽然已经在城市工作生活多年，生活方式已经跟城里人趋同，很多人也适应了城市的生活，但由于制度的限制，他们在身份上仍然是农民。有研究注意到，乡城迁移者的生活目标设定（价值获得方式）以及在城市的生活原则、生活方式，基本上是以农村、农民为参照的（陈映芳，2003b：201）。作为一个与"农民""城市居民"并存的身份类别，"农民工"在20世纪80年代以来的中国社会中，是由制度与文化共同建构的第三种身份（陈映芳，2005：130）。

笔者研究发现，绝大多数农民工仍然认为自己是农村人、乡下人。城里人没有把农民工当作本地人，而是把农民工当作外人，农民工自身也没有把自己当作城市人，没有把自己当作城市的主人，而是视自己为外地人。如前所述，农民工在生活中交往的群体主要是打工者，与市民的交往仅仅限于业务上。农民工的社会网络具有封闭性，这种封闭性不易于农民工融入城市。有研究用"边缘人"（孙立平，2003：152）来形容农民工矛盾的社会位置。尽管在职业变动中，农民工的经济地位已经发生变化，但在身份上他们仍然把自己视为农民，在身份上与家乡的农民仍然相同。农民工从事的职业虽然是工商业，但大都是城里人不愿意做的，这些职业收入比较低。有研究认为，农民工的劳动力市场是一个典型的次属劳动力市场。这个市场上的职业结构都是体力劳动型的，其收入明显低于总体工资水平（李强，2004：76）。一位案主如此说："自己不仅从事的职业不如城里人，而且吃的也不如城里人，追求的东西也相对低档。"没有城市户口的他们只好寄居在城市，在当地租房子住。他们觉得自己低城里人一等，认为自己是社会的底层。

小结

如前所述，引发农民工外出流动的因素主要可以归结为制度和家庭两个方面。类似的，影响农民工在城市安家的因素也可从制度和家庭两方面来探讨和分析。

第一，受城乡二元社会结构以及体现此结构的以户籍制度为核心的一系列制度安排的影响，进城务工或经商的农民工即使在城市工作生活多年，由于没有城市户口，也难以在改变职业地位的同时改变社会身份。对于绝大多数进城农民工来说，"农民"的帽子难以脱掉。由于无法获得城市人的身份，也就无法像城市人那样享有平等的权利和利益。进城农民工由于各方面资源的不足，进入的市场是次属劳动力市场，干的活多是市民不愿意干的。受市场及宏观经济的影响，农民工的工作是不稳定的，收入因此也不稳定，家庭的经济来源受到影响。有论者认为，现行户籍制度承担着十分重要的社会资源配置功能。国家将国民按农业户口和非农业户口分开，据此将国家承担的教育、医疗、社会保障等财政负担和其他一些生活资源控制在有限的范围内；与此同时，各地政府也根据户籍来控制地方政府的财政负担和相应的生活资源配额。在目前跨地区社会流动频繁的情况下，现行户籍制度使得人口流入地政府可以设法免去为流入人员提供公共教育服务和制度性社会保障及其他各种社会服务、社会支持的职责（陈映芳，2005：123）。由于没有城市户口，他们难以在家庭经济出现困难时像城里人那样享有社会保障。以户籍制度为核心的制度安排不仅影响农民工的生存，他们子女的教育也受到了影响，进而影响农民工的代际流动。农民工家庭大多采取流动型的生计策略，哪里有市场、哪里有活干就流动到哪里，家庭因此跟着流动。流动是他们的根本生存策略，唯有流动才能获得生存的机会。农民工家庭因为户主难以获得稳定的工作，而难以获得维持家庭所需的稳定收入，同时也由于以户籍制度为核心的制度安排的限制，农民工难以改变其社会身份，因此难以在打工或经商所在地扎根。

第二，中国的土地制度一方面束缚着农民向外流动，另一方面也为那些难以在城市生存下去的农民工提供了后退之路。中国农民素来安土重迁，不到万不得已不会迁移。中国现有的土地制度在某种程度上充当着为农民提供社会保障的功能。当农民工年纪大了，体力跟不上了，在城市无法继续打工时，他们就会选择回家耕田。据笔者调查，外出务工或经商的农民工大都没有放弃家乡的土地，他们的土地或者留给父母耕种，或者借给别人种。土地是他们的生存保障。党的十七届三中全会强调毫不动摇地坚持以家庭联产承包经营为基础、统分结合的双层经营制度，并承诺赋予农民更加充分而有保障的土地承包经营权，现有土地承包关系要保持稳定并长久不变。可以说，稳定的土地制度为外出务工或经商的农民工提供了生存的最后保障，在一定程度上解除了他们的后顾之忧。

第三，浓厚的家乡情结使外出的农民依旧依恋着家乡。据笔者调查，外出务工或经商的绝大多数农民在家乡不仅拥有土地，而且拥有房子。房子在他们看来是他们的根，多数农民工表示"家是根据地""家是避风港""老家毕竟是老家""老家是根""老家才是真正的家"。老家是根，是根据地,是不能放弃的。由于工作的不稳定,多数农民工的收入不稳定,凭借他们的经济实力难以在打工所在地购买房子。他们多数租房子住,借用别人的空间,组建临时的流动的家。多数农民工通过各种方式能动地保持与家乡的密切联系,譬如打电话回家,或者节假日回家探亲,或者汇款。不少农民工还有家庭成员在老家,他们对"生于斯长于斯的家乡"怀着深深的依恋。某位农民工说:"因为我们出生于农村,因此爱农村。"(案例15,罗先生)另一位农民工如是说:"自己在考虑的时候,有问题思考的时候,就是说这个家还是在老家,不是在这边。心里还是觉得老家才是真正的家。我们自己的心里永远还是归属于老家,我们的根在老家,没办法。"(案例23,江先生)

第四,在身份认同上,农民工仍然认为自己是农村人,不仅如此,他们还认为自己低城里人一等。农民工虽在城市工作生活多年,对城市的建设乃至国家的发展做出了自己的贡献,他们的劳动已经成为当地经济发展不可或缺的一部分,但他们没有为城市所接纳,他们依然被当作外地人、当作乡下人、当作城市的过客。在城市务工或经商的农民工在工作和生活中受到当地人以及市民的排斥,与城里人相比,他们感觉自己低人一等。他们普遍认为,农村人的身份是难以改变的。

第五,打工不是长久之计。有研究认为,农民工的生命周期大致可以分为两个阶段:年轻时候外出打工挣钱,年龄大了就回家乡务农、务工或经商(李强,2004:71)。据笔者调查,外出务工或经商的农民普遍认为打工不是长久的,年轻时他们会在外打拼,年纪大了、体力跟不上时他们就选择回家。

从上述因素可以看出,进城务工经商的农民一旦年纪大了、体力跟不上或者缺乏就业机会就会处于失业状态,他们的家庭便没了经济来源。受户籍制度以及其他相关制度的限制,他们无法举家在城市继续生活,不得已只好回到农村老家。他们大都在老家有可供居住的房子以及可以讨生活的土地。现有的制度安排迫使外出务工或经商的农民保持着与农村老家的密切联系,他们在城里打工或经商挣的钱除了维持自己在城里的必要生活之外,其他大都汇到家里,供应家庭成员的生活以使劳动力得以更新。

有研究认为,一方面我国城乡差异的现状决定了在今后几十年时间里,农民工向城市的流动不可避免;另一方面由于城市生存空间的限制、人口的压力以及户籍制度的限制,我国在制度上无法像世界上多数现代化国家那样允许农民举家迁入城市。这两方面的因素共同造成在未来的几十年里，农民工分居的家庭模式是我国农民家庭的主要模式（李强，1996：80）。

农民的外出因为受制度和经济的双重约束呈现循环流动的特点，正如麦克·布洛维（Michael Burawoy, 1976：1063）所言，流动劳工的引人瞩目的特征是其再生产所包含的更新过程与维持过程的分离，而这种分离过程不是一种自然或自愿的现象，而是通过一系列政治和法律机制强制实施的。这些政治和法律机制使得流动劳工在就业当地没有公民权，只有有限的权力，难以向上流动。

笔者认为，我国农民工的再生产所包含的维持过程和更新过程在地理上也是分离的，即维持过程在城里进行，而更新过程则是在农村老家。农民工在城里奉献，而原本该由城里雇主和政府负担的劳动力更新成本不合理地转嫁给了农村家庭。受以户籍制度为核心的一系列制度安排的影响，农民工在就业所在地与当地居民相比，其享有的权利非常有限，没有话语权，没有政治参与权，不能享受社会保障。由于制度以及其他因素的影响，在城里务工或经商的农民难以取得城市户口，难以拥有稳定的经济来源，难以在城里安家。如此，农民工的再生产所包含的维持过程和更新过程就难以在空间上结合起来。

笔者认为，在户籍制度以及相关制度安排没有得到根本改变的情况下，农民工的外出就会继续保持循环流动的特点。循环流动的特点除了李强（2004）所概括的几点外，笔者认为还可增加一点，那就是农民工劳动力再生产所包含的两个过程在空间上的分离，即维持过程和更新过程在地理上的分离。正如麦克·布洛维（1976：1077）所认为的，流动劳工的维持过程和更新过程的分离是流动劳工的不变结构，既定的流动劳工系统的独特特征和结果源于这个不变结构与具体的经济和政治环境的互动。笔者据此认为，我国农民工的循环流动以及农民工的维持过程和更新过程的分离是政治和经济的产物。只要户籍制度以及相关制度安排不改变，只要城乡之间的结构性差异依旧存在并不断扩大，只要农民工的再生产所包含的两个过程难以在空间上实现统一，那么农民工就将继续循环流动，农民工也将在现有体制下不断地被再生产出来。

综上所述，受土地制度、户籍制度和家庭因素影响，流动家庭作为一种社会现象在未来一段时间内将长期存在。而就个体流动家庭而言，则会随着户主回乡或在城市定居而走向终止流动。

第七章 结论、讨论、反思、贡献与局限

前面几章笔者分别探讨了农民外出流动的宏观背景和微观家庭动因、流动家庭的夫妻平等问题和流动家庭的走势。下面笔者将在此基础上进行总结，并与已有研究进行对话。

第一节 外出流动：制度变迁与家庭成因

纵观已有研究，要么研究流动，要么研究家庭，将两者结合起来研究的并不多见。关于农村人口外出流动，学术界已经进行了很多研究，取得了丰富的成果。通过阅读文献，我们发现已有研究要么关注影响流动的宏观结构性因素，认为流动是政策、制度、结构因素造成的，要么关注微观个体层面的动因，认为人口流动是农民工个体的行为。有研究关注中观层面的社会网络，探讨社会资本在农民工求职中的作用；有研究从这三个层面进行综合研究。对城乡流动人口的研究有多种理论视角，如二元经济理论、人力资本理论、供需理论、同化理论等，其中最有影响的是"推拉理论"。有学者用"推拉理论"对中国的城乡人口流动进行了研究（李强，2003）。也有学者运用吉登斯的结构化理论对农民的非农活动进行研究（黄平，1997）。

然而，流动人口研究中对家庭因素的考虑不多，唯一的例外是李强（2004）。李强认为，农民外出流动的决定受到了家庭因素的影响。笔者在本研究中则进一步指出，农民的外出不仅受到了家庭因素的影响，而且已经被农民家庭当作增加家庭收入来源的一种家庭策略。笔者据此认为，对农民的外出流动进行研究，既要考察宏观层面的结构或制度因素，又要考察微观层面的家庭因素。

研究城乡之间的人口流动，家庭是一个很好的切入点。家庭处于社会系统中，受社会环境因素的限制与影响。同时家庭本身也是一个系统，这个次级系统在应对社会大系统时，其内部成员会进行必要的分工与协作。有学者指出，近二十多年来，西方家庭史学界的一大变化就是不再把家庭看作社会变迁的简单结果，而是强调家庭自身变化的动力以及家庭与社会变迁的相互影响作用，尤其反映在对家庭与工业化的关系研究上（张永健，1993：100）。笔者也认为，面对社会的变迁，家庭不是消极被动的，而是以自己的方式积极应对，因而家庭也是能动的。

中国是家庭本位的国家（冯有兰，2007；金耀基，2002）。考察中国城乡之间的人口流动不能不考虑家庭因素的影响。本研究把家庭作为分析单位，考察社会变迁如何影响和制约家庭以及家庭又如何应对社会变迁，进而考察家庭与国家之间的互动关系，与此同时也可以考察家庭在应对社会变迁时其内部成员之间的关系，尤其是作为两性的夫妻之间的关系。另外，把家庭作为分析单位，可以把宏观的制度、结构因素与微观因素连接起来。本研究有如下几点发现。

一　外出流动是社会转型期制度变迁的产物

我国社会正经历急剧的社会变迁，从以农业为主的传统社会向以工业为主的现代社会转型，从以计划配置资源为主的计划经济社会向以市场配置资源为主的市场经济社会转型。许多人认为，伴随传统农业社会向现代工业社会的转型，必然会经历这样的历史进程：农民离开农业，走出农村，进入城市务工或经商，进而成为市民。西方发达国家在工业化、城市化、现代化的过程中就伴随着农村人口大量、迅速、持续地向城市转移并成为城市市民的过程。然而在我国，农民转化为市民的进程受制度的限制，不是自然发生的，是极为不顺利的。

改革开放之前的中国社会结构是"行政主导型的二元社会结构"（孙立平，2003：152）。"行政主导型的二元社会结构"是通过一系列的制度安排建构起来的，其中户籍制度是核心，其他制度附着在其上。这些制度安排相互配合，共同构建了一套强有力的组织管理体系。以户籍制度为核心的这一系列制度安排，人为地将整个中国社会切割为由非农户口组成的城市社会和农业户口组成的农村社会。户籍制度成为城乡之间流动最主要的障碍。

户籍制度将城市与乡村分割开来。在公社时期，农民完全脱离村落的机会很少（张乐天，2005：230）。一位案主告诉笔者："集体时期，家庭没有自主权，无法支配自己的劳动力。一切都要服从生产队队长的安排，如果不服从，会被扣工分。没有走副业的机会。"

在严格实行户籍制度的 20 世纪六七十年代，虽然城市有更多的机会，但从农村向城市的流动却很少。除了考学、参军并提干、零星的招工等渠道之外，农民向外流动没有其他途径。然而，"社会不会长期听凭与之不相适应的制度的控制，它或迟或早会迫使制度朝着更适合它的发展的方向变革。20 世纪 70 年代末 80 年代初，中国乡村进行了农业经营制度的变革：从农业的集体经营转变为农业家庭经营"（张乐天，2005：339）。

始于 20 世纪 70 年代末的改革开放最先从农村开始，农村的改革最初是家庭联产承包责任制的推行以及与历史发展不相适应的人民公社制度的解体。诚如孙立平所言，农民在改革中获得了包括土地耕作和经营的相对自主权以及对自身劳动力的支配权在内的两项"自由流动资源"。改革不仅让农民获得了先前由人民公社控制的"自由流动资源"，而且拥有了"自由流动空间"。农村家庭联产承包责任制的推行，标志着作为行动者的农民开始突破结构对他们的限制。

随着人民公社的解体，公社对农民的行为控制也随之消失了。农业的家庭经营大大提高了农业的劳动生产效率，农业劳动力因此大量溢出。大量农民走出生于斯长于斯的村落，千方百计寻找就业机会，找挣钱的门路。

为了适应经济体制改革的需要，国家逐渐调整了政策法规。1984 年 10 月发布的《国务院关于农民进入集镇落户问题的通知》指出，允许务工、经商、办服务业的农民自理口粮到集镇落户，这标志着户籍制度改革的开端。户籍制度的松动、粮油票证的废除及城市用工制度的改革为农民进城务工经商提供了可能性。在制度变迁的背景下，农民进城务工或经商拥有了合法性与可能性。外出流动就是发生在社会转型的大背景下，是宏观制度变迁的产物。

二 农民外出流动是农民家庭自主的理性选择

前面提到，外出流动是制度变迁的产物。笔者以为，制度的变迁所带来的制度松动只是为农民的外出提供了可能性与合法性。面对同样的制度变迁，不同的农民会做出不同的选择。

家庭是能动的，家庭会对社会的变动做出相应的反应。宏观制度的变迁给农民的外出提供了空间与可能，作为家庭核心成员的农民为了寻求家庭的生存进而寻求家庭的发展选择了外出，他们的外出必然引起家庭的变动。由此，农民的家庭由固定在特定的空间变为在不同的空间中流动。

有研究认为，农民的外出是基于生存理性，为的是寻求家庭生存条件的改善（黄平，1997）。另有论者认为，当代中国农民外出就业不仅是生存理性的表现，而且是一种社会理性的表现，农民在外出过程中会经历从生存理性选择到经济理性选择再到社会理性选择的跃升。农民外出就业初期，往往更多表现的是生存理性选择，随着外出就业次数的增多和时间的拉长，社会理性选择和经济理性选择将表现得越来越突出（文军，2001：28）。

本研究发现，已婚农民的外出是家庭决策的结果，外出不仅是为了改善家庭的生存条件，而且是为了寻求家庭的发展，尤其是代际的向上流动。笔者认为，农民的家庭理性不仅包括生存理性，而且包括发展理性。

受儒家文化影响，农民工是家庭本位的，他们的理性不是个体层面的，而是集体层面的家庭理性。也就是说作为家庭成员的农民工，其思考问题的出发点和行为落脚点不是为了个体自身，而是为了家庭整体利益。

三 外出流动是农民家庭经济多元化的一种策略

农民外出流动不仅是制度变迁的产物，而且是农民家庭自主理性的选择。农民不是消极的、被动的，他们会能动地应对社会制度的变迁。家庭是社会的细胞，又是一个能动的整体。家庭这个小系统存在于社会大系统中，社会大系统的变化会作用于家庭。面对社会的宏观变迁，家庭会能动地应对。面对制度变迁提供的外出可能性和空间，农民家庭做出了让家庭成员外出的决策。

已婚农民的外出是农民家庭的一种策略。农民外出为的是寻求家庭经济的改善，进而为家庭的生存和发展奠定更好的基础。家庭策略是一系列行动，这些行动旨在寻求家庭资源、消费需求和替代性生产活动方式之间的动态平衡（Pessar，1982）。家庭策略被解释为家庭及其成员的决策过程和时机。

第一，农民外出：家庭经济多元化的一种策略。新迁移经济学认为，外出流动的决定不是由独立个体做出的，而是由相关人群组成的更大单位，通常是家庭或家户做出的。在家庭中人们的集体行动不仅是为了最大化预期收入，而且是为了最小化风险以及摆脱与本地各种市场失灵相关的束缚，摆脱本地劳动力市场的约束（Douglas 1993：436）。不像个体，家庭可以通过对家庭资源（如家庭劳动力）分配的多元化来控制家庭经济的风险。一些家庭成员留在当地参与当地的经济活动，其他成员可以到其他劳动力市场工作，其他劳动力市场的工资和就业条件与本地没有什么关联（Douglas，1993：436）。类似的，有研究发现农民家庭成员的外出决定是由家庭做出的，为了使家庭经济收入多元化以及家庭经济风险最小化，农民家庭会让家庭的部分成员外出（Yuen-fong Wong，1993：597）。

本研究发现，农民外出更多是受经济利益驱使，经济原因是最直接也是最主要的动因。户籍制度以及其他制度安排的松动使农民的外出务工或经商成为可能，城乡之间的巨大的结构性差异形成了对农民的吸引力，同时农业生产效益的低下也产生了对农民的推力。先前外出务工或经商的农民的成功所产生的示范效应，使农民看到了在农业之外增加收入的希望。

丈夫单独外出务工，有的是在农闲时外出，接到活就出去做，做完活就回家；有的则是常年外出，妻子留守在家负责农田的生产与管理。丈夫外出、妻子留守的安排是夫妻共同做出的，是家庭的一种策略，服务于家庭收入的多元化。丈夫外出后留守妻子基本能应付农业生产和家庭事务，农业收成因此得以保证；丈夫外出从事经济收益高的工商业，这样家庭就既有农业收入又有非农收入，家庭的收入来源因此多元化了。不仅如此，丈夫外出、妻子留守这种安排在一定程度上增强了农民家庭抵御风险的能力。

当先前外出的丈夫在务工或经商所在地站稳之后，他们会带妻子一起外出。农民夫妻之所以选择共同外出，是因为一方面意识到农业生产效益的低下以及农业生产的辛苦，另一方面也是尝到挣取非农收入的甜头。调查对象普遍反映，外出是正确的选择，外出后家庭经济得到明显改善。

第二，农民工家庭的组织形态：单流动家庭和双流动家庭农民外出务工或经商在改善家庭经济的同时，也影响了家庭的组织形态。研究发现，在农民外出过程中出现了两种家庭模式。

其一是夫妻一方（主要是丈夫）外出过程中出现的单流动家庭。单流动家庭的主要特征是夫妻面临空间的分隔。调查对象大都出现了夫妻分隔的情况，只是分隔时间长短不同而已。单流动家庭分为丈夫常年外出和农闲时短暂外出两种。家庭流动初期是丈夫农闲时外出，随着外出次数的增加以及外出经历的丰富，季节性的外出变为常年外出，夫妻分离时间也由季节性分离变为常年分离。

其二是夫妻共同外出的双流动家庭。双流动家庭包括举家流动型和夫妻外出、子女留守家庭两种。双流动家庭使得夫妻在空间上生活在一起，有利于夫妻感情的培养，也有利于夫妻间的配合。

讨论 1：国家与家庭之间的互动关系：制度变迁与农民外出

结构与行动的关系问题，是社会学中的基本问题。关于结构与行动的关系问题的研究，社会学历来存在方法论上的整体主义与个体主义之分。整体论重视结构，忽视行动，而个体论则是相反。本研究不纠结于这方面的争论，拟通过分析国家制度的变迁与农民外出行动之间的关系，从而了解新中国成立以来国家与社会的关系问题。

许多人认为，伴随传统农业社会向现代工业社会的转型，必然会经历这样的历史进程：农民离开农业，走出农村，进入城市务工或经商。西方发达国家在工业化、城市化、现代化的过程中就伴随着农村人口大量、迅速、持续地向城市转移并成为城市市民的过程。在作为传统农业大国的中国，这种大规模、持续性的非农化过程却直至 20 世纪 80 年代末期才如破堤潮水，一发而不止。新中国成立之后到改革开放之前的很长一段时间，农民的非农化进程只是少量的、缓慢的、特殊的现象。

1. 改革开放之前国家与社会的关系：强国家，弱社会

如前所述，改革开放之前的中国社会结构是"行政主导型的二元社会结构"（孙立平，1993）。在此社会结构下，国家垄断了几乎全部的资源和活动空间，国家成为向社会成员提供资源和机会的唯一源泉。作为行动者的社会成员没有其他获取资源和机会的渠道，因此只得全面依附国家从而获得所需的生活资料。国家对城市的管理是通过单位来实现的，而对农村的管理则是通过人民公社。政府通过人民公社将农民改造成社员，农民因此被组织束缚在农村、束缚在土地上。

在农村，户口与土地结合在一起，同时配以人民公社制度，通过土地的集体经营来实现对农民的集中管理。人民公社对农民的行为进行控制，农民的自由迁徙权被剥夺了。鉴于资源被国家控制，在农村是被人民公社所控制，因此农民没有自己的选择，只得依附人民公社。在公社时期，农民完全脱离村落的机会很少（张乐天，2005：230）。以户籍制度为核心的这一整体制度安排，人为地将整个中国社会切割为由非农户口组成的城市社会和由农村户口组成的农村社会。户籍制度成为城乡之间流动的最主要的壁垒。在严格实行户籍制度的20世纪60至70年代，城乡在经济方面、收入方面的差距巨大，虽然城市有更多的机会，但农村向城市的人口流动却很少。

国家通过以户籍制度为核心的一系列制度安排来控制农民，这些制度安排弱化了作为行动者的主体意识，限制了农民向城里流动。农民不能流动到城里讨生活，也是因为国家垄断了资源，农民要获取资源必须服从国家的安排。农民的这种服从不是自觉自愿的，是被迫选择同国家的这种依附关系。

人民公社通过政府对社会的全方位控制实现了过分的社会整合，社会成了政府的附属物，社会的活力被大大地抑制了（张乐天，2005：369）。改革开放之前国家与社会的关系是强国家、弱社会，结构与行动的关系则是强结构、弱行动。行动者的主动性、主体意识都被压制了。国家"吞噬"了社会，社会没了活力。

在改革开放之前近三十年的时间里，农民的流动被政府所制定的户籍制度及其相关的制度安排限制了。之所以在这段时间没有出现后来的民工潮，原因就在于国家的强力控制。作为行动者的农民纵使有强烈的外出欲望，在强大的制度结构面前也无能为力。

在中国，作为行动者的农民是家庭本位的，农民是以家庭成员的身份参与到社会中来的。国家与社会的关系，其实也可以看作国家与家庭的关系。如前所述，国家与社会的关系是国家"吞噬"了社会，与之相对应的是结构压制了行动。因此可以合理地推论国家与家庭的关系也呈现前者控制后者的局面。一位访谈对象告诉笔者："集体时期，生产资料被集体控制，家庭没有自主权，无法支配劳动力。家庭成员都要服从生产队的安排。"

2. 改革开放后国家与社会的关系：国家弱化，社会复苏

20世纪70年代末80年代初，中国乡村进行了农业经营制度的变革：从农业的集体经营转变为农业家庭经营（张乐天，2005：339）。

农村家庭联产承包责任制的推行，标志着作为行动者的农民开始突破结构对他们的限制。"家庭联产承包责任制的实行必然伴随着宏观环境的

改变，因为在社会这个大系统中，某一子系统的变革欲想成功，必须有其他子系统的变革与之匹配，并形成新的平衡。20 世纪 80 年代初，农业生产的宏观环境发生了一系列变化，其中最主要的是人民公社制度改建为乡镇体制，计划经济转变为市场经济，以及乡镇企业的快速发展。"（张乐天，2005：343）

始于 20 世纪 70 年代末的改革最先从农村开始，农村的改革最初是家庭联产承包责任制的推行以及与历史发展不相适应的人民公社制度的解体。诚如孙立平（1993）所言，农民在改革中获得了包括土地耕作和经营的相对自主权以及对自身劳动力的支配权在内的两项"自由流动资源"。土地虽然仍为集体所有，但农民获得了土地的使用权。当集体的土地分给农民家庭使用以后，普通农民再也不可能像集体化时期那样"不操心、没事做"了。他必须制定种植计划，选择作物，安排劳动，考虑产品的投入。改革打开了长期束缚着社会的闸门，蕴藏于农民中间的能量得以充分释放。农民的劳动积极性得到了极大的提高，从此每一个农民家庭的主人及其家庭成员再也不会像集体化时期那样"磨洋工了""偷懒了"。

改革不仅让农民获得了先前由人民公社控制的"自由流动资源"，而且拥有了"自由流动空间"。首先，农民可以自主决定种植什么作物，种多少也由自己决定。其次，农民可以经商了。再次，政策允许发展乡镇企业。最后，政策允许农民进城务工或经商（孙立平，1993）。

随着改革的深入，与社会发展脉搏不相适应的户籍制度也开始松动了。为了适应经济体制改革的需要，国家逐渐调整了政策法规。1984 年 10 月发布的《国务院关于农民进入集镇落户问题的通知》指出，允许务工、经商、办服务业的农民自理口粮到集镇落户，这标志着户籍制度改革的开端。户籍制度的松动、粮油票证的废除及城市用工制度的改革为农民进城务工经商提供了可能性。

面对体制改革和政策调整所提供的空间与机会，大量农民走出农村，进入城市务工或经商。政府不再是唯一能够向农民提供资源的渠道了，社会正成为另一渠道。改革开放的过程就是政府逐渐放松管制的过程，唯有如此，社会才能逐渐发育成长。

从家庭联产承包责任制的推行到乡镇企业的繁荣，再到后来的民工潮，这些不仅反映了改革的一步步推进，而且反映了与国家相对应的社会正在发育与成长。农民的主体性在改革后得到了确认与发挥。

第二节　流动家庭的夫妻平等问题

国外关于移民与性别关系的研究一般有两派观点：乐观派认为，流动会推动性别关系走向平等。性别与移民方面的早期研究通常认为，就业和移民到美国的妇女会增加其在家庭内部的权力（Chavira，1988；Curry Rodriguez，1988；De la Torre，1993；Grasmuck and Pessar，1991；Hondagneu-Sotelo，1992，1994；Lamphere，1987；Rouse，1992）。流动通常对妇女劳动力的参与有正面影响。就业机会的增加及经济上更大程度的独立，有利于促进妇女们对家庭财政和其他决策领域的控制以及施加更大程度的影响，以让男人参与做家务（Boserup，1970；Grasmuck and Pessar，1991；Lamphere，1987）。这些研究大都使用资源理论，资源理论认为有薪工作会增加妇女对家庭资源的控制，与丈夫相比，妻子的权力和权威会因此得到提高。因此，有薪工作应该会减少妇女对家务劳动的贡献而增加男人对家庭劳动的贡献。

与上述学者强调有薪工作不同，其他一些学者突出移民和定居过程对移民妇女增权的作用。例如，有研究者（Curry Rodriguez，1988；Hondagneu-Sotelo，1994）就认为由定居或流动引起的配偶长期分离，促使墨西哥移民家庭朝更为平等的关系改变。类似的，其他研究者（Hagan，1994；Hirsch，2003；Rouse，1992）认为，通过流动到美国，墨西哥妇女能够获得更大程度的权力，特别是因空间流动性的增加、资源和经济机会的获得，实现了伙伴或婚姻理想的机会和获得法律保护以免受家庭暴力。

悲观派则认为，流动并未导致更大程度的性别平等。随着研究的推进，研究者渐渐地对由就业和流动以及定居经历所引起的妇女解放的研究结论重新进行评价。越来越多的移民研究者认为，有薪工作和流动在给移民妇女赋权的同时，也增加了她们的负担。越来越多的学者对经济归因和资源理论性别中立的假设提出了挑战，对妇女就业所引起的性别平等也持不乐观的看法。事实上，研究表明，移民妇女就业和性别关系之间的联系是相当复杂的，非经济资源单独能决定。有研究就指出，不能把妇女的权力与妇女就业引起的经济方面的变化等同起来（Emilio A. Parrado，2005：268）。相反，许多中间性的结构和文化变量，如阶级和种族或族裔、父权意识和社会歧视使移民家庭内妇女工作与性别关系之间的联系复杂化。因此，移民妇女的就业未必导致更大程度的性别平等。有研究发现，流动、有薪工作和定居美国并没有将墨西哥妇女从父权制中解放出来，墨西哥妇女不仅在家庭中而且在美国社会都必须跟父权制斗争（Manuel Barrajas and Elvia Ramirez，2007）。

目前，国内外学术界在研究农民工流动与性别关系方面一般有两种看法：乐观派认为，流动会推动性别关系走向平等（Rebecca Matthews and Victor Nee，2000：606~632；马春华，2003；马洁，2006；潘鸿雁，2006d，2008a）；悲观派则认为，流动并不会带来性别的平等（Barbara Entwisle et al.，1995；高小贤，1994：83~84；谭深，1997：44）。已有研究多采用资源理论和父权理论进行解释。其不足在于仅对夫妻一方流动引起的性别关系变化进行了研究，对于夫妻共同流动引起的性别关系变化则缺少研究。另外，已有研究在研究初始将农民工夫妻的性别关系预设为是不平等的，将性别关系的任何变化都归结为流动引起的。

本书的研究主题是：农民工夫妻外出流动会否引起作为两性的夫妻关系的变化？原因何在？夫妻流动分为夫妻一方流动和夫妻共同流动，夫妻一方流动过程中出现的是单流动家庭，夫妻共同流动过程中出现的是双流动家庭。鉴于此，笔者分别考察了单流动家庭的夫妻平等问题和双流动家庭的夫妻平等问题。同时笔者意识到，流动家庭中作为两性的夫妻关系不是同质的，而是分为两种：不平等的夫妻关系和平等的夫妻关系。因此，有必要分别探讨流动是否会引起不同夫妻关系的变化。为了动态地考察流动家庭的作为两性的夫妻关系，笔者对流动前的夫妻性别关系与流动后的夫妻性别关系进行了比较。

家务分工和家庭权力分配是西方社会科学界研究性别平等的两个重要课题。以往对家务分工和家庭权力分配的理论解释主要有两派：一派是经济决定论，另一派是文化决定论。经济决定论根据市场经济等价交换的原则认为，资源拥有少的一方会在经济上依赖于资源拥有多的另一方，因此前者（往往是妇女）相对于后者要承担更多的家务且在家庭权力的分配中处于无权地位（Brines，1994；Lennonand and Rosenfield，1994）。文化决定论则强调男权文化对家务分工和家庭权力分配的影响，认为社会中普遍存在的男权文化才是影响家务分工和家庭权力分配的根本原因（Ferree，1990；Hood，1986；Hochschild，1989；West and Zimmerman，1987）。

已有关于性别平等的研究，多从结构维度用家务分工和家庭权力分配的结果来进行考察，而对家务分工和家庭权力分配的形成过程缺少研究。为克服已有研究的局限，与已有研究进行对话，本研究不仅从结构维度对家务分工和家庭权力分配结果进行考察，而且从过程维度对家务分工和家庭权力分配的形成过程进行考察。基于此，本研究采用的理论视角是关系取向的社会交换视角（Jiping Zuo，2004；2008）。如前所述，关系取向的社会交换不同于市场取向的直接交换，它是间接的交换，由社会规范引导，强调夫妻关系对家庭的义务，强调夫妻关系的和睦。Thomas Burns（1973）认为，家庭中的社会交换属于制度化的社会交换，即家庭中的社会交换是由社会规范规定的，比如父母对子女的抚育责任。社会规范和社会限制是制度化交换模式的深层基础（Thomas Burns，1973：205）。

具体而言，本研究在理论视角上采用关系取向的社会交换视角。从农民工夫妻的日常互动（交换）过程，对家务分工和家庭权力分配的形成过程进行研究。已有研究中过多使用资源理论对性别平等问题进行解释，而且对资源概念的理解过于狭隘，多把资源理解为经济资源，为克服已有研究的局限，本研究结合我国社会文化背景对交换理论进行了修正，对资源概念进行了拓展。本研究所指的资源不仅包括经济资源，而且包括非经济资源，如文化资源、家务劳动、信任、理解等。也就是说，本研究持泛化的资源观。

本研究认为，受儒家伦理本位和家庭本位文化的影响，农民工夫妻之间的交换是关系取向的，而非市场取向的公平交换，即农民工夫妻是通过履行对家庭的义务来间接进行交换，而非用各自拥有的资源进行直接交换。关系取向的交换强调夫妻关系的和谐、夫妻整体利益的一致，夫妻关系的平衡是通过履行对家庭的义务间接实现的。而市场取向的交换则强调交换主体各自的个人利益。

对农民工夫妻日常生活中的间接交换过程进行研究，比较好的方法是采用"关系/事件分析"或"过程-事件分析"策略。前面笔者已经说明，"关系/事件分析"与"过程-事件分析"并无本质不同，两种策略都主张把关系看作事件，通过分析事件，了解事件中展现出来的关系。两种研究策略均认为，关系通过事件来展现，同时关系又通过事件来形塑。这里所讲的关系不是单一的关系，而是一组关系。有研究指出，"不存在所谓一个关系/事件，只有一组关系/事件。因为任何关系/事件同时跨越了不同的事件系列"（李猛，1997：6）。

本研究采用"关系/事件分析"策略或"过程-事件分析"策略。在研究农民工夫妻日常互动（交换）过程中，不仅考察具体互动情境中体现出来的夫妻性别关系，而且考察情境之外的因素对夫妻性别关系的影响，如儒家文化、社会性别规范以及社区亚文化对夫妻性别关系的影响。也就是说，本研究既要考察互动情境中展现出来的夫妻性别关系，又要超越互动情境，考察我国社会、经济和文化背景对农民工夫妻性别关系的影响。

一　单流动家庭的夫妻平等问题

（一）夫妻一方流动是家庭决策的结果

调查发现，尽管在"丈夫外出、妻子留守"决策过程中夫妻所起的作用不同，有的是丈夫主导，有的是妻子主导，有的是夫妻共同协商，但都是家庭决策的结果，都是为了家庭经济的改善，进而改善家庭的生活。

（二）单流动家庭的夫妻分工以及夫妻平等问题

有学者指出，丈夫的外出导致某些农村地区的农业生产出现"女性化"现象（高小贤，1994；黄平主编，1997；金一虹，2000）。有研究认为，工业和农业成为性别分工的两级（黄平主编，1997；李实，2001）。

本研究发现，丈夫进城从事工商业，而妻子留守农村从事农业生产和料理家务，因而外出丈夫与留守妻子之间的分工呈现跨区域化现象。根据丈夫从事职业的不同，可以将农民工夫妻的家庭分工分为两类：男工女耕、男商女耕。

研究发现，丈夫外出、妻子留守确实使家庭形态发生了改变，农民工夫妻由原来共同生活变为分居生活。不仅如此，丈夫的外出改变了夫妻之间的家庭分工。丈夫由原来务农转变为从事非农职业，妻子则由原来部分务农转变为全职务农以及照顾家庭。从家庭责任分工上看，客观而言，留守妻子的负担更重，因为她们既要从事农业生产，又要照顾家庭。丈夫外出也使得留守妻子在家庭中的权力变大了。留守妻子家庭权力变大，部分是出于维持家庭的需要，部分是丈夫权力让渡的结果。

尽管留守妇女在家庭中的权力变大了，但丈夫外出流动并没有从根本上改变夫妻之间的权力结构。这是因为留守妻子家庭权力的增大是丈夫主动让渡的结果，丈夫外出后留守妻子更多扮演的是执行者的角色，管理者的角色依然由外出的丈夫扮演。尽管丈夫在身体上是缺席的，但他们并没有缺席家庭的主要决策。同时，我们看到，尽管留守妻子家庭权力增加了，但同时家庭责任也增加了。

与丈夫相比，留守妻子家庭负担更重，然而在家庭权力分配上却不如丈夫，但她们并没有为此而抱怨，没有产生不公平感，也没有把自己当作不平等的牺牲者。原因何在？

笔者认为，这与农民工夫妻之间的交换模式有关。受儒家伦理本位和家庭本位影响，农民工夫妻之间的交换是关系取向的交换，这种交换模式强调夫妻对家庭的义务，强调夫妻关系的和睦以及夫妻利益的一致。关系取向的社会交换由社会规范如信任、理解、互惠和集体主义等来引导。

有研究指出，中国是伦理本位的社会，伦理本位的社会讲究情与义。"父义当慈，子义当孝，兄之义友，弟之义恭。夫妇、朋友乃至一切相与之人，莫不自然互有应尽之义。伦理关系，即是情谊关系，亦即是其相互间的一种义务。"（梁漱溟，2005：72）冯友兰指出，中国是家庭本位的社会。"在家庭本位的社会制度中，所有的一切社会组织，均以家为中心。所有一切人与人的关系，都须套在家的关系中。在旧日所谓五伦中，君臣，父子，夫妇，兄弟，朋友，关于家的伦已占其三。"（冯友兰，2007：43）

农民工夫妻的利益是一致的，因而他们在间接交换过程中，各自履行社会文化规定的其对家庭的义务。只要夫妻双方各自尽到了其对家庭的责任，那么夫妻之间就不会有不公平感，夫妻之间的关系就能实现平衡。丈夫外出打工或经商履行的是其对家庭的经济责任，他们扮演工具性角色；而留守妻子则通过从事农业生产以及照顾家庭，以另一种形式贡献家庭。总体而言，农民工夫妻对家庭的贡献是一样的，只是贡献的形式不同而已。农民工夫妻是家庭本位的，也是伦理本位的，他们强调的是其对家庭的义务，而非个人的权利。

另外，由于家庭权力是一种能力，家庭事务的决策遵循的是谁晓得谁决定的原则，而不是谁挣钱挣得多或者只要是男人就有发言权。权力的使用讲究效率，要有效率，大事就得夫妻一起协商，对家庭事务的熟悉程度就成为决策的主要依据（Jiping Zuo and Yanjie Bian，2005）。尽管家庭权力依旧掌握在丈夫手中，但由于家庭权力是为家庭集体服务的，而非为个人服务的，因此谁掌握家庭权力并不重要。有研究指出，在中国，传统家庭文化历来排斥为个人争权利、争自由的行为（左际平，2002）。前述个案8

中的彭女士就表示，她不在意谁拥有权力，在意的是家庭的和睦以及家庭的整体利益。

（三）单流动家庭夫妻分工不平等在某种程度上由城乡之间的结构性不平等造成

丈夫们外出无论是打工还是经商，工作都比较单纯，而留守妻子们则不仅要从事农业的生产与管理，而且要料理家务，要照顾子女和老人。因此与丈夫相比，留守妻子们负担更重、更辛苦。客观而言，外出丈夫与留守妻子之间的分工是不平等的。

前面在分析农民外出务工或经商的原因时，许多访谈对象谈到"在家里没钱挣，出来看能否发展""外面比家里挣钱容易""农村落后没什么好发展的""在家里种烟没钱可挣""在家里种田没什么收入""出门更能挣到钱""这里更好，家里那么累，在家里没什么出息""在家里积蓄不到钱""种田没有效益"等，农民的质朴语言流露出他们出门的最直接的动因是经济。

上述农民的质朴语言客观地再现了我国城乡二元结构，再现了城乡之间不平衡发展所引起的结构性差异。外出丈夫与留守妻子之间不平等的家庭劳动分工源于城乡之间结构性的不平等，外出从事工商业的效益比在家从事农业高，理性的农民当然会做出外出的决定。诚然，经济上的差距不是导致农民外出的唯一原因[①]。从事工商业的经济效益高于从事农业、城市好于农村的客观结构性事实，从某种程度导致外出务工或经商的丈夫与留守妻子在家庭劳动分工上的不平等。必须指出的是，外出丈夫在城市从事工商业生产活动，在生产中创造的价值[②]大部分留在了当地城市，少部分以汇款的形式返回农村，而留守妻子在农村从事家庭再生产活动，家庭再生产的成本由农村和农村家庭来承担，因此生产性活动与再生产性活动在空间上分隔开来，这客观上加剧了城市与乡村之间的不平等。外出丈夫与留守妻子之间跨区域的家庭劳动分工不仅复制了城乡之间的不平等，而

[①] 有研究指出，农民跨区域流动恰好是由于经济发展的不平衡，在预期收入的诱导下进行的（王西玉、崔传玉、赵阳、马忠东，2000：66）。笔者以为，经济发展的不平衡仅仅是影响农民外出流动的一个因素，区域社会发展的不平衡才是农民跨区域流动的重要原因。

[②] 有关调查研究显示，农民工创造的价值中，农民工自己得到一半，当地企业和政府得到一半（王西玉、崔传玉、赵阳、马忠东，2000：67）。

且也加剧了城乡之间的不平等。

麦克·布洛维（1976）认为，流动劳工系统再生产的条件是劳动力再生产所包含的两个过程在空间上的分离，即劳动力的维持过程和更新过程在不同的地方进行。维持过程与更新过程的分离以及流动劳工与他们家庭的分离，都是通过具体的法律和政治机制实现的。由于流动劳工在工作所在地没有当地的身份，无法在职业上向上流动，所以他们在当地处于无权地位。

类似的，我国农民工的再生产所包含的两个过程在空间上也是分离的，农民工虽然在城市工作，但城市的雇主和政府仅仅负责了他们的生计，原本该由城市雇主和政府负担的劳动力更新成本转移给了农民工家庭。也就是说，劳动力的维持过程在城市进行，而再生产过程在农村进行。有论者认为，在城市，面对政府和制度，对于自身的权益状况，他们所采取的基本是不表达、不申诉的态度。因此，这是一个特殊的"沉默的群体"（陈映芳，2005：128~129）。农民工尽管在城市工作、创造价值，在城市做贡献，然而他们却难以被城市接纳。他们被当作外地人，难以取得城市的户口，没有话语权，易被当地政府和社会排斥。制度性障碍迫使农民工保持与家乡的密切联系，他们打工挣的钱扣除生活所需开支后，剩下的部分会以汇款形式寄回家，供家庭生活的开支以及劳动力的再生产。外出打工的农民工与家庭互相依赖，并保持与家庭的密切联系。

农民工再生产的两个过程在地理上的分离，反映在家庭上就是家庭成员跨区域的劳动分工。单流动家庭中，丈夫负责生产活动以及自身的生计，而留守妻子则负责家庭的再生产以及劳动力的更新。外出丈夫与留守妻子之间分工上的不平等不仅再现了城乡之间的不平等，而且加剧了城乡之间的不平等。

笔者认为，只要对农民工的制度性限制不消除，只要城乡之间的结构性差距不缩小，只要农民工再生产所需的两个过程难以在空间上统一，那么农民工就会不断地被生产出来，城乡之间的不平等也将继续延续，外出丈夫与留守妻子之间的不平等也将不断地被再生产出来。

（四）单流动家庭的夫妻关系维系以及在此过程中体现出的夫妻平等问题

丈夫的外出使得农民工夫妻由共同生活变为分居生活，夫妻关系由于夫妻不在一起生活而易受影响。

本研究发现，总体而言，流动并没有对农民夫妻婚姻稳定造成实质性的影响，农民工夫妻之间的关系依然稳固且持久。

有研究发现，夫妻分居的农民工家庭之所以仍然稳固，是因为农民工对家庭的经济支持取代了共同生活，成为家庭得以构成的基础条件之一（李强，1996：80）。另有论者认为，经济的功能是首要的，家庭的维系与其说是一种夫妻情感的维系，不如说是生存压力与传统伦理道德制约下的经济维系（潘鸿雁，2008：161）。

笔者认为，单纯经济因素不足以维持夫妻之间的关系，经济维系仅仅是夫妻关系得以维持的因素之一。维系单流动家庭夫妻关系最深层次的纽带是家庭本位的价值观念。农民外出务工是夫妻商量好的，是家庭的一种策略。丈夫外出、妻子留守的安排是为了家庭的整体利益，是服务于改善家庭的生活，共同的目标使得夫妻即使不在一起生活，也能共同履行各自对于家庭的责任。

研究发现，夫妻关系得以有效维系需要具备如下几个因素：心理层面，相互信任与相互理解；情感层面，夫妻有感情基础；行动层面，外出丈夫与留守妻子必须能动地维持彼此的关系；经济层面，丈夫汇款回家；文化层面，坚持家庭本位，尽到各自对于家庭的责任。

Thomas Burns（1973：118）认为，行动者互动的结构和时间背景，包括行动者之间关系的过去和预计的特征，会影响行动者的行动取向、行动偏好、决策和互动模式。也就是说，社会交换的双方关系越稳定、越持久，那么就越可能形成"他人取向"（other orientation）而非"自我取向"（self orientation）的交换模式。行动和制度受社会关系的影响是社会理论中的古典问题。行动嵌入于社会（关系）结构中，受社会（关系）结构影响（Granovetter，1985：481）。

本研究发现，农民工夫妻之间关系取向的交换模式受到夫妻关系质量以及稳定性的影响，如夫妻之间是否相互信任、是否相互理解、是否有感情基础等。笔者认为，探讨农民工夫妻之间的关系，不能仅考察互动中的夫妻关系，必须超越互动情境，考察互动情境之外因素的影响。

受儒家伦理本位和家庭本位文化的影响，农民工夫妻之间的交换模式是关系取向的。关系取向的交换模式由社会规范引导，这种交换模式强调的是夫妻对家庭的贡献、对家庭的义务，强调家庭中夫妻关系的和谐。正因为农民工夫妻之间的交换模式是关系取向的，而且农民工夫妻强调的是各自对家庭的义务，因此尽管不在一起生活，夫妻关系仍然不受影响，依然稳定且持久。

丈夫外出挣钱从经济上贡献家庭，扮演工具性角色；留守妻子在家务农和照顾家庭，也是在贡献家庭，扮演表达性角色。为了家庭的整体利益，他们牺牲了夫妻的共同生活。研究还发现，如果夫妻双方都努力贡献家庭，履行对家庭的应尽义务，那么配偶尤其是留守妻子就不会产生不公平感。如果夫妻一方秉持个体本位，只顾自己，不顾家庭，那么另一方就会产生不公平感。

二　双流动家庭的夫妻平等问题

（一）夫妻共同外出是家庭决策的结果

前面提到，农民工的流动采取的是家庭阶段性流动模式，即在流动初期丈夫外出、妻子留守，他们率先出门摸着石头过河；当先外出的丈夫在城里站稳脚跟之后，尝到外出甜头的他们会带妻子外出。

无论是夫妻一方外出还是夫妻共同外出，都是家庭集体决策的结果，都是服务于改善家庭的经济，进而改善家庭的生活，寻求代际向上流动。

Hondagneu-Sotelo（1992）在对墨西哥移民的研究中发现，墨西哥已婚妇女移民到美国遭到了先前移民到美国的丈夫的反对，她们通过各种方式来实现与丈夫在美国的团聚。丈夫在1965年前移民美国的墨西哥妇女多通过动员家庭成员及其亲戚来说服丈夫，丈夫在1965年后移民美国的妇女们很多是依靠其他移民妇女的帮助来挑战丈夫。

与墨西哥妇女外出流动遭到丈夫反对形成鲜明对比的是，笔者所调查的我国农村留守妇女在外出流动时不仅没有遭到丈夫的反对，很多甚至还是丈夫主动带妻子外出的。留守妇女外出的决定有的是夫妻共同做出的，有的是丈夫做出的，但即使决定是丈夫做出的，他们也都跟妻子商量过，妻子们不仅没有反对，反而对丈夫的安排持支持态度。

笔者认为，我国农村妇女在外出上之所以没有遇到墨西哥妇女的情况，根本原因在于我国儒家家庭本位的价值观。家庭本位强调的是家庭的整体利益，而不是个体的利益。农民工夫妻都认识到务农效益的低下、农业生产的辛苦，为了更好更快地改善家庭，丈夫们在条件允许的情况下自然会让妻子跟自己一起外出。

（二）双流动家庭夫妻性别关系的延续

前面提到，已有对农民工外出流动与性别的研究仅对夫妻一方流动引起的性别关系变化进行了探讨，对夫妻共同流动可能引起的性别关系变化则缺少研究。另外，已有对农民工夫妻性别关系的研究大多将外出前的农民工夫妻性别关系预设为不平等，然后将所有发生的改变都归结为流动引起的变化。

本研究发现，农民工夫妻性别关系不是同质的，而是分为两类：一是传统的不平等关系；二是现代的相对平等的关系。因此，要对双流动家庭的夫妻性别关系进行研究，就必须分别探讨两种模式下的夫妻性别关系。

本研究发现，农民工夫妻之间的性别关系，无论是传统的不平等关系还是相对平等的关系，流动后都没有发生根本改变。也就是说，流动前夫妻关系不平等的，流动后依旧不平等；流动前夫妻关系平等的，流动后依旧平等。也就是说，原有的夫妻性别关系复制到了流入地。

1. 农民工夫妻不平等关系的延续及其原因

农民工夫妻之间不平等的关系表现在，夫妻之间的家庭分工遵循的是传统的"男主外、女主内"分工模式。也就是说，男人负责在外挣钱，女人主要在家料理家务，即男人养家，女人持家。家务分工方面，家务基本由女人承包，男人很少做家务；家庭权力分配方面，家庭重大事务基本由丈夫主导，妻子即使参与家庭事务决策也只是贡献意见，丈夫拥有绝对权威。

农民工夫妻之间的这种分工部分是受传统社会性别规范的影响，部分是基于各自的比较优势。丈夫因为文化水平较高、能力较强因而主要负责在外挣钱，妻子则在料理家务方面拥有优势，因此把精力放在做家务上。有研究认为，一个有两种性别的、有效率的家庭，会把妇女的时间配置到家庭部门，而把男子的主要时间配置到市场部门（贝克尔，1998：40）。外出的妻子们普遍认为，自己外出是为了协助丈夫更好地挣钱。因此，有学者把这种妻子跟随丈夫外出的流动称为"从属性流动"（谭深，1997：44）。

受传统社会性别规范的影响，农民工夫妻思想上认可"男主外、女主内"的分工模式，并且在行动上按照传统社会性别规范的期待去履行各自对于家庭的责任。在这种传统的分工模式下，丈夫们很少做家务。家庭权力分配方面，家庭事务的决策虽然征求妻子的意见，但大都是丈夫做主，具有男主女从的特点。

妻子们尽管家务做得多，在家庭权力方面不如丈夫，但她们并没有感到不公平，没有抱怨。她们并没有把自己当作不平等的牺牲者。原因何在？

笔者认为，这与农民工夫妻之间的交换模式有关。

有研究发现，在移居美国后，中国移民仍然保持传统的价值观和期望，并受家庭义务所约束（周敏，1995：186）。类似的，农民工夫妻从农村流动到城市，是在同一个文化区内流动，他们仍然受儒家文化影响。

有研究指出，中国是伦理本位的社会，伦理本位的社会讲究情与义。"父义当慈，子义当孝，兄之义友，弟之义恭。夫妇、朋友乃至一切相与之人，莫不自然互有应尽之义。伦理关系，即是情谊关系，亦即是其相互间的一种义务。"（梁漱溟，2005：72）冯友兰指出，中国是家庭本位的社会。"在家庭本位的社会制度中，所有的一切社会组织，均以家为中心。所有一切人与人的关系，都须套在家的关系中。在旧日所谓五伦中，君臣，父子，夫妇，兄弟，朋友，关于家的伦已占其三。"（冯友兰，2007：43）

受传统社会性别规范、儒家伦理本位以及家庭本位文化的影响，农民工夫妻之间的交换是关系取向的社会交换（Jiping Zuo，2002；2004；2008）。关系取向的社会交换强调夫妻关系的和睦，强调夫妻对家庭的义务，强调夫妻利益的一致。家庭整体利益抑制了个体对其自身利益的追求，追求个人的利益不具有合法性。丈夫挣钱养家，从经济上贡献家庭，扮演工具性角色；而妻子们主要是在租来的家庭中通过做家务、做好后勤，扮演表达性角色，她们以另一种形式贡献家庭。夫妻虽然分工不同，但都在履行社会文化规定的其对家庭的义务，都是在为家庭做贡献。也就是说，夫妻都在按照社会文化的期待行事，都在实践社会性别。

农民工夫妻通过履行各自对于家庭的责任间接地实现义务上的平等。夫妻之间的这种关系取向的间接交换不同于市场取向的直接交换。市场取向的交换认为，夫妻之间的利益是对立的，夫妻通过各自拥有的经济资源进行直接交换，这种交换强调的是公平。市场取向的交换从个人的理性出发，认为夫妻之间的博弈是零和博弈，夫妻之间的关系此消彼长。

研究发现，农民工夫妻是家庭取向的，也是伦理本位的。农民工夫妻的利益是一致的，是利益共同体。他们的理性不是个体理性，而是集体理性。引导农民工夫妻交换的是集体理性或家庭理性，而非个体理性。如前所述，农民工夫妻之间的交换是关系取向的交换，这种交换模式强调夫妻对家庭的义务，强调夫妻利益的一致以及夫妻关系的稳定。

农民工夫妻在流入地临时租来的家中相互配合、相互支持、相互体贴，共同维持家庭。家务分工方面，与丈夫相比妻子们承担了较多的家务，之所以如此，部分是因为她们的能力有限，部分是因为她们按照社会性别期待行事，部分是因为她们意识到家务也是有价值的，也是对家庭的贡献。她们通过做家务使丈夫们能够集中精力挣钱。在家庭权力分配方面，尽管丈夫占据主导地位，但家庭权力的分配是依据谁晓得谁决定的原则。家庭权力是一种能力，是用来服务家庭的，而非为个人服务。正因为如此，妻子们尽管在家庭权力上不如丈夫，但她们对此没有意见。农民工夫妻俩尽管分工不同，但都尽其能力贡献家庭。只要夫妻都履行他们对家庭的责任与义务，那么农民工夫妻尤其是妻子们就会对夫妻之间的关系感到满意，就不会有不公平感。也就是说，夫妻之间关系的平衡是夫妻通过履行社会文化规定的他们对家庭的义务来间接实现的。

农民工夫妻利益是一致的，都是为了家庭整体利益。他们在意的不是个人的权利，而是家庭整体利益的改善。因此尽管夫妻在家务分工和家庭权力分配方面存在不平等，但她们并没有为此而斤斤计较。

本研究发现，"男主外、女主内"的分工模式不是在流动中形成的，这种分工模式在流动前就已经存在，并在流动过程中得以延续。调查对象普遍反映，夫妻之间的性别分工未曾受到外出流动的影响，即原有的性别分工复制到了流入地。

2. 农民工夫妻平等关系的延续及其原因

农民工夫妻的平等关系表现在夫妻之间家庭分工界限比较模糊，没有明显的主从和内外之分。夫妻共同挣钱养家；家庭事务遵循谁晓得谁决策的原则，夫妻共同分享家庭权力，共同做决策，谁都可以做决定，谁对听谁的；家务方面，夫妻共同做家务，谁有时间谁做。夫妻家庭分工根据各自的比较优势来进行。双流动家庭中妻子的外出往往是夫妻共同决策的结果，不同于单流动家庭中妻子属于"从属性流动"。同样的，农民工夫妻平等的关系也不是在流动过程中形成的，而是流动前就已经形成，即农民工夫妻的平等关系在流动过程中复制到了流入地。

那么，为何流动没有从根本上对夫妻的关系产生影响？原因何在？

笔者认为，这与农民工夫妻之间的交换模式有关。有研究发现，在移居美国后，中国移民仍然保持传统的价值观和期望，并受家庭义务所约束（周敏，1995：186）。类似的，农民工夫妻从农村流动到城市，是在同一个文化区内流动，他们仍然受儒家文化影响。

农民工夫妻之间的交换是关系取向的社会交换（Jiping Zuo, 2002; 2004; 2008; Jiping Zuo and Yanjie Bian, 2005）。关系取向的社会交换强调的是夫妻对家庭的义务，强调夫妻关系的和谐与利益的一致。

农民工夫妻之所以会采取关系取向的交换模式，与儒家文化有关。有研究指出，中国是伦理本位的社会，伦理本位的社会讲究情与义。"父义当慈，子义当孝，兄之义友，弟之义恭。夫妇、朋友乃至一切相与之人，莫不自然互有应尽之义。伦理关系，即是情谊关系，亦即是其相互间的一种义务。"（梁漱溟；2005：72）冯友兰指出，中国是家庭本位的社会。"在家庭本位的社会制度中，所有的一切社会组织，均以家为中心。所有一切人与人的关系，都须套在家的关系中。在旧日所谓五伦中，君臣，父子，夫妇，兄弟，朋友，关于家的伦已占其三。"（冯友兰，2007：43）

本研究发现，农民工夫妻基本是家庭取向的，他们坚持家庭本位的价值观念，强调的是家庭整体利益而非个人利益，强调家庭关系的和谐与稳定。我国仍处于社会转型期，广大农民仍生活在传统的乡土社会，家庭不仅是生活单位，而且是经济单位，是利益共同体。农民工夫妻为了维持好家庭，不仅在生产中而且在生活中相互合作、相互配合。农民工夫妻共同外出是家庭的一种策略，为了多挣钱，改善家庭经济和家庭生活，为了实现这个共同目标，农民工夫妻在流入地根据各自的能力进行分工，并且都尽职尽责。

关系取向的社会交换由社会规范引导。伦理本位强调的是夫妻对家庭的义务以及夫妻之间相互的义务，家庭本位强调的是夫妻在家庭整体利益上的一致。对家庭的义务以及家庭整体利益抑制了个体对其自身利益的追求。受伦理本位和家庭本位文化的影响，个体对其个人利益的追求不具有合法性。也就是说，农民工夫妻之间的交换由集体理性而非个体理性引导。

关系取向的交换不同于市场取向的交换。市场取向的交换追求的是交换的公平，交换的主体直接用各自拥有的资源进行交换，追求个人的利益，引导交换的是基于公平的个体理性。而关系取向的交换是间接的社会交换，夫妻之间的交换是间接的，即通过履行各自按照社会文化规定的对家庭的义务来实现。

农民工夫妻之间的交换不是通过各自拥有的资源来进行直接交换，而是通过为家庭做贡献、履行各自对于家庭的责任来进行间接交换。尽管夫妻之间由于各自能力的不同在所拥有的资源上有差别，进而导致对家庭的贡献有所差异，但外出的农民工夫妻没有强调这种差异，也没有因为自己对家庭某一方面的贡献更大而要求获得更大的权力。

家庭取向的农民工夫妻追求的不是个人的权利，而是家庭整体利益。有论者认为，当夫妻双方都在为家努力奋斗时，家庭决策就具有了为家庭（而不只为个人）服务的性质，因而权力的使用讲究效率（Jiping Zuo and Yanjie Bian, 2005）。因此夫妻俩无论是谁在家的权力大，还是谁做的家务多，从本质上看，家庭权力和家务都是服务于家庭。家庭事务的决策遵循谁更晓得谁决策的原则，决策的目的是为了家庭，而非为了个人的利益，做家务也是服务于家庭。权力由谁拥有和家务谁多做，只是形式问题，实质都是为了家庭整体利益。

如前所述，农民工夫妻之间的交换是关系取向的社会交换（Jiping Zuo, 2004；2008），这种交换由社会规范规定。这种交换发生在家庭内部，是制度性的社会交换（Thomas Burns, 1973）。夫妻之间的交换体现于夫妻日常的互动过程中，农民工夫妻各自按照文化的规定，按照各自的能力去贡献家庭。我们发现，家庭取向的农民工夫妻在共同维持家庭的过程中互相配合、互相理解、互相体贴。正因为如此，农民工夫妻对彼此的关系状况持满意态度。

讨论2：经济资源、家务分工与家庭权力的关系

社会交换视角认为，一般而言，权力和依附影响人们对公平的评价（Lennon and Rosenfield, 1994：508）。交换论认为，对其他人所拥有的权力取决于个人所拥有的资源和他们在特定情境或关系中是否有选择权（Thibaut and Kelley, 1959；Blau, 1964），经济资源尤其被视为权力的主要基础（Weber, 1946；Blood and Wolfe, 1960；Roman, 1967）。夫妻二人在经济上的差距直接导致了他们在家庭权力上的不平等关系（Blood and Wolfe, 1960）。

上述研究有关经济资源决定家庭中权力的观点在本研究中没有得到证实。本研究发现，经济资源多并不意味着在家庭中的权力就更大。如个案29的罗先生就表示，无论是外出打工还是在家务农，男人都比女人挣得多，因为男人工资高，女人工资低。尽管他挣的钱多，但他并没有因此要求在家中的地位更高、权力更大。因为在他看来，自己挣钱是为了家庭，挣钱是为了让一家人欢喜。他表示，为了家，妻子同样也会尽力挣钱。事实上，罗先生觉得妻子也尽力挣钱了。罗先生还认为，夫妻配合好才能挣到钱。不管是在外面打工还是在老家种田，夫妻都要互相配合；如果配合不好，那么事情很难做成。他表示，他们夫妻俩配合较好，做事情有商量，都会尽自己能力去做。显然，罗先生追求的不是个人在家庭的权力，而是家庭整体利益的改善。他强调夫妻之间的配合。罗先生与妻子之间的交换就是典型的关系取向的社会交换（Jiping Zuo，2002；Zuo，2004；2008；Jiping Zuo and Yanjie Bian，2005）。

关于经济资源不能与家庭权力画等号的观点，在另一个个案中也得到了支持。个案4中严先生做生意，妻子则打工，因此他的收入比妻子多很多。但他也没有因此要求在家里的权力更大。在他看来，只有外人才会因为自己经济资源多而要求权力大，而夫妻是一家人，一家人就没必要这么做。在他看来，自己挣钱是为了家庭，自己有钱，妻子就有钱，同样妻子有钱，自己就有钱。显然，严先生是家庭本位的。夫妻挣的钱由严先生统一管理，妻子也能拿到钱，而且有自主消费权。

有研究指出，"大抵社会组织，首在其经济上表著出来。西洋近代社会之所以为个人本位者，即因其财产为个人私有。恩如父子而异财；亲如夫妇而异财；偶尔通融，仍出以借贷方式。""反之，在社会本位的社会如苏联者，便是以土地和各种生产手段统归社会所有。伦理本位的社会于此，两无所拟。"（梁漱溟，2005：73）

另有研究指出，"传统中国家庭的理想是把家庭成员整合在一起，成为一个共同的收支单位。这个收支单位的特色有三：一是每个人的劳动所得皆归公库；二是每个人的生活所需皆由公库支出；三是家庭财富由家中成员所共享。中国式家庭中的社会交易和资源分配法则是'各尽所能，各取所需'的'需求法则'。依照此一法则，每一成员都应当为家庭尽力，家庭也应当供给他生活所需之资源。"（黄光国，2004：7）

在分析美国家庭的财务管理模式时，Treas（1993：723）区分了两种家庭组织形态：个体主义的家庭组织和整体主义的家庭组织。个体主义的家庭承认配偶一方的经济和其他贡献为个人的资源，允许配偶独自管理自己的家庭资源。与个体主义家庭的资源管理模式不同，整体主义的家庭把整体的需求看得比个人的更重要，家庭成员对家庭的经济贡献以集中的方式进行管理。也就是说，在个体主义的家庭中，配偶的经济资源是分开管理的；而在整体主义的家庭中，配偶的资源是合在一起的。

本研究发现，农民工夫妻打工或经商所挣的钱都放在一起，实现家庭取向的资源管理模式。

与个案29的罗先生一样，严先生也认为，一个家庭需要夫妻互相配合。严先生没有因为自己挣的钱比妻子多而要求在家庭的权力上更大，与此同时他也没有因此而少做家务。严先生表示，外出打工前夫妻就是互相配合，现在仍然要相互配合。因为是夫妻，因为是为自己的家庭而做，因此要尽力去做。

很明显，罗先生与严先生受到了儒家伦理本位和家庭本位文化的影响，他们与妻子的交换都是关系取向的交换，都是强调夫妻关系的和睦以及利益的一致，都是强调夫妻对家庭的义务。正因为夫妻利益是一致的，家庭整体利益抑制了个体对其自身利益的追求。在伦理本位和家庭本位的文化背景下，个体对其自身利益的追求不具有合法性。按照中国文化传统，个人是不首先考虑个人的成就的，而是首先考虑家庭和社区的利益（周敏，1995：212）。另有研究指出，在中国，传统家庭文化历来排斥为个人争权利、争自由的行为（左际平，2003）。黄光国（2004）指出，在传统中国社会中，家庭可以说是对个人最重要的社会团体。对中国人而言，维持团体内的和谐与团结似乎比强调公平分配更为重要。

西方性别理论中关于经济资源决定家庭权力的观点以及经济资源影响家务分工的观点之所以在本研究中没有得到证实，与我国的社会文化背景有关。在我国，农民家庭是生产单位，家庭生产依靠夫妻间的相互合作与配合。儒家伦理本位和家庭本位文化强调夫妻关系的和谐以及夫妻对家庭的义务。有研究指出，中国的家是一个事业组织，无论事业大小，都需要夫妇的合作（费孝通，1998：40）。家庭取向的农民工夫妻即使外出务工或经商，强调的仍是夫妻间的合作，他们追求的不是个人的权力，而是家庭整体的利益。

个案4和个案29中，罗先生夫妇之间与严先生夫妇之间的交换都是关系取向的。关系取向的交换强调的是家庭整体的利益，夫妻交换由集体主义规范引导，夫妻关系也比较持久（Treas, 1993）。夫妻交换通常是间接的，即他们通过履行对家庭的义务来进行间接交换，这种交换模式强调夫妻关系的和谐、夫妻相互信任和权威结构（Curtis，1986；Ekeh，1974；Treas，1993；Jiping Zuo and Yanjie Bian，2005）。这种间接的互惠模式承认配偶所做的工作和家务劳动对家庭的贡献（Clark and Mills，1993；Jiping Zuo and Yanjie Bian，2005）。这种间接的互惠模式强调和谐关系的维持和提升，甚至以牺牲个人的利益为代价（Lin，2000；Jiping Zuo and Yanjie Bian，2005）。

讨论3：家务分工与家庭权力

有研究发现，拥有较少经济资源而更需要对方经济资源的配偶一方在家庭决策上的影响较小，不仅如此还要承担更多的家务劳动（Safilios-Rothschild，1970；Julie Brines，1994）。然而，在本研究中此观点没有得到支持。个案15中的严女士表示，家庭大事由她与丈夫共同决定，谁都可以决定。她认为自己与丈夫在权力上是平等的。尽管与丈夫相比，严女士家务做的多些，但在她看来家务做得多不等于没有权力；相反，她认为做家务可以获得权力。

有研究认为，与发达国家个人本位相比较，我国农民家庭中夫妻之间的交换不是采用市场经济条件下的直接交换，而是通过为家里做贡献的间接方式来实现的（左际平，2003）。这种交换是关系取向的（Jiping Zuo，2002；2004；2008）。本研究发现，家庭贡献的尺度是根据社会性别规范、各自的能力来衡量的。如个案23中，赖女士由于孩子还小，只好留在租来的家中带孩子以及做家务，家庭经济则由做油漆装修的丈夫江先生负责。尽管钱是丈夫挣的，但家庭经济则是赖女士管理。尽管赖女士在家做家务，丈夫在外挣钱，但夫妻俩均认为双方对家庭的贡献差不多。江先生表示，如果妻子不带孩子的话也会出去挣钱。夫妻俩均认为家务是有价值的。赖女士觉得做家务和在外挣钱都是对家庭的贡献，只是形式不同。个案17中的江先生认为，夫妻对家庭的贡献是一样的，是没法分的，如果一定要分，那么在经济上自己对家庭贡献大，而在情感上他不如妻子。上述两个个案说明，农民工夫妻尽管分工不同，但对家庭的贡献是一样的。

应该说，通过家务分工和家庭权力分配，我们能在一定程度上考察到家庭内部夫妻之间的平等问题。资源理论也具有一定的解释力。然而，必须注意的是，资源理论所追求的平等观建基于市场经济的发达以及个体独立意识的充分培育。当我们运用西方的理论来研究我国农民工夫妻性别关系时，必须结合我国的社会文化背景。有研究指出，西方有关人际行为及交易法则的研究应当扩大其视野，不应只假设每个社会的社会化都要求个人依据自我的利益做出理性的决定。有研究显示，中国社会与其他类似社会所遵循的法则与西方迥然不同，这些社会十分重视"报"的规范（黄光国，2004：1）。我国仍处于社会转型期，广大农村还是乡土社会，进城务工或经商的农民工虽在一定程度上受到了市场化的洗礼，但他们的观念本质上还是乡土的。

调查发现，进城农民工大都是家庭本位的，他们思考问题的出发点不是个人，而是家庭。如前所述，农民工夫妻们追求的不是个人在家庭中的地位与权力，而是家庭整体利益的改善。农民工夫妻在日常的互动中就家务分工和家庭权力的分配形成了一定的模式，他们主观上也认可夫妻之间的这种分工模式。无论是做家务还是进行家庭决策，都是服务于家庭，都是为了使全家受益。农民工夫妻根据各自的能力尽到各自按照性别规范所规定的对于家庭的义务，只要夫妻双方都这么做，那么他们就不会有不公平感。因此研究农民工夫妻之间的性别关系，既要从结构维度分析家务分工、家庭权力分配的结果，又要从过程维度考察家务分工和家庭权力分配的形成过程。考察农民工夫妻之间的交换还须结合我国的社会文化背景，如儒家伦理本位和家庭本位文化。与此同时，也要考察农民工夫妻各自对家务分工和家庭权力分配的主观感受。①

影响农民工夫妻性别关系的因素是复杂的，不是单纯的流动经历，不是资源理论所强调的有薪工作，也不是市场化所带来的生产方式的变化（市场化目前还没从根本上改变农村社会的生产方式）。笔者认为，考察我国农民工夫妻性别关系，必须考虑中国的社会文化、经济背景；必须动态地考察农民工夫妻性别关系，而不是静止地看，既要考察流动前的夫妻性别关系，又要考察流动后的夫妻性别关系，并在此基础上进行比较；必须从农民工自身的角度考察农民工夫妻性别关系，既从丈夫的角度，又从妻子的角度来看农民工夫妻性别关系。

总之，本研究表明，流动并没有从根本上改变农民工夫妻之间原有的性别关系，即原有的夫妻性别关系在流动情境下仍得以延续。受儒家伦理本位和家庭本位文化以及乡土社会的影响，农民工夫妻之间的交换是关系

---

① 有研究指出，研究夫妻平等问题，不仅要考察家务劳动负担以及权力分配等客观指标，而且要考察研究对象的主体性（左际平，2002）。

取向的，关系取向的交换强调的是夫妻关系的和睦以及利益的一致，强调的是家庭的整体利益以及对家庭的义务。也就是说，农民工夫妻追求的是对家庭义务的平等，而非个人的权利平等。农民工夫妻关系的平衡是他们通过履行各自对家庭的义务来间接实现的。

讨论4：农民工夫妻平等：权利还是义务

本研究发现，从结构维度用家务分工、家庭权力分配结果考察的夫妻平等，与从过程维度对家务分工和家庭权力分配的形成过程进行考察的夫妻性别平等不同。也就是说，如果按照家务分工、家庭权力分配的结果来测量的话，夫妻之间是不平等的。而从农民工夫妻之间的互动过程来看，他们又认可现有的夫妻分工状况。在笔者看来，原因可能在于不同的社会文化背景下夫妻的交换模式不同。

家务分工和家庭权力分配是从西方的性别理论中演绎出来的，西方理论有其使用的条件，这个条件就是市场经济的充分发展以及由此出现的个体对于自身权利和地位的强调。在此背景下，夫妻之间的交换遵循的是市场交换的逻辑，市场交换追求的是公平。由于夫妻之间的利益是对立的，因此交换强调的是个人利益的实现。婚姻交换的市场模型就强调交换的公平（沃特斯，2000：73）。市场交换模型将家庭劳动分工的不公平以及妇女不公平感的缺少归因为配偶双方带入婚姻关系中的资源交换价值的不同（Blood and Wolfe，1960；Brines，1994）。男人通常挣钱多，职业声望高，他们作为家庭主要扶养者的角色使其有更多的本领运用权威和权力。他们做较少的家务却拥有更大的家庭权力（England and Farkas，1986）。类似的，女人在经济上依赖婚姻，因此通常把不平等的家庭劳动分工视为公平（Lennon and Rosenfield，1994）。也就是说，在西方市场化背景下，夫妻之间的交换由市场公平规则来引导，因此夫妻之间的平等表现为权利平等。

我国农民工夫妻从农村来到城市，深受传统儒家文化的影响。我国的儒家文化如伦理本位和家庭本位强调的不是个人本位的权利与平等，而是对家庭的义务；强调的不是个人的利益，而是整体利益。有研究指出，按照中国文化传统，个人是不首先考虑个人成就的，而是首先考虑家庭的利益（周敏，1995：212）。受儒家伦理本位和家庭本位文化的影响，农民工夫妻之间的交换是关系取向的社会交换，他们交换的是家庭义务而非经济资源（Jiping Zuo，2004：528）。社会交换遵循社会规范，如互惠、信任或权威。农民工夫妻在意的不是个人的权利与地位，而是家庭整体状况的改善。这种间接的互惠模式承认配偶工作和家务劳动对家庭的贡献（Clark and Mills, 1993；Jiping Zuo and Yanjie Bian, 2005），强调和谐关系的维持和提升，甚至以牺牲个人的利益为代价（lin, 2000；Jiping Zuo and Yanjie Bian, 2005）。家庭集体主义依赖家庭资源的集中，把家庭的利益看得比个人的需求更重要，通过家庭的情感和个体履行对家庭的义务来实现关系的和谐（Fei, 1949；Liang, 1949；Yang, 1959；Jiping Zuo and Yanjie Bian, 2005）。黄光国（2004）指出，在传统中国社会中，家庭可以说是对个人最重要的社会团体。对中国人而言，维持团体内的和谐与团结似乎比强调公平的分配更为重要。

另外，丈夫的体贴可以缓解妻子的不平等感。妻子在家虽然家务做得比丈夫多，家庭权力比丈夫小，但妻子仍觉得夫妻平等。如个案28，在丈夫外出期间，张女士在家里既要进行烟叶的管理，又要照顾孩子和老人。自己分内的活要干，丈夫的那部分活也要干，用她的话说就是男男女女的活都要干。客观而言，与丈夫相比，张女士的负担更重，不仅是体力上的负担，而且是思想上的负担。尽管如此，张女士表示她对丈夫外出、自己留守的这种安排没有意见。在她看来，丈夫外出是为了使家庭经济更好。因为家里的农田不多，她一个人就可以应付得过来，所以丈夫外出所挣的钱就是多出来的。正因为张女士是从家庭的角度而不是从个人的角度去看问题，她看重的是家庭的利益而不是个人的权利，因此她没有意见。虽然在家里务农很辛苦，但来自外出打工丈夫的体贴缓解了她的辛苦感，丈夫会打电话嘘寒问暖。

张女士与丈夫相互体贴，她也思量丈夫在外挣钱的辛苦。有研究指出，婚姻的质量会影响妇女对公平感的评价（Lennon and Rosenfield, 1994：526）。婚姻的幸福有助于提升妇女的公平感。

如个案28中的罗先生与张女士夫妻关系就很好。张女士觉得夫妻同心，干活挣钱有劲。2004年张女士跟丈夫共同外出打工，丈夫做大工，她做小工。丈夫一天的工资是90元，她的工资是50元。在家庭的权力分配上，张女士表示，与在老家时一样，还是丈夫的权力更大。丈夫的权力更大，部分是因为她出于维护丈夫男人形象的考虑，没有跟丈夫争权。尽管丈夫的权力更大，但张女士仍觉得夫妻的关系是平等的。她之所以会觉得夫妻平等，部分是因为她跟丈夫一起干活的时候没有分工，而且丈夫会帮她做事；部分是因为丈夫体贴她，张女士表示，丈夫对她很有"思量"。

客观而言，张女士在家庭权力分配上和家务分工上与丈夫存在不平等现象，但她仍觉得夫妻是平等的。之所以会出现客观不平等与主观感受平等这种相互矛盾的状况，原因在于农民工夫妻是家庭取向的，他们追求的不是西方性别理论中所强调的权利，他们所强调的是对家庭的义务。他们追求的不是个人的权利，而是家庭的利益。

类似的，个案5中的刘女士本来在福建厦门打工，丈夫在广东东莞做生意。为了使丈夫生意做得更好，她辞职来照顾丈夫。在东莞临时租来的家中，刘女士承担了全部的家务。不仅如此，她还利用做完家务的剩余时间去服装厂上班，一方面表明她以丈夫为主，以家庭为重；另一方面也说明她在尽力分担丈夫的负担。虽然在家庭权力分配上不如丈夫，而承担的家务却比丈夫多，但家庭取向的刘女士并没有把自己当作不平等的牺牲者。

个案28从正面说明如果丈夫尽到了自己对家庭的义务，那么即使夫妻间在家庭权力上分配是不平等的，妻子也会觉得夫妻关系是平等的，妻子会因此产生公平感。而个案25从反面证明如果丈夫不顾家，没有尽到其对家庭的责任，那么妻子就会有不公平感。

因此农民工夫妻的平等不是个人权利的平等，而是对家庭义务的平等。

讨论5：流动经历与夫妻平等

Pierrette Hondagneu-Sotelo（1992）在《克服父权限制：墨西哥移民妇女和男人性别关系的重构》中谈到迁移经历在推动性别关系平等方面所起的作用。作者认为，迁移经历如夫妻分离使得妇女们获得更大程度的性别独立，男士们则在妻子不在时学习承担传统上定义为妇女们的工作。

然而本研究发现，迁移经历没有对夫妻关系平等起到推动作用。如个案5中，马先生一个人外出做生意时，跟朋友一家住一起，衣服是朋友的妻子帮忙洗，家务也是朋友的妻子做。妻子过来后，家务则全部由妻子做。个案3中，康先生一个人外出时，自己洗衣服，妻子出来后，康先生就不再洗衣服了，其他家务也都是妻子做。个案17中的江先生，一个人外出打工时，衣服大多是自己洗，打工回家的时候带一大袋脏衣服回家。妻子一起出来打工后，包括洗衣服在内的家务基本是妻子做。

为何迁移经历会推动在美国墨西哥移民家庭的性别关系走向平等，而却没有推动我国农民工外出流动家庭的性别关系走向平等？

笔者认为，这可能与文化背景有关。墨西哥人移民到美国，家庭所处的文化环境改变了。相对于墨西哥而言，美国文化更强调平等。有研究发现,在移居美国后,中国移民并没有放弃自己的文化、语言和价值观(周敏,1995:281)。周敏(1995:186)指出,在移居美国后,中国移民妇女仍然保持传统的价值观和期望,并受家庭义务的约束。唐人街虽然被包围在世界最先进的文明之中,却长期保持着最传统的中国文化和价值观(周敏,1995:194)。我国农民工夫妻来到城市,大的文化背景没发生改变。无论是城市还是乡村,传统社会性别规范以及儒家文化都还在发挥作用。社会性别规范从文化上规定了男人的义务是挣钱养家,女人的义务则是持家。农民工夫妻之间的分工符合社会性别规范的规定,因而具有合法性。因此,农民工夫妻在流入地租来的家中复制了老家的夫妻分工模式。

综上所述,本研究质疑了已有研究的发现及其理论解释,挖掘了农民工夫妻平等关系的新特点,提出了一些不同的理论见解。

第三节 流动家庭的走势:延续或终结

前面提到,流动家庭是在社会转型过程出现的,是制度、家庭等因素综合作用的结果。农民外出务工或经商不仅引起了家庭形态的变化,导致单流动家庭和双流动家庭的出现,而且带来家庭经济的改善。为配合外出流动,农民工夫妻通过各种分工模式来维持家庭。确实,农民外出在很大程度上改善了家庭的经济状况,在农业之外开辟了新的收入来源。

始于20世纪80年代中后期的城乡人口流动潮丝毫没有减缓的趋势。那么进城务工或经商的农民工是选择在当地安家还是暂时寄居?由此,流动家庭是会延续还是走向终结?本研究从制度和家庭层面对上述问题进行了探讨,研究发现有以下几点。

一 土地制度与家乡认同:难以割舍的家乡情结

有研究表明,进城农民自己没有也不想把城市当作自己的定居点,他们心中的家仍是农村那个家,他们的社会网络还在农村,根还在农村。大多数农民进城后仍然保持着与家乡的密切联系,总是对家乡倍感亲切,即使有的农民工是举家迁移进城,但他们在使用"家"这个词时,还是多指家乡(李强,2004:280)。

本研究发现,农民工尽管已在城市工作生活多年,但仍然拥有浓厚的家乡情结。"家是根据地""家是避风港""老家毕竟是老家""老家是根

"老家才是真正的家"等质朴语言表明，老家在外出农民心里依然占据着不可动摇的地位。生于斯、长于斯的农民工割舍不掉与家乡的天然联系，他们依旧保持着与家乡的密切联系，他们在家乡有土地、有房子。尽管他们在城市租房子住，也有家的感觉，但在他们看来这个家是别人的，在心理上他们依旧归属于老家的那个家。

二 流动家庭的生存策略：流动型生存策略和定居型生存策略

笔者根据农民工的迁移意愿，将农民的生存策略分为流动型生存策略和定居型生存策略。两种生存策略的不同主要在于：准备定居的农民工会在流入地进行一些固定资产投资，如开店或买房；而不准备定居的农民工则更多地保持资产的流动性，打算把钱带回家，在家乡进行投资，如盖房子。在社会交往方面，不准备定居的农民工跟当地市民的交往比较少，仅仅在业务上与市民交往；而准备定居的农民工则比较主动地拓展社会网络，不仅在业务上跟市民打交道，而且会保持与原先自己为之做过工的客户的联系。

对大多数外出农民工而言，流动是他们的根本生存策略。家庭的生计深受市场的影响，哪里能接到活，哪里有项目，他们就流动到哪里，家庭也跟着流动。

有研究发现，准备定居城市的"新移民"与家乡保持着微弱的联系（李路路，2003：128）。而在本研究中则没发现类似现象，外出务工或经商的农民工无论是倾向于回乡还是打算定居城市，都保持着与家乡的密切联系，不仅家乡还留有土地，而且打算回家盖房子，与家乡的亲戚仍保持人情上的往来。

三 户籍制度与难以改变的身份认同

对绝大多数外出农民而言，尽管他们在城市工作生活多年，但在身份认同上仍认为自己是农民，是乡下人、农村人、外地人。不仅如此，他们在城市感到自己低城市居民一等。他们被城市居民当作外来人，当作城市的过客。城市仅仅接纳了他们的劳动，没有欢迎他们定居下来。

有研究认为，随着农民工的出现，中国的社会结构由原来的二元变为三元，而这第三元就是流动于城乡之间的社会群体，即农民工（李强，2004：385）。农民工既不是纯粹意义上的农村人，也不是纯粹意义上的城市人（孙立平，2003：152）。农民工处于一种尴尬的社会位置，虽然从事的职业是工商业，但社会身份迟迟得不到改变。城里人没有把农民工当作本地人，他们把农民工当作外人。农民工自身也没有把自己当作城市人，没有把自己作为城市的主人，而视自己为外地人。

户籍制度以及附着其上的相关制度安排构成了农民工在城市定居的主要障碍。进城务工或经商的农民即使在城市工作生活多年，由于没有城市户口，也难以在改变职业地位的同时改变社会身份。对于绝大多数进城农民工来说，"农民"的帽子难以摘掉。

四　流动是流动家庭的根本生存策略，外出流动只是农民工生命历程某一阶段的行为

由于无法获得城市人的身份，也就无法像城市人那样享有平等的权利和利益。进城农民由于各方面资源的不足，进入的是次属劳动力市场，干得多是城市居民不愿意干的活。受市场及宏观经济的影响，农民工的活是不稳定的，收入也不稳定，农民工家庭的经济来源因此而受到影响。由于没有城市户口，他们无法像当地市民那样享有社会保障，在缺少稳定经济来源时，家庭要么节衣缩食，要么不停地流动。对于农民工而言，流动是常态。唯有通过流动，他们才能维持家庭的生计，流动是农民工家庭的根本生存策略。

多数农民工表示，外出打工不是长久之计。只有在年轻、体力好时他们才能接到活，给人做工才会有人要。当年纪大了、体力跟不上时，缺少生活保障的他们只好回农村。因为农村有他们的家，有土地。可以这么说，土地是外出农民的最后生存保障。尽管土地在某种程度上束缚了农民的外出，但在很大程度上给他们提供了最后的社会保障。这是他们唯一稳定的生存来源。这也就是外出的农民愿意与家乡保持密切联系的原因之一。他们最初在经济的驱动下离开家乡，最后也部分地因为经济的原因回到家乡。

五　作为一种社会现象的农民工流动家庭

农民工是体制的产物，在现有体制下它不断被生产出来；受多土地制度、户籍制度以及家庭经济因素影响，流动家庭作为一种社会现象将在未来一段时期长期存在，对于个体流动家庭而言则会走向终结。

有论者认为,一方面,我国城乡差异的状况决定了在今后几十年时间里,农民工向城市的流动不可避免;另一方面,由于城市生存空间的限制和人口的压力以及户籍制度的限制,我国在制度上无法像世界上多数现代化国家那样允许农民举家迁入城市。这两方面的因素共同造成在未来的几十年里,农民工分居的家庭模式是我国农民家庭的主要模式(李强,1996:80)。

笔者认为,制度的限制是农民定居城市的最主要障碍。正因为制度的限制,农民工不能顺利向市民转变,缺少稳定的社会保障。即使他们在城市工作生活多年仍然把自己当作外人,依然觉得自己低人一等。在现有的体制下,农民工是无权的,难以在改变职业的同时改变身份,无法实现向上流动。受此限制,外出的农民不得已保持与家乡的密切联系,不得已保持资产的流动性。也因为制度的限制,外出的农民采取了循环流动。也正因为制度的限制,农民工的再生产所包含的两个过程,即维持过程和更新过程难以在地理空间上实现统一。

笔者认为,我国农民工的循环流动以及农民工再生产过程所包含的维持过程和更新过程的分离是政治和经济的产物。只要户籍制度以及相关制度安排不改变,只要城乡之间的发展不平衡[①]依旧存在并不断扩大,只要农民工的再生产所包含的两个过程难以在空间上实现统一,那么农民工就将继续循环流动,农民工也将在现有体制下不断地被再生产出来。流动家庭作为一种社会现象在未来一段时间内会长期存在,而就个体流动家庭而言,则会随着户主回乡或者在城市定居而走向终结。在某种程度上,流动家庭作为一种社会现象,因制度而产生,也因制度而延续。

第四节 研究反思

一 研究方法

采用何种方法进行研究,在笔者看来,没有好坏之分,只有哪种方法更适合的问题。对于定性研究与定量研究孰优孰劣,本节不做讨论。正如

[①] 中国城乡居民收入之间的差距随着经济下滑进一步扩大,这成为中国改革开放以来最悬殊的。中国农业部的数据显示,2008年中国城乡居民收入的差距达到了11100元。城乡居民的收入比为3.36:1,比2007的3.33:1还要高。资料来源:http://www.zixunci-ty.com/2009/01/17/200901171157391f0037c5e92481b35c84bc22d7e8f69c34365430.html。

笔者在研究设计中所交代的，本文采用定性研究方法中的多个案研究，之所以如此是根据研究问题来选择的。本研究要回答的问题是，农民工夫妻流动会否引起作为两性的夫妻关系的变化？原因是什么？

一般认为，农民工夫妻无论是一方流动还是共同流动，都会对夫妻分工（主要是家务分工和家庭经济分工）产生影响。如夫妻一方流动，这里谈丈夫一方外出的情况，即丈夫外出、妻子留守，夫妻双方由于生活在不同的空间，家务全部由妻子承担。当然，如果是跟父母住一起，那么父母会帮忙做家务，但与外出丈夫相对比，留守妻子在家务上的负担显然变得更重了。家庭经济的分工，丈夫外出后农田生产的日常管理就由妻子独自承担，生产上的负担妻子更重。尽管如此，由于丈夫外出从事的是非农职业，而从事农业的经济效益不如从事非农职业，这就造成留守妻子对家庭的经济贡献远落后于丈夫，夫妻之间经济上的差距拉大。西方学者研究性别平等问题，主要就是从家务分工和家庭权力两个方面进行的。西方学者认为，丈夫在经济上的贡献大于妻子，承担了较多养家糊口的责任，因而会要求在家务上承担较少的责任。在西方学者看来，这是丈夫用自己的经济资源交换妻子的家务服务，这是其一。其二，丈夫由于在经济方面相比于妻子有优势，进而在家庭的权力分配方面也会要求掌握主导权；妻子由于经济方面不如丈夫，因此在权力上选择依附，用自己的从属换得丈夫的经济资源。这就是运用在性别研究中经常使用的资源交换理论解释。资源交换理论隐含的假设是：夫妻都是个人本位的，夫妻在交换中从各自的利益出发。这种交换类似于市场上强调公平的交换。

丈夫与妻子之间在家务分工上的不平等，还有另一种解释，这种解释使用的是父权制理论。传统的父权制赋予了丈夫对于妻子的主导权，父权制规定了丈夫和妻子各自的角色。那就是丈夫承担养家糊口的责任，妻子承担料理家务的责任。西方对于性别平等的研究加深了笔者对性别平等的认识。

笔者注意到，西方关于性别平等的理论产生于对西方性别平等的研究。尽管不同社会具有同质性，但与此同时也有异质性。西方社会市场经济比较发达，那里的人比较崇尚个人平等，追求个人的权利与利益。因此夫妻从个人理性出发，在交换过程中追求个人的利益，这种交换类似于市场上的直接交换。而我国市场经济不发达，广大农村地区还处于传统农业社会，深受传统儒家文化影响。受儒家文化影响，农民工夫妻之间的交换是关系取向的（Jiping Zuo；2004；2008）。关系取向的交换强调的是夫妻关系的和谐以及利益的一致，强调的是夫妻对家庭的义务。关系取向的交换由集体理性或家庭理性引导，家庭整体的利益高于个人利益，个人对其自身利益的追求不具有合法性。

笔者研究发现，农民工夫妻绝大多数是家庭本位的，他们的理性是家庭理性，也就是说他们的行动是为了家庭整体利益，而非为了个人利益。受此影响，他们追求的不是个人的权力，而是家庭整体利益的改善。留守妻子尽管承担了较多的家务，而且可能在权力上不如丈夫，但她们没有把自己当作不平等的牺牲者，她们主观上仍觉得夫妻是平等的，认为自己对于家庭的贡献跟丈夫差不多。

做家务也好，为家庭做决策也好，最终目的都是为家庭整体利益着想，因此她们也就不会计较谁做的家务多，也不在乎谁拥有的家庭权力大。农民工夫妻的行为不仅受到夫妻彼此关系质量与稳定性的影响，而且受到我国儒家文化的影响。由此可以看出，农民工夫妻追求的平等观不同于西方性别研究所描绘的权力的平等，而是家庭义务的平等。鉴于此，我们在研究我国农民夫妻的平等问题时，采用西方的理论要慎重，必须结合我国的社会文化背景。

无论是家务分工还是家庭权力分配都属于衡量夫妻性别平等的客观指标，诚然使用客观指标可以从客观方面研究夫妻的性别平等问题，但笔者认为，如果仅用客观指标来考察夫妻的性别平等，那么就容易出现这样的问题，即用研究者的观点代替了被研究者的立场。有可能出现这种状况：用客观指标观测出来的夫妻平等与被研究者的主观感受不同。其实，这就是社会学研究经常遇到的"文化主位"与"文化客位"的问题。是坚持"文化主位"，站在被研究者的立场，用被研究者的视角看待夫妻平等问题，还是坚持"文化客位"，即用从理论演绎出发的客观指标来看待夫妻平等问题。本研究采取的立场是，一方面用既有的客观指标来考察夫妻平等问题，为的是跟已有性别理论进行对话；另一方面也考察被研究者对这些方面的主观看法。

研究农民工夫妻流动与夫妻性别关系不仅要从结构维度考察夫妻之间的家庭分工、家庭权力分配，而且要从过程维度，即从农民工夫妻的日常互动过程对家务分工、家庭权力分配的形成过程进行考察，还必须结合社会文化背景考察农民工夫妻所赋予行动的意义。为了对农民工夫妻之间的日常互动过程进行研究，笔者在研究中采用了李猛提出的"关系/事件分析"和孙立平提出的"过程-事件分析"研究策略。

二 研究策略

本研究在研究策略上采用的是李猛所主张的"关系/事件分析"的社会学分析。"关系/事件分析"把任何一个事件总是作为关系来把握,而任何一种关系又并不是化简(或凝固化)为结构,而总是将之视为事件。"关系/事件"与孙立平(2005:347)所主张的"过程-事件分析"研究策略是一致的,两种研究策略并无本质上的不同。两种研究策略都把关系看作事件,认为关系通过事件展现出来,关系又由事件来形塑。

"过程-事件分析"是孙立平在农村生活研究中发现的一种方法,这种方法能够再现复杂而微妙的事件并能够对其进行清楚的解释。孙立平认为,由于这种"微妙性"隐藏于人们的社会活动中,特别是事件性过程之中,因此这是在正式的结构中、在有关文件上,甚至在笼统的"村庄"和"乡镇"社区中很难见到的东西。"过程-事件分析"主张对"事件"进行分析,在分析事件过程中发现隐藏的真正的社会关系。通过关注、描述、分析展示事物逻辑的事件性过程,对其中的逻辑进行动态性解释。受孙立平(2005)的启发,本研究认为每一次重大事件不仅仅是各种关系的展现过程,也是各种关系的发生变化的过程。

之所以采用"关系/事件分析"或"过程-事件分析"研究策略,是根据本文的研究问题来选择的。本文的研究问题是农民工夫妻流动是否会对夫妻性别关系产生影响,原因何在。而农民工夫妻性别关系是通过一系列事件尤其是大事件展现出来的,要真正发现夫妻之间的性别关系,就需要通过对发生于家庭中的"事件"进行分析。在笔者看来,农民工夫妻之间的关系不是从来就有的,而是在处理事件的过程中逐步建构起来的,因此有必要对夫妻生活中的"事件",尤其是大事件进行分析,从而了解夫妻之间性别关系的状态。因此,笔者在访谈过程中会问被研究者一些家庭的大事,如外出决策、盖房、孩子的教育,通过了解农民工夫妻双方如何处理这些问题,就可以动态地了解他们之间的关系状况。

三 研究的效度与靠度

效度指研究人员的阐述再现所涉及的社会现象的正确程度。简单地说,效度就是研究报告反映对象的真实程度(王宁,2007)。为了保证本研究的效度，笔者根据已有研究的成果，对测量夫妻平等指标进行了操作化，如把家务操作化为洗衣、洗碗、做饭、搞卫生、喂猪、烧洗澡水等，访谈中用被研究者熟悉的语言。笔者的很多访谈对象是老乡，由于他们文化程度不高，很多人使用普通话难以将自己的意思表达清楚，为方便访谈的进行，笔者用家乡的方言与他们进行交流。这既是对访谈对象的尊重，又有利于访谈的顺利开展。

靠度指的是不同的研究者或同一研究者在不同场合把事例或情况归入同一个类属的一致性程度（转引自王宁，2007）。研究的靠度又称研究的可靠性，指在不同时间由不同研究者用不同方法来做，研究步骤是否具有合理的一致性（Miles and Huberman，2008：393）。靠度分为材料收集的靠度和材料分析的靠度（王宁，2007）。

Kirk 和 Miller（1986）认为应该从方法的运用来评估靠度，即程序靠度。研究人员应该从几个方面向读者阐明定性研究的靠度。第一，阐明所收集的材料中哪些是被研究者的命题和哪些是研究者的分析与解释。第二，阐明田野研究和访谈程序以及分析程序中的培训和检查工作，以增加不同访谈员或观察员的行为的可比性。第三，对整个研究程序进行记录，可以增加靠度。定性研究的靠度的评估方向是检查材料和程序的可依靠性（dependability）（王宁，2007）。

本研究在收集资料过程中尤其是访谈过程中，同一问题会以改变的形式多次出现，为的是了解到访谈对象的真实想法。收集资料告一段落后，笔者通过电话访谈的方式就一些模糊的问题再次询问访谈对象。笔者既向男性案主收集资料，又向女性案主及其家庭成员收集资料，从而使不同来源的资料相互印证。如关于家庭分工，不仅询问丈夫，而且询问妻子，同时也问其子女，有的问题还会问被研究者的父母。在资料收集和分析过程中，笔者在心理上保持开放性。

本研究对农民工家庭进行了细致的分类，在分类的基础进行了比较研究，尤其注意使用反面个案来对已有发现进行论证。

四 研究结论的推论

由于本研究是定性研究，而定性研究采取的是目的抽样原则，样本量通常比较小，研究结论很难在量的研究意义上进行推论。因此定性研究的推论主要是读者在阅读报告、论文时由于思想上产生共鸣而形成的认同推论；在样本基础上建立的理论具有一定的诠释性，也可能形成理论性的推论（陈向明，2000）。

本研究调查了30个农民工家庭，笔者依据农民工夫妻流动的方式将其分为夫妻一方流动和夫妻共同流动两类。在本研究中，夫妻一方流动的主要类型是丈夫外出流动、妻子留守，也有妻子外出、丈夫留守的类型，不过这种类型很少。正如有研究所指出的，结婚成家的责任感鼓励了男性的外出，却成了女性外出的制约因素（谭深，1997：44）。类似的，有研究指出，与男性相比，女性在向非农转移过程中明显表现出滞后性，致使全国不同程度地出现了农业女性化趋势（高小贤，1994：83）。而夫妻双流动的主要类型是夫妻在同一城市或打工或经商，一般会住在一起。夫妻不在一起的很少，笔者的调查对象中也有夫妻不在一个城市的情形，不过夫妻不在一起的时间只有几个月，后来经过丈夫的努力，妻子跟丈夫一起外出打工。本研究分别探讨了两种流动模式下的夫妻平等问题。定性研究追求的是"类型代表性"，不同于问卷调查所追求的"总体代表性"（王宁，2007：3）。受此启发，本研究不做普遍意义的推论，如果一定要推论的话，那么也仅适合于与本研究对象相类似的个案。

第五节 研究贡献、局限及有待进一步研究的问题

一 研究贡献

本研究运用定（质）性方法，采用关系取向的交换视角对农民工夫妻流动与夫妻平等问题进行了详细的探讨。本研究在如下几个方面做出了贡献。

首先是理论视角的创新。本研究结合我国社会文化背景，对交换理论进行了修正，对资源概念进行了拓展。受儒家伦理本位和家庭本位文化的影响，农民工夫妻之间的交换是关系取向的。本研究采用关系取向的交换视角。关系取向的交换强调夫妻对家庭的义务，强调夫妻关系的和睦以及利益的一致。它不同于公平取向的市场交换，市场交换追求的是公平，追求的是个人的自我利益。

其次是新的理论发现。国内外关于农民工外出流动与性别的研究一般

有两种观点：一是认为流动推动性别关系走向平等；二是认为流动并没有推动性别关系走向平等。本研究则发现，农民工夫妻流动并没有从根本上改变夫妻之间的性别关系。本研究指出，受儒家文化影响，农民工夫妻追求的不是个人权利的平等，而是对家庭义务的平等。也就是说，农民工夫妻的平等不是西方意义上的个人本位的权利平等，而是家庭本位的义务平等。

最后是方法创新。本研究采用定性研究中的多个案研究，运用正反个案进行了比较研究；采用比较视角对流动前与流动后的夫妻性别关系进行了比较；采用"关系/事件分析"或"过程-事件分析"研究策略对农民工夫妻性别关系进行了动态研究；既从结构维度，又从过程维度对农民工夫妻性别关系进行了考察。

二　研究局限

本研究的个案主要来自福建省，一方面样本数量有限，另一方面样本分布范围有限。因此，本研究的结论不做普遍意义的外推，除非得到大规模代表性个案的证实。

三　有待进一步研究的问题

一项对川西竹村的研究发现，市场化（其实说的是流动）推动农民家庭性别关系走向平等（马春华，2003）。然而笔者对东南沿海（如福建）的研究则得出了不同的结论：农民工夫妻流动并没有从根本上改变夫妻之间的性别关系。那么，为什么对不同区域的研究会得出不同的结论呢？是区域因素造成的吗？如果是，那么未来的研究应该将区域因素考虑进去，因为不同的区域有不同的文化、经济、社会背景。

本研究主要是对第一代农民工进行的研究。第一代农民工受到的市场化影响有限，他们还深受乡土社会的影响。对于第二代农民工而言，他们的生活深受市场化影响，在城市生活的他们受到城市文化的影响更大，那么他们的夫妻关系会呈现什么样的特点？随着市场化程度的加深，农民受城市影响程度的增加，夫妻关系会因为他们的外出流动而发生变化吗？这是很值得研究的。

参考文献

中文文献

白南生，2008，《城市化与农村劳动力流动》，载李强主编《中国社会变迁 30 年（1978~2008）》，北京：社会科学文献出版社。

白南生、何宇鹏，2002，《回乡，还是外出？——安徽四川二省农村劳动力回流研究》，《社会学研究》第 3 期。

白南生、何宇鹏，2003，《回乡，还是进城？——中国农民外出劳动力回流研究》，载李培林主编《农民工：中国进城农民工的经济社会分析》，北京：社会科学文献出版社。

包蕾萍，2005，《生命历程理论的时间观探析》，《社会学研究》第 4 期。

贝克尔，1998，《家庭论》，王献生、王宇译，北京：商务印书馆。

彼得·M. 布劳，2008，《社会生活汇总的交换与权力》，李国武译，北京：商务印书馆。

毕恒达，2007，《教授为什么没告诉我》，北京：法律出版社。

边燕杰，1996，《社会网络与求职过程》，载涂肇庆、林益民主编《改革开放与中国社会——西方社会学文献述评》，香港：牛津大学出版社。

边燕杰、张文宏，2001，《经济体制、社会网络与职业流动》，《中国社会科学》第 2 期。

Catherine Marshall and Gretchen B. Rossman，2006，《质性研究》，李政贤译，台湾：五南图书出版公司。

C. 赖特·米尔斯，2005，《社会学的想象力》（第 2 版），陈强、张永强等译，北京：生活·读书·新知三联书店。

蔡昉，1996，《特征与效应——山东农村劳动力迁移考察》，《中国农村观察》第 2 期。

蔡禾、李超海、冯建华，2009，《利益受损农民工的利益抗争行为研究》，《社会学研究》第 1 期。

蔡禾、王进，2007，《"农民工"永久迁移意愿研究》，《社会学研究》第 6 期。

蔡志海，2002，《制度变迁中农民工的生存状态及其未来命运》，《华中师范大学学报》（人文社会科学版）第 7 期。

曹子玮，2003，《农民工的再建构社会网与网内资源流向》，《社会学研究》第 3 期。

陈皆明，1998，《投资与赡养》，《中国社会科学》第 6 期。

陈向明，1996，《定性研究方法评介》，《教育研究与实践》第 3 期。

陈向明，1996，《社会科学中的定性研究方法》，《中国社会科学》第 6 期。

陈向明，1997，《"质的研究"中研究者如何进入研究现场》，《高等教育研究》第 4 期。

陈向明，1997，《访谈中的提问艺术》，《教育研究与实践》第 4 期。

陈向明，1997，《研究者个人身份在"质的研究"中的作用》，《教育研究与实践》第 2 期。

陈向明，1998，《"质的研究"中研究者的个人倾向问题》，《教育研究》第 1 期。

陈向明，1999，《资料的归类和分析》，《社会科学战线》第 4 期。

陈向明，2000，《质的研究方法与社会科学研究》，北京：教育科学出版社。

陈向明，2001，《文化主位的限度与研究结果的"真实"》，《社会学研究》第 2 期。

陈向明，2003，《在行动中学作质的研究》，北京：教育科学出版社。

陈向明，2004，《旅居者和"外国人"》，北京：教育科学出版社。

陈映芳，2005，《"农民工"：制度安排与身份认同》，《社会学研究》第 3 期。

陈映芳编，2003，《移民上海：52 人的口述实录》，上海：学林出版社。

迟书君，2005，《深圳流动人口婚姻家庭状况调查报告》，《青年研究》第 11 期。

大卫·切尔，2005，《家庭生活的社会学》，彭铟旎译，北京：中华书局。

戴维·哈维，2004，《后现代的状况》，阎嘉译，北京：商务印书馆。

道格拉斯·C.诺思，1994，《经济史中的结构与变迁》，陈郁、罗华平等译，上海：上海三联书店、上海人民出版社。

杜娟、杜夏，2002，《乡城迁移对移出地家庭养老影响的探讨》，《人口研究》第3期。

杜鹰、白南生等著，1997，《走出乡村——中国农村劳动力流动实证研究》，北京：经济科学出版社。

恩格斯，1999，《家庭、私有制和国家的起源》，中共中央马克思恩格斯列宁斯大林著作编译局编，北京：人民出版社。

樊欢欢，2000，《家庭策略研究的方法论》，《社会学研究》第5期。

费孝通，1998，《乡土中国　生育制度》，北京：北京大学出版社。

冯仕政，1996，《城乡人口流动对其农村来源地的影响》，《国外社会学》第3期。

冯友兰，2007，《新事论》，北京：生活·读书·新知三联书店。

高小贤，1994，《当代中国农村劳动力转移及农业女性化趋势》，《社会学研究》第2期。

龚维斌，1999，《农村劳动力外出就业与家庭关系变迁》，《社会学研究》第1期。

古德，1986，《家庭》，魏章玲译，北京：社会科学文献出版社。

广田康生，2005，《移民和城市》，马铭译，北京：商务印书馆。

郭正林、周大鸣，1996，《外出务工与农民现代性的获得》，《中山大学学报》（社会科学版）第5期。

何雪松，2007，《社会支持的动态变化：关于香港新移民妇女的研究》，《南方人口》第1期。

洪大用，1996，《关于家庭与农民迁移进城之关系的研究》，《国外社会学》第3期。

洪小良，2007，《城市农民工的家庭迁移行为及影响因素研究》，《中国人口科学》第6期。

华金·阿朗戈，2000，《国际移民研究评析》，《国际社会科学杂志》第3期。

黄光国，2004，《面子——中国人的权力游戏》，北京：中国人民大学出版社。

黄平、E. 克莱尔，1998，《对农业的促进或冲击：中国农民外出务工的村级研究》，《社会学研究》第 3 期。

黄平主编，1997，《寻求生存——当代中国农村外出人口的社会学研究》，昆明：云南人民出版社。

江立华，2003，《城市性与农民工的城市适应》，《社会科学研究》第 5 期。

金耀基，2002，《金耀基自选集》，上海：上海教育出版社。

金一虹，1998，《非农化过程中的农村妇女》，《社会学研究》第 5 期。

金一虹，2000，《农村妇女发展的资源约束与支持》，《浙江学刊》第 6 期。

瞿同祖，1996，《中国法律与中国社会》，北京：中华书局。

Kenneth Roberts，2005，《中国劳动力流动的形式及其变化——从历时最久的流动中得到的启示》，王冉译，《中国人口科学》第 6 期。

雷洁琼，2000，《家庭社会学二十年》，《社会学研究》第 6 期。

李东山，2000，《工业化与家庭制度变迁》，《社会学研究》第 6 期。

李汉林，2002，《关注民工流动：正视、疏导、服务》，《经济参考报》4 月 17 日第 6 版。

李路路，2003，《向城市移民：一个不可逆转的过程》，载李培林主编《农民工：中国进城农民工的经济社会分析》，北京：社会科学文献出版社。

李猛，1997，《迈向关系－事件的社会学分析》，《国外社会学》第 1 期。

李明欢，1999，《"相对失落"与"连锁移民"：关于当代温州地区出国移民潮的分析与思考》，《社会学研究》第 5 期。

李明欢，2000，《20 世纪西方国际移民理论》，《厦门大学学报》（哲学社会科学版）第 4 期。

李明欢，2005，《"侨乡社会资本"解读》，《华侨华人历史研究》第 2 期。

李培林，1996，《流动民工的社会网络和社会地位》，《社会学研究》第 4 期。

李培林，2003，《中国进城农民工的经济社会分析》，北京：社会科学文献出版社。

李培林、李炜，2007，《农民工在中国转型中的经济地位和社会态度》，

《社会学研究》第 3 期。

李强，1996，《关于"农民工"家庭模式问题的研究》，《浙江学刊》第 1 期。

李强，1996，《关于国外人口流动研究文献的回顾》，《国外社会学》第 3 期。

李强，1999，《中国大陆城市农民工的职业流动》，《社会学研究》第 3 期。

李强，2001，《中国外出农民工及其汇款之研究》，《社会学研究》第 4 期。

李强，2003，《影响中国城乡流动人口的推力与拉力因素分析》，《中国社会科学》第 1 期。

李强，2004，《农民工与中国社会分层》，北京：社会科学文献出版社。

李强等，1999，《社会变迁与个人发展》，《社会学研究》第 6 期。

李强等，2002，《城市农民工与城市中的非正规就业》，《社会学研究》第 6 期。

李强主编，2008，《中国社会变迁 30 年》，北京：社会科学文献出版社。

李若建，1991，《中国农村劳动力外流的结构性因素》，《社会学研究》第 5 期。

李若建，1994，《流迁人口研究》，《人口研究》第 4 期。

李实，2001，《农村妇女的就业与收入》，《中国社会科学》第 3 期。

李银河，2005，《女性主义》，济南：山东人民出版社。

李银河主编，2007，《妇女：最漫长的革命》，北京：中国妇女出版社。

梁漱溟，2005，《中国文化要义》，上海：上海人民出版社。

林蔼云，2006，《漂泊的家：晋江－香港移民研究》，《社会学研究》第 2 期。

刘传江、周玲，2004，《社会资本与农民工的社会融合》，《人口研究》第 5 期。

刘广明，1993，《宗法中国》，上海：上海三联书店。

刘莉、王宏伟，2003，《重释恩格斯〈家庭、私有制和国家的起源〉》，《妇女研究论丛》第 1 期。

刘林平，2001，《外来人群中的关系运用——以深圳"平江村"为个案》，《中国社会科学》第 5 期。

刘林平，2008，《交往与态度：城市居民眼中的农民工——对广州市民的问卷调查》，《中山大学学报》（社会科学版）第 2 期。

刘林平、万向东、吴玲，2004，《企业状况、认知态度、政府监督与外来工职业病防治》，《南方人口》第 4 期。

刘林平、万向东、张永宏，2006，《制度短缺与劳工短缺》，《中国工业经济》第 8 期。

刘林平、万向东等，2005，《二元性、半合法性、松散性和农民工问题》，《中山大学学报》第 2 期。

刘林平、张春泥，2007，《农民工工资：人力资本、社会资本、企业制度还是社会环境？》，《社会学研究》第 6 期。

刘应杰，2000，《中国城乡关系与中国农民工人》，北京：中国社会科学出版社。

陆学艺，2002，《三农论》，北京：社会科学文献出版社。

陆学艺主编，2004，《当代中国社会流动》，北京：社会科学文献出版社。

Matthews B. Miles and A. Michael Huberman，2008，《质性资料分析：方法与实践》（第 2 版），张芬芬译，重庆：重庆大学出版社。

麻国庆，1999，《分家：分中有继也有合——中国分家制度研究》，《中国社会科学》第 1 期。

马春华，2003，《市场化与中国农村家庭的性别关系》，博士学位论文，中国社会科学院研究生院。

马广海，2003，《二元劳动力市场与对农民工的制度性歧视》，《山东省农业管理干部学院学报》第 5 期。

马洁，2006，《外出务工人员的家庭关系研究——以济南市 LC 区为例》，硕士学位论文，山东大学。

孟宪范，1995，《"男工女耕"与中国女性的发展》，《社会科学战线》第 1 期。

米庆成，2004，《进城农民工的城市归属感问题探析》，《青年研究》第 3 期。

潘鸿雁，2005，《面对城市和农村的两难选择》，《甘肃理论学刊》第 5 期。

潘鸿雁，2005，《农村分离的核心家庭与社区支持》，《甘肃社会科学》第 4 期。

潘鸿雁，2006，《对非常规核心家庭实践的亲属关系的考察——以翟城村为例》，《新疆大学学报》（哲学·人文社会科学版）第 6 期。

潘鸿雁，2006，《家庭策略与农村非常规核心家庭夫妻权力关系的变化》，《新疆社会科学》第 6 期。

潘鸿雁，2007，《外出打工策略与夫妻经济关系的调适》，《青年研究》第 12 期。

潘鸿雁，2008，《国家与家庭的互构：河北翟城村调查》，上海：上海人民出版社。

潘允康，2002，"父权制"词条，《中国大百科全书·社会学卷》（电子版），北京：中国大百科全书出版社。

潘允康、林南，1992，《中国的纵向家庭关系及对社会的影响》，《社会学研究》第 6 期。

潘泽泉，2004，《中国城市流动人口的发展困境与社会风险：社会排斥与边缘化的生产和再生产》，《战略与管理》第 1 期。

彭怀真，1996，《婚姻与家庭》，台北：巨流图书出版公司。

彭庆恩，1996，《关系资本与地位获得》，《社会学研究》第 4 期。

让·凯勒阿尔、P. Y. 特鲁多、E. 拉泽加，1998，《家庭微观社会学》，顾西兰译，北京：商务印书馆。

任焰、潘毅，2006，《跨国劳动过程的空间政治》，《社会学研究》第 4 期。

任远、邬民乐，2006，《城市流动人口的社会融合：文献述评》，《人口研究》第 3 期。

宋洪远、黄华波、刘光明，2002，《关于农村劳动力流动的政策问题分析》，《管理世界》第 5 期。

苏红，2007，《多维视角下的中国家庭婚姻研究》，《社会》第 2 期。

孙本文，1935，《社会学原理》，北京：商务印书馆。

孙朝阳，2008，《家庭策略与已婚青年农民工的性别结构差异》，《法律与社会》第 12 期。

孙慧芳、时立荣，2007，《农村流动家庭的夫妻关系研究——来自太原市城乡接合部 H 社区的调查》，《北京科技大学学报》（社会科学版）第 4 期。

孙立平，1993，《"自由流动资源"与"自由流动空间"》，《探索》第 1 期。

孙立平，2003，《城乡之间的"新二元结构"与农民工流动》，载李培林主编《农民工：中国进城农民工的经济社会分析》，北京：社会科学文献出版社。

孙立平，2005，《"软硬兼施"：正式权力非正式运作的过程分析——华北 B 镇收粮的个案研究》，《现代化与社会转型》，北京：北京大学出版社。

谭深，1996，《家庭社会学研究概述》，《社会学研究》第 2 期。

谭深，1997，《农村劳动力流动的性别差异》，《社会学研究》第 1 期。

谭深，2004，《家庭策略，还是个人自主？》，《浙江学刊》第 5 期。

谭深，《农民工流动研究综述》，中国社会学网。

唐灿，1996，《性骚扰：城市外来女民工的双重身份与歧视》，《社会学研究》第 4 期。

特纳，2001，《社会学理论的结构》（上册），邱泽奇、张茂元等译，北京：华夏出版社。

W. L. 托马斯、F. 兹纳茨基，2000，《身处欧美的波兰农民》，张友云译，南京：译林出版社。

万向东，2008，《农民工非正式就业的进入条件与效果》，《管理世界》第 1 期。

万向东、刘林平、张永宏，2006，《工资福利、权益保障与外部环境》，《管理世界》第 6 期。

王苍柏，2007，《跨境人口问题及其政策意义——基于香港的分析》，《南方人口》第 4 期。

王苍柏、黄绍伦，2006，《回家的路：关于全球化时代移民与家园关系的思考》，《广西民族学院学报》（哲学社会科学版）第 7 期。

王春光，1999，《温州人在巴黎：一种独特的社会融入模式》，《中国社会科学》第 6 期。

王春光，2000，《流动中的社会网络：温州人在巴黎和北京的行动方式》，《社会学研究》第 3 期。

王春光，2003，《农民工群体的社会流动》，载陆学艺主编《当代中国社会流动》，北京：社会科学文献出版社。

王春光，2003，《中国职业流动中的不平等问题》，《中国人口科学》第 2 期。

王春光，2004，《农民工的国民待遇与社会公正问题》，《郑州大学学报》(哲学社会科学版)第1期。

王慧敏、李保东,2005,《人口流动下的农村养老》,《黑河学刊》第4期。

王金玲,1996,《非农化与农民观念的变迁》,《社会学研究》第4期。

王金玲,1997,《非农化与农村妇女家庭地位变迁的性别考察》,《浙江社会科学》第2期。

王宁,2002,《代表性还是典型性——个案的属性与个案研究方法的逻辑基础》,《社会学研究》第5期。

王宁,2007,《定性研究方法讲义》,未刊稿。

王宁,2007,《个案研究的代表性问题与抽样逻辑》,《甘肃社会科学》第5期。

王培刚、庞荣,2003,《都市农民工家庭化流动的社会效应及其对策研究》,《湖北社会科学》第6期。

王西玉、崔传玉、赵阳、马忠东,2000,《中国二元结构下的农村劳动力流动以及政策选择》,《管理世界》第5期。

王毅杰、童星,2004,《流动农民社会支持网探析》,《社会学研究》第2期。

王跃生,1993,《中国传统社会家庭的维系与离析》,《社会学研究》第1期。

王跃生,2003,《华北农村家庭结构变动研究》,《中国社会科学》第4期。

王跃生,2006,《当代中国城乡家庭结构变动比较》,《社会》第3期。

魏翠妮,2006,《农村留守妇女研究——以苏皖地区为例》,硕士学位论文,南京师范大学。

文军,2001,《从生存理性到社会理性选择:当代中国农民外出就业动因的社会学分析》,《社会学研究》第6期。

沃特斯,2000,《现代社会学理论》,杨善华等译,北京:华夏出版社。

乌·贝克、哈贝马斯等,2000,《全球化与政治》,王学东、柴方国等译,北京:中央编译出版社。

项飚,2000,《跨越边界的社区:北京"浙江村"的生活史》,北京:生活·读书·新知三联书店。

徐安琪,2005,《夫妻权力和妇女家庭地位的评价指标:反思与检讨》,

《社会学研究》第 4 期。

杨立雄，2004，《"进城"，还是"回乡"？——农民工社会保障政策的路径选择》，《湖南师范大学学报》（哲学社会科学版）第 2 期。

杨善华、孙飞宇，2005，《作为意义探究的深度访谈》，《社会学研究》第 5 期。

约瑟夫·A. 马克斯威尔，2007，《质的研究设计》，朱光明译，重庆：重庆大学出版。

翟学伟，2003，《社会流动与关系信任——也论关系强度与农民工的求职策略》，《社会学研究》第 1 期。

詹姆斯·C. 斯科特，2001，《农民的道义经济学》，程文显、刘建译，南京：译林出版社。

张春泥、刘林平，2008，《网络的差异性和求职效果》，《社会学研究》第 4 期。

张继焦，2000，《外出打工者对其家庭和社区的影响》，《民族研究》第 6 期。

张乐天，2005，《告别理性——人民公社制度研究》，上海：上海人民出版社。

张永键，1993，《家庭与社会变迁》，《社会学研究》第 2 期。

赵树凯，1998，《纵横城乡——农民流动的观察与研究》，北京：中国农业出版社。

赵延东等，2002，《城乡流动人口的经济地位获得及决定因素》，《中国人口科学》第 4 期。

郑丹丹，2004，《中国城市家庭夫妻权力研究》，武汉：华中科技大学出版社。

郑丹丹、杨善华，2003，《夫妻关系"定势"与权力策略》，《社会学研究》第 4 期。

《中华人民共和国宪法》，北京：人民出版社。

周大鸣，1999，《中国农民工的流动——输出地与输入地的比较》，《广东青年干部管理学院学报》第 4 期。

周大鸣，2000，《外来工与"二元社区"》，《中山大学学报》（社会科学版）第 2 期。

周大鸣，2006，《农村劳务输出与打工经济——川江西省为例》，《中南民族大学学报》（人文社会科学版）第 1 期。

周大鸣、郭正林，1996，《论中国乡村都市化》，《社会科学战线》第 5 期。

周大鸣、秦红增，2004，《城市农民工的回顾与反思》，《广西右江民族师专学报》第 4 期。

周皓，2004，《中国人口迁移的家庭化趋势及影响因素分析》，《人口研究》第 6 期。

周皓，2007，《流动人口与农村家庭户特征》，《市场与人口分析》第 2 期。

周敏，1995，《唐人街——深具社会经济潜质的华人社区》，鲍霭译，北京：商务印书馆。

周敏，2004，《族裔资本与美国华人移民社区的转型》，《社会学研究》第 3 期。

周伟文、严晓萍、刘中一，2002，《生存在边缘——流动家庭》，石家庄：河北人民出版社。

周晓虹、谢曙光主编，2005，《中国研究》，北京：社会科学文献出版社。

周雪光，2005，《社会学研究方法中量化方法应用的心得体会》讲义，未刊稿。

朱海忠，2008，《农村留守妇女问题研究述评》，《妇女研究论丛》第 1 期。

朱镜德，2002，《有效城乡迁移与经济发展》，《人口学刊》第 2 期。

朱力，2001，《群体性偏见与歧视：农民工与市民的摩擦性互动》，《江海学刊》第 6 期。

朱力，2002，《中国民工潮》，福州：福建人民出版社。

朱秀杰，2005，《农村女性人口流动的约束机制》，《南方人口》第 1 期。

朱宇，2004，《国外对非永久迁移的研究及其对我国流动人口问题的启示》，《人口研究》第 3 期。

朱宇，2004，《户籍制度改革与流动人口在流入地的居留意愿及其制约机制》，《南方人口》第 3 期。

朱宇，2005，《中国劳动力流动与"三农问题"》，武汉：武汉大学出版社。

左际平，2002，《从多元视角分析中国城市的夫妻不平等》，《妇女研究论丛》第 1 期。

左际平,2003,《农业女性化与夫妻平等》,载清华大学社会学系主编《清华社会学评论》(2002 卷),北京:社会科学文献出版社。

外文文献

Adams, R. and Page, J. 2005. "Do International Migration and Remittance reduce Poverty in Developing Countries?" *World Development* 33: 1645 – 1669.

Alicea, Marixsa. 1997. "A Chambered Nautilus: The Contradictory Nature of Puerto Rican Women's Role in the Social Construction of a Transnational Community." *Gender & Society* 11: 597 – 626.

Baca Zinn, Maxine. 1990. "Family, Feminism, and Race in America." *Gender & Society*, 4 (1): 68 – 82.

Baca Zinn, Maxine. 1994. "Feminist Rethinking from Racial-Ethnic Families." In *Women of Color in U. S. Society*, edited by Maxine Baca Zinn and Bonnie Thornton Dill, pp. 303 – 314. Philadelphia: Temple University Press.

Barbara Entwisle, Gail E. Henderson, SuSan E. Short, Jill Bouma & Zhai Fengying, 1995. "Gender and Family Business." *American Sociological Review*, 60 (1): 36 – 57.

Barbara Entwsile, Gail E. Henderson, Susan E. Shot, Jill Bouma and Zhai Fengying. 1995. "Gender and Family Business in Rural China." *American Sociological Review*, pp. 36 – 57.

Blau, P. M. 1964. *Exchange and Power in Social life*. New York: John Wiley.

Blood, R. O. and D. M. Wolfe. 1960. *Husbands and Wives*. New York: Free Press.

Boserup, E. 1970. *Women's Role in Economic Development*. London: George Allen and Unwin.

Brines, J. 1994. "Economic dependency. gender, and the division of labor at home. *American Journal of Sociololgy* 100: 652 – 688.

Brines, J. and K. Joyner. 1999. "Principles of Cohesion in Cohabitation and Marriage." *American Sociological Review* 64: 333 – 355.

Burawoy, Michael. 1976. "The Functions and Reproduction of Migrant Labor: Comparative Material from Southern Africa and the United States." *American *Journal of Sociology*, 81 (5): 1050 – 1087.

Cai, Fang. 1997. "On the issue of floating population," in Min Xu (ed). *Critical Moment: 27 critical Problems in Contemporary China*. Beijing: Today Press, pp. 423 – 435.

Carola Suarez-orozco, Irina L. G. Todorova, and Josephine Louie. 2002. "Making Up For Lost Time: The Experience of Separation and Reunification Among Immigrant Families." *Family Process* 41: 625 – 643.

Chafetz, Janet Saltzman. 1991. "The Gender Division of Labor and the Reproduction of Female Disadvantage: Toward an Integrated Theory." In *Gender, Family, and Economy*, edited by Rae Lesser Blumberh, pp. 74 – 94. Newbury Park: Sage Publications.

Chan Kwok Bun. 1997. "A Family Affair: Migration, Dispersal and the Emergent Identity of the Chinese Cosmopolitan." *Diaspora*: 195 – 213.

Chan, K. B., and Seet, C. S. 2003. "Migrant family drama revisited: Mainland Chinese Immigrants in Singapore." *Journal of Social Issues in Southeast Asia* 18: 171 – 200.

Chavira, Alicia. 1988. "Tienes Que Ser Valiente: Mexicana Migrants in a Midwestern Farm Labor Camp." pp. 67 – 74 in *Mexicanas at work in the United States*, edited by M. Melville. Houston, TX: University of Houston, Mexican American Studies.

Chodorow, N. 1974. *Family Structure and Feminine Personality'* in M. Rosaldo and L. Lamphere (eds), *Woman, Culture, and Society*. Stanford: Stanford University Press: 43 – 66.

Christine, Delphy, and Diana Leonard. 1992. "Introduction: Feminism and the Family." In *Familiar Exploitation: A New Analysis of Marriage in Contemporary Western Societies*, Christine Delphy and Diana Leonard. pp. 1 – 26. Cambridge: Polity Press.

Clark, M. S., & Mills, J. 1993. "The difference between communal and exchange relationship: What it is and is not." *Personality and Social Psychology Bulletin* 22: 684 – 691.

Connell, R. 1987. *Gender and Power*. London: Allen & Unwin.

Constantina Safilios-Rothschild. 1976. "A Macro-and Micro-Examination of

Family Power and Love: An Exchange Model." *Journal of Marriage and the Family*, 38 (2): 355 – 362.

Crow, Graham. 1989. "The Use of the Concept of 'Strategy' in Recent Sociological Literature." *Sociology*, 23 (1): 1 – 24.

Curry-Rodriguez, Julia. 1988. "Labor Migration and Familial Responsibilities: Experiences of Mexican Women." pp. 47 – 63. In *Mexicans at Work in the United States*, edited by M. Melville. Houston, TX: Universitiy of Houston, Mexican American Studies.

Curtis, R. 1986. "Household and Family in Theory on Equality." *American Sociological Review* 51: 168 – 183.

Davidson, Andrew P. 1991. "Rethinking Household Livelihood Strategies." In *Research in Rural Sociology and Development*, *Volume* 5. *Household Strategies*, edited by Daniel C. Clay and Harry K. Schwarzweller, pp. 11 – 28. Greenwich, Connectcut: Jai Press.

De Beauvoir, S. 1972. *The Second Sex*. Harmondsworth: Penguin.

De la Torre, Adela. 1993. "Hard Choices and Changing Roles among Mexican Migrant Campesinas." pp. 168 – 180. In *Building with our hands: New Directions in Chicana Studies*, edited by A. De la Torre and B. Pesquera. Berkeley and Los Angeles: University of California Press.

Delphy, C. 1984. *Close to Home*. London: Hutchinson.

Douglas S. Massey, Joaquin Arango, Graeme Hugo, Ail Kouaouci, Adela Pellegrino, J. Edward Taylor. 1993. "Theories of International Migration: A Review and Appraisal." *Population and Development Review*, 19 (3): 431 – 466.

Edward Jow-Ching Tu. 2007. "Cross-border Marriage in Hong Kong and Taiwan." Paper Prepared for the Conference on International Marriage Migration in Asia on September, pp. 13 – 14 at Seoul Korea.

Ekeh, P. P. 1974. *Social Exchange Theory: The two Traditions*. Cambridge, MA: Harvard University Press.

Elder, G. H. Jr. 1974. *Children of the Great Depression: Social Change in Life Experience*. Chicago: Univ. Chicago Press.

Elder, G. H. Jr. 1974. "Approaches to Social Change and the Family." *American Journal of Sociology* 84: 1 – 38.

Emilio A. Parrado, Chenoa A. Flippen, Chris McQuiston. 2005. "Migration and Relationship Power among Mexican Women." *Demography* 42: 347 - 372.

Emilio A. Parrado, Chenoa A. Flippen. 2005. "Migration and Gender among Mexican Women." *American Sociological Review*, 70 (4): 606 - 632.

England, P. and Kilbourne, B. S. 1990. Markets, Marriage. and other Mates. The Problem of power. In R. Friedland & A. F. Robertson (eds), Beyond the Marketplace: Kethinking Economy and Society (pp. 163 - 188). New York: Aldine do Gruyter. Ekeh, pp. 1974. Social Exchange theory: The two Traditions. Cambridge, MA: Harvard University Press.

England, P. and G. Farkas. 1986. *Households, Employment, and Gender: Asocial, Economic and Demographic View*. New York: Aldine.

Eosaldo, Michelle Zimbalist. 1974. "Woman, Culture, and Society: A Theoretical Overview." In *Woman, Culture, and Society*, edited by Michelle Zimbalist Roasldo and Louise Lamphere. Standford, California: Stanford University Press.

Espiritu, Ye Le. 2003. "Gender and Labor in Asian Immigrant Families." pp. 81 - 100. In *Gender and U. S. Immigration: Contemporary Trends*, edited by P. Hondagneu-Sotelo. Berkeley: University of California Press.

Evelyn Nakano Glenn. 1983. "Split Household, Small Producer and Dual Wage Earner: An Analysis of Chinese-American Family Strategies." *Journal of Marriage and the Family*, 45 (1): 35 - 46.

Fei, X. 1949. *From the Soil, the Foundations of Chinese Society*. Berkeley: University of California Press.

Ferree, Myra Marx. 1990. "Beyond Separate Spheres: Feminism and Family Research." *Journal of Marriage and the Family* 52: 866 - 884.

Firestone, S. 1972. *The Dialectic of sex*. London: Paladin.

Flick, Uwe. 2002. *An Introduction to Qualitative Research*. London: Sage P230.

Foner, Nancy. 1998. "Benefits and Burdens: Immigrant Women and Work in New York City." *Gender Issues* 16: 5 - 24.

Foner. N. 2000. *From Ellis Island to JFK: New York's two great waves of immigration*. New Haven, CT: Yale University Press.

Gerald W. McDonald. 1977. "Family Power: Reflection and Direction."

The Pacific Sociological Review, 20 (4): 607 – 621.

Giddens, A. 1990. *The Consequences of Modernity*. Stanford, CA: Stanford University Press.

Glen H. Elder, Jr. 1994. "Time, Human, Agency, and Social Change Perspective on theLife Course." *Social Psychological Quarterly* 57: 4 – 15.

Glen H. Elder, Jr. 1998. "The Life Course as Development Theory." *Child Development* 69: 1 – 12.

Glenn, Evelyne Nakano. 1986. *Issei, Nisei, War Bride: Three Generations of Japanese American Women in Domestic Service*. Philadelphia: Temple University Press.

Glenn. 1999. "The Social Construction and Institutionalization of Gender and Race: An Integrative Framework." In *Revisioning Gender*, edited by Myra Marx Ferree, Judith Lorber and Beth B. Hess, pp. 3 – 43. Thousand Oaks: Sage Publications.

Grasmuck, Sherri, Patricia Pessar. 1991. *Between Two Islands: Dominican International Migration*. Berkeley: University of California Press.

Hagan, Jacqueline Maria. 1994. *Deciding to be legal: A Maya Community in Houston*. Philadelphia: Temple University Press.

Hammersley, M. 1992. *What's Wrong with ethnography? Methological explorations*. London: Routledge.

Hareven, T. K., ed. 1982b. *Family Time and Industrial Time*. Cambridge Univ. Press.

Hareven, T. K. 1977. "Family time and historical time." *Daedalus* 106: 57 – 70.

Hirsch, Jennifer. 2003. *A Courtship after Marriage: Sexuality and love in Mexican Transnational Families*. Berkeley and Los Angeles: University of California Press.

Hochschild, A. 1989. *The Second Shift*. New York: Viking Penguin.

Hondagneu-Sotelo, Pierrette. 1994. *Gendered Transitions: Mexican Experience of Immigration*. Berkeley and Los Angeles: University of California Press.

Hondagneu-Sotelo, Pierrette and Ernestine Avila. 1997. "I'm Here, But I'm There." "The Meanings of Latina Transnational Motherhood." *Gender and Society* 11: 548 – 571.

Hondagneu-Sotelo, Pierrette. 1992. "Overcoming Patriarchal Constraints: The Reconstruction of Gender Relations Among Mexican Immigrant Women and Men." *Gender & Society*, 6 (3): 393 – 415.

Hondagneu-Sotelo, Pierrette. 2003. "Gender and Immigration: A Retrospective and Introduction." pp. 3 – 19. In *Gender and U. S. Immigration: Contemporary Trends*, edited by P. Hondagneu-Sotelo. Berkeley and Los-Angeles: University of California Press.

Hon-Chu Leung and Kim-Ming Lee. 2005. "Immigration Controls, Life Course Coordination, and Livelihood Strategies: A Study of Families Living across the Mainland-Hong Kong Border." *Journal of Family and Economic Issues*, 26 (4): 487 – 507.

Hood, J. 1986. "The Provider Role: Its Meaning and Measurement." *Journal of Marriage and the Family* 48: 349 – 359.

Hurtado, Aida. 1995. "Variations, Combinations, and Evolutions: Latino Families in The United States." In *Understanding Latino Families: Scholarship, Policy and Practice*, edited by Ruth E. Zambrana, pp. 40 – 61. Thousand Oaks: Sage Publications.

Jiping Zuo and Shengming Tang. 2000. "Breadwinner Status and Gender Idelogies of Men and Women regarding Family Roles." *Sociological Perspectives*, 43 (1): 29 – 43.

Jiping Zuo, Yanjie Bian. 2005. "Beyond Resources and Patriarchy: Marital Construction of Family Decision-Making Power in Post-Mao Urban China." *Journal of Comparative Family Studies*, pp. 601 – 622.

Jiping Zuo, Yanjie Bian. 2001. "Gendered Resources, Division of Housework, and Perceived Fairness-A case in Urban China." *Journal of Marriage and the Family*, 63 (4): 1122 – 1133.

Jiping Zuo. 1997. "The Effect of Men's Breadwinner Status on Their Changing Gender Beliefs ." *Sex Roles*, pp. 799 – 816.

Jiping Zuo. 2004. "Feminization of Agriculture, Relational Exchange, and Perceived Fairness in China: A case in Guangxi Province." *Rural Sociology*, pp. 510 – 530.

Jiping Zuo. 2008. "Marital Construction of Family Power Among Male-Out-

Migrant Couples in a Chinese Village: A Relation-Oriented Exchange Model." *Journal of Family Issues* 29: 663 – 691.

Judith Treas. 1993. "Money in the Bank: Transaction Costs and the Economic Organization of Marriage." *American Sociological Review*, 58 (5): 723 – 734.

Julie Brines. 1994. "Economic Dependency, Gender, and the Division of Labor at Home." *The American Journal of Sociology*, 100 (3): 652 – 688.

Justin Yifu Lin. 1987. "The Household Responsibility System Reform in China: A Peasant's Institutional Choice." *American Journal of Agriculture Economics*, 69 (2): 410 – 415.

Kam Wing Chan, Li Zhang. 1999. "The Hukou System and Rural-Urban Migration in China: Process and Changes." *The China Quarterly* 160: 818 – 855.

Karl Ulrich Mayer and Urs Schoepflin. 1989. "The State of the Life Course." *Annual Review of Sociology* 15: 187 – 209.

Kibria, Nazli. 1994 "Migration and Vietnamese American Women: Remaking Ethnicity." pp. 247 – 261. In *Women of Color in U. S. Society*, edited by M. Zinn and B. Dill. Philadelphia: Temple University Press.

Kirk Jerome and Miller Marc L. 1986. *Reliability and Validity in qualitative research*. Sage Publications.

Kristine M. Zentgraf. 2002. "Immigration and Women's Empowerment: Salvadorans in Los Angels." *Gender and Society*, 16 (5): 625 – 646.

Kronauer · Martin. 1998. "Social Exclusion'and 'Underclass' —New Concepts for the Analysis of Poverty." p. 66. In *Empirical Poverty Research in a Comparative Perspective*, Andreβ, Hans-Jürgen (ed.) Alershot: Ashgate.

Kwang-kuo Hwang. 1987. "Face and Favor: The Chinese Power Game." *American Journal of Sociology*, 92 (4): 944 – 974.

Kwok-bun Chan and Odalia M. H. Wong. 2005. "Introduction Private and Public: Gender and Family in Flux." *Journal of Family and Economic Issues*, 26: 447 – 464.

Kwok-bun Chan and Odalia M. H. Wong. 2005. "Introduction Private and Public: Gender, Generation and Family Life in Flux." *Journal of Family and Economic Issues*, 26 (4).

Lamphere, Louise, Patrica Zavella, and Felipe Gonzales. 1993. *Sunbelt*

Working Mothers: Reconciling Family and Factory. Ithaca, N. Y.: Cornell University Press.

Lamphere, Louise. 1987. *From Working Daughters to Working Mothers: Immigrant Women in a New England Industrial*. Community. Ithaca, NY: Cornell University Press.

Leah Schmalzbauer. 2004. "Searching for Wages and Mothering From Afar: The Case of Honduran Transnational Families." *Journal of Marriage and Family* 66: 1317 – 1331.

Lennon and Rosenfield. 1994. "Relative Fairness and the Division of Househwork: The Importance of Options." *AJS*. Vol. (100) No. 2: 506 – 531.

Levitt, P. 2001. *The transnational Villagers*. Berkeley: University of California Press.

Lewis, Oscar. 1968. *La Vida: A Puerto Rican Family in the Culture of Poverty-San Juan and New York*. New York: Random House.

Lewis, W. A. 1954. "Economic Development with Unlimited Supply of Labor." *Manchester School of Economic and Social Studies*.

Liang, S. 1949. *The Essential Meanings of Chinese Culture*. Hong Kong: Zheng Zhong Press.

Lim, In-Sook. 1997. "Korean Immigrant Women's Challenge to Gender Inequality at Home: The Interplay of Economic Resources, Gender, and Family." *Gender & Society* 11: 31 – 51.

Lin, N. 2000. "Guanxi: A Conceptual Analysis." pp. 153 – 166. In The Chinese Triangle of Mainland China, Taiwan, and Hong kong: Comparative Institutional Analysis, edited by A. So, N. Lin, and D. Poston. Cambridge University Press.

Linda K. George. 1993. "Sociological Perspectives on Life Course." *Annual Review Of Sociology* 19: 353 – 373.

Linda Thompson, Alexis J. Walker. 1995. "The Place of Feminism in Family Studies." *Journal of Marriage and the Family*, 57 (4): 847 – 865.

Maine. 1963. *Ancient Law*. Gloucester: Press Smith.

Manuel Barajas and Elvia Ramirez. 2007. "Beyond Home-Host Dichotomies: A Comparative Examination of Gender Relations in a Transnational Mexican Community". *Sociological Perspectives*. 50 (3): 367 – 392.

Manuel Barajas. 2007. "Beyond Home-Host Dichotomies: A Comparative Examination of Gender Relationships in a Transnational Mexican Community." *Sociological Perspectives* 50: 367 – 392.

Marianne Schmink. 1984. "Household Economic Strategies: Review and Research Agenda." *Latin American Research Review* 19: 87 – 101.

Marixs Alicea. 1997. "The Contradictory Nature of Puerto Rican Women's Role in The Social Construction of a Transnational Community." *Gender & Society*, 11 (5): 597 – 626.

Mark Granovetter. 1995. "Economic Action and Social Structure: The Problem of Embeddedness." *American Journal of Sociology*, 91 (3): 481 – 510.

Mark Granovetter. 1985. "Economic Action and Social Structure: The Problem of Embeddedness." *The American Journal of Sociology*, 91 (3): 481 – 510.

Mary Clare Lennon, Sarah Rosenfield. 1994. "Relative Fairness and the Division of Housework: The Importance of Options." *The American Journal of Sociology*, 100 (2): 506 – 531.

Massey, D. 1999. "Why does Immigration occur? A theoretical Synthesis." In *The Handbook of International Migration*, C. Hirschman, P. Kasinitz & J. Dewind (Eds.), pp. 34 – 52. New York: Russell Sage Foundation.

Michael Burawoy. 1976. "The Functions and Reproductions of Migrant Labor: Comparative Material from Southern Africa and the United States." *The American Journal of Sociology*, 81 (5): 1050 – 1087.

Millett, K. 1971. *Sexual Politics*. New York: Avon/Equinox.

Mirowsky, J. 1985. "Depression and power: An equity Power." *American Journal of Sociology*, 91: 557 – 592.

Mxine Baca Zinn. 2000. "Feminism and Family Studies for a New Century." Annals of the American Academy of Political and Social Science, Vol. 571, *Feminist Views of the Social Sciences*, pp. 42 – 56.

Myra Marx Ferree. 1990. "Beyond Separate Spheres: Feminism and Family Research." *Journal of Marriage and the Family*, 52 (4): 866 – 884.

Orter, S. 1974. "*Is Female to Male as Nature is to Culture?*" in M. Rosaldo and L. (amphere ceds), *Woman, Culture, and Society*. Standford: Standford

University Press, pp. 67 - 87.

Parsons, T. and R. Bales. 1995. *Family, Socialization and Znteraction*. New York: Free Press.

Pessar, P., R. 1982. "The Role of Households in International Migration and the Case of U. S. Bound Migration from the Dominican Republic." *International Migration Review*, 16 (2): 342 - 364.

Pessar, P. R. and Mahler, S. J. 2003. "Transnational Migration: Bringing Gender In." International Migrational Review, 37 (3): 812 - 846.

Phyllis Moen and Elaine Wethington. 1992. "The Concept of Family Adaptive Strategies." *Annual Review of Sociology* 18: 233 - 251.

Pierrette Hondagneu-Sotelo. 1994. Gendered Transitions: Merican Experiences of Immigration. Berkeley: University of California Press.

Pierrette Hondagneu-Sotelo. 1992. "Overcoming Patriarchal Contraints: The Reconstruction of Gender Relations Among Mexican Immigrant Women and Men." *Gender and Society*, 6 (3): 393 - 415.

Portes, A. and J. Walton. 1981. *Labor, Class, and the International System*. New York: Academic Press.

Portes, Alejando and Robert L. Bach. 1985. *Latin Journey: Cuban and Mexican Immigrants in the United States*. Berkeley and Los Angeles: University of California Press.

Portes, Alejando and Ruben G. Rumbaut. 1990. *Immigrant America: A Portrait*. Berkeley and Los Angeles: University of California Press.

Ragin, Charles, C., 1987. *The Comparative Method: Moving Qualitative and Quantitative Strategies*. Berkeley: University of California Press.

Rebecca Matthews and Victor Nee. 2000. "Gender Inequality and Economic Growth in Rural China." Social Science Research 29: 606 - 632.

Richard F. Curtis. 1986. "Household And Family in Theory on Inequality." *American Sociological Review*, 51 (2): 168 - 183.

Rober, K. Robert. 2003. *Case Study Research: Design and Methods*. Third edition London: Sage.

Rodman, H. 1967. "Marital Power in France, Greece, Yugoslavia, and the United States: A Cross-national discussion." *Journal of Marriage and Family*

29: 320 – 324.

Rollins, Judith. 1985. *Between Women: Domestics and their employers.* Philadelphia: Temple University Press.

Roschelle, Anne R. 1997. *No More Kin: Exploring Race, Class and Gender in Family Networks.* Thousand Oaks: Sage Publications.

Rouse, Roger. 1992. "Making Sense of Settlement: Class Transformation, Cultural Struggle, and Tran nationalism among Mexican Migrants in the United States." pp. 25 – 52. In *Towards a Transnational Perspectives on Migration: Race, Class, Ethnicity, and Nationalism Reconsidered*, edited by N. Schiller, L. Basch, and C. Blanc-Szanton. New York: New York Academy of Sciences.

Safilios-Rothschild, Constantina. 1970. "A Study of Family Power Structure: A Review." *Journal of Marriage and the Family* 32: 539 – 552.

Sassen, Saskia. 1998. *The Mobility of Labor and Capital: A study in International Investment and Labor Flow.* Cambridge University Press.

See Sassen, S. 1988. *The Mobility of Labor and Capital: A Study in International Investment and Labor Flow.* Cambridge: Cambridge University Press.

Silvia Pedraza. 1991. "Women and Migration: The Social Consequences of Gender." *Annual Review of Sociology* 17: 303 – 325.

Stark, O. and Lucas, R. E. B. 1988. "Migration, Remittance and the Family." *Economic Development and Cultural Change* 36: 465 – 83.

Strauss, Anselm and Juliet Corbin. 1998. *Basics of Qualitative Research: Techniques and Procedures for Developing Grounded Theory*, Second edition London: Sage, p. 214.

Susan Rose and Sarah Hiller. 2006. "From Migrant Work to Community Transformation: Families Forming Transnational Communities in Perbán and Pennsylvania." *The Oral History Review* 34: 95 – 142.

Tan Shen. 2003. "Rural Workforce Migration: A Summary of Some Studies." *Social Science In China.*

Thibaut, John W. and Harold H. Kelley. 1959. *The Social Psychological of Groups.* New York: Wiley.

Thibaut, J. W., & Kelly, H. H. 1959. *The social psychology of groups.* New York: John Wiley.

Thomas Burns. 1973. "A Structural Theory of Social Exchange." *Acta Sociologists*, 16 (3): 188 – 208.

Tilly, L. A., Scott, J. W. 1978. *Women, Work, and Family*. New York: Holt, Rinehart, Winston.

Treas, J. 1993. "Money in the bank: Transaction costs and the economic organization of marriage." *American Sociological Review* 58: 723 – 734.

Walby, S. 1986. *Patriarchy at work*. Cambridge: Polity.

Walby, S. 1990. *Theorizing Patriarchy*. Oxford: Basil Blackwell.

Weber, M. 1978. *Econom and Society*. Berkeley: University of California Press.

West, Candace, and Don H. Zimmerman. 1987. "Doing Gender." *Gender and Society* 1: 125 – 151.

Wolcott, H. F. 1990. On Seeking-and Rejecting-validity in Qualitative Research. In E. W. Eisner & A. Peshkin (Eds.), Qualitative Inquiry in Education: The Continuing Debate (pp. 121 – 152). New York: Teachers College Press.

Wolcott, H. F. 1990. *Writing up qualitative research (Qualitative Research Methods Series, Vol. 20)*. Newbury Park, CA: Sage.

Wong Wai Ling. 2002. "Gender and The Politics of Cross-Border Family Organization." Unpublished Master of Philosophy thesis, Department of Sociology, the Chinese Universtiy of Hong Kong.

Xiaohe Xu and Shu-Chuan Lai. "Resouces, Gender Ideologies and Marital Power." *Journal of Family Issue*, 23 (2): 209 – 245.

Xiaohe Xu and Shu-Chuan Lai. "Gender Ideologies, Marital Roles, and Marital Quality in Taiwan." *Journal of Family Issue*, 25 (3): 318 – 355.

Xueguang Zhou and Liren Hou. 1999. "Children of the Cultural Revolution: The state and the Life Course in the People's Republic of China." *American Sociological Review* 64: 12 – 36.

Yang, C. K. 1959. *Chinese Communist Society: The Family and the Village*. Cambridge, MA: MIT Press.

Yin, K. Robert. 2003. *Case Study Research: Design and Methods* (3rd edition). london: Sage.

Yin, R. K. 2003. *Applications of case Study Research* (2nd ed.). Thousand Oaks, CA: Sage.

Yuen-fong Wong. 1993. "Circulatory Mobility in Post-Mao China: Temporary Migrants in Kaiping Country Pearl River Delta Region." *International Migration Review*, 27 (3): 578 – 604.

Zai Liang, Yiu Por Chen. 2004. "Migration and Gender in China: An Origin-Destination Linked Approach." *Economic Development and Cultural Change.* pp. 423 – 443.

Zai Liang, Zhongdong Ma. 2004. "China's Floating Population: New Evidence from the 2000 Census." *Population and Development Review*, 3 (3): 467 – 488.

Zai Liang. 2001. "The Age of Migration in China." *Population and Development Review* 27: 499 – 524.

Zentgraf, Kristine. 2002. "Immigration and Women's Empowerment: Salvadorans in Los Angeles." *Gender & Society* 16: 625 – 646.

Zuñiga. V. and Hernández-Leon. 2005. *New Eestinations: Mexican Immigration in The United States.* New York: Russell Sage.

附　录

一　访谈提纲

1. 您的年龄、文化程度？您是哪里人？家庭多少人？
2. 您是怎么想起来要外出打工的？出来打工是为了谁？家里支持吗？
3. 您节日期间如春节、中秋节等有回家探亲吗？您经常与家人联系吗？如何联系？
4. 生日的时候有送妻子礼物吗？打工回家的时候会给妻子带些礼物吗？
5. 出来打工后家里的生产活动如何进行？丈夫在农忙时有回来帮忙吗？
6. 丈夫外出后夫妻关系是否有变化？
7. 丈夫有寄钱回家吗？寄回的钱一般用于什么方面？
8. 外出前夫妻的家庭如何分工，外出后夫妻的家庭如何分工？
9. 您认为夫妻都外出后家庭分工有变化吗？有什么变化？
10. 您认为作为丈夫或者父亲的职责是什么？作为妻子或母亲的职责是什么？
11. 家务分工，家务谁做？丈夫有帮忙做家务吗？
12. 家庭权力分配，谁当家？日常事务谁决策？重大事务（如耐用消费品、贷款、生育小孩）又是谁决策？
13. 总体而言，在做各种决定时谁做最后的决策多些？
14. 家庭资源的管理，夫妻挣的钱是放在一起还是分开？
15. 您如何看待夫妻现在的分工情况？您对夫妻的关系状况满意吗？
16. 您是如何找到现在的工作，依靠市场还是通过熟人？生活中跟谁交往？
17. 您适应城市的生活吗？
18. 流动前与流动后家庭的安排有什么变化？为何采取这种安排？

19. 对家的定义如何理解家？租房子住有家的感觉吗？
20. 您是否有打算在打工所在地安家？如果想安家会遇到什么障碍？
21. 长期没跟家人在一起，有什么感觉？您是如何应对的？
22. 在城里打工的一天是如何度过的？
23. 来城里打工后自身有什么变化？
24. 您不辞辛劳地维持这个家，丈夫理解吗？您在外挣钱维持这个家，妻子理解吗？
25. 外出打工挣钱值得吗？

二　个案基本情况介绍

个案序号	案情介绍
1	胡先生，复印店老板，湖南人，1998年结婚，夫妻现在广州共同经营复印店，一家4口，两女儿分别是10岁和9岁，均留在妻子娘家。
2	杨先生，福建人，46岁，高中文化，妻子文盲，家中5人，三个小孩，杨先生现在广东跑业务，妻子打散工。
3	康先生，福建人，44岁，高中文化，妻子刘女士，文盲，家里4人，大儿子读大一，女儿准备上大学。2005年，康先生外出广东跑业务，其妻子主要做家务，兼在快餐店打工。
4	严先生，40岁，福建人，初中文化，妻子是案主初中同学，一家3口，儿子19岁。严先生现在广东跑业务，其妻子打工。
5	马先生，40岁，福建人，高中文化，妻子刘女士36岁，一家5口，上有父母，下有一个儿子。马先生现在广东跑业务，妻子主要在租来的家中料理家务，同时在工厂打工。
6	张先生，39岁，福建人，初中文化，妻子40岁。家里4个人，一个小孩，母亲。2004年外出广东跑业务，妻子料理家务。
7	江先生，28岁，福建人，初中文化，一家7口，初中文化。没读书后跟叔叔出来，在建筑工地上做钢筋，工程结束后就回家。2005年开始到现在都在厦门打工。2007年结婚，其妻也在厦门进厂打工。
8	江先生，30岁，福建人，初中文化，妻子彭女士，2002年冬结婚。江先生结婚后有两三年时间里，上半年在家里种烟叶，下半年出门打工，妻子留守在家。2007年夫妻共同外出到厦门进厂打工。
9	李先生，54岁，福建人，一家3口，两个女儿已经出嫁。2001年夫妻出来宁德打工，做过房子装修，做过豆腐，当过小工。目前李先生做电焊，妻子在家料理家务。
10	游女士，43岁，福建人，一家4口，丈夫、儿子和女儿。夫妇俩现在宁德，游女士在家带小孩，丈夫生病刚好就去上班了。

续表

个案序号	案情介绍
11	李先生，福建人，29岁，20岁时出来打工，在厂里做按摩系统。李先生现在宁德一家工厂上班，妻子在家带小孩。
12	王先生，福建人，36岁，6口人，父母、老婆、两个女儿。2002年来宁德，在厂里打工，在塑料厂喷漆。夫妻俩都在工厂上班。
13	罗先生，福建人，30岁，1999年在泉州酒店打工，2002年出来福州装空调。现在罗先生装空调，妻子在租来的家里带小孩。
14	罗先生，福建人，24岁，2001年来福州装空调，2006年结婚。罗先生现在装空调，妻子在租来的家里带小孩。
15	罗先生，福建人，36岁，初中文化，妻子严女士，32岁，小学文化。2000年罗先生外出打工，妻子在家务农。2006夫妻俩在县城开饮食店，2007年夫妻俩来到厦门开饮食店。
16	严先生，福建人，40多岁，做过木工，开过车，做过装修。一家7口，妻子、父母和三个小孩。严先生现在厦门开饮食店，妻子在笔者调查时已回县城照顾即将考大学的儿子。
17	江先生，福建人，35岁，妻子江女士，一家4口，母亲、儿子。初中毕业后江先生先是在永定县工商局做工，后去厦门打工，妻子在家务农。2002年开始夫妻都来龙岩做泥水装修，儿子在龙岩上小学。
18	林先生，福建人，38岁，1997年下半年结婚，现在龙岩开油漆店兼做油漆装修，妻子帮着照顾店面和做家务，儿子也在龙岩当地上小学。
19	江先生，福建人，32岁，一家3口，妻子和女儿。江先生1995年到2005年期间在县城开摩托车修理店，2000年结婚，结婚后他继续开摩托车修理店，妻子先是在店前摆摊卖包子，后在超市上班。2006年夫妻俩来到龙岩，妻子继续在超市搞促销，江先生则做水电装修。2007年到现在夫妻俩在龙岩开饮食店。
20	张先生，福建人，33岁，高中文化，一家5口，妻子、女儿及其父母，2003年结婚。1995年高中毕业，在外面闯了七八年，什么都做过，进过厂。结婚后他一个人在龙岩给别人做装修。2007年在龙岩开铝合金店，妻子则在食品厂做包装。
21	李先生，福建人，30岁，2000年结婚，初中文化，两个小孩，女儿7岁，儿子1岁多。李先生与家人现居住在龙岩，他做油漆装修，妻子在租来的住家中带小孩及做家务。
22	苏先生，福建人，35岁，初中文化，妻子江女士，初中文化，一家3口，儿子7岁，2007年前苏先生在厦门打工。2007年开始苏先生在龙岩做木工装修，妻子在租来的家中带小孩。
23	江先生，福建人，35岁，小学文化。已跟弟弟分家，一家4口，两个女儿，大女儿6岁，小女儿1岁多。江先生16岁开始打工，做过泥水，搞过建筑，整栋房子都会做。江先生现在龙岩做油漆装修，妻子赖女士在租来的家中带小孩及做家务。
24	罗先生，福建人，59岁，文盲，妻子付女士，58岁，文盲，一家5口。罗先生农闲时出门打工。

续表

个案序号	案情介绍
25	沈女士，福建人，41岁，一家4口，两个儿子，大儿子21岁，小儿子19岁。丈夫罗先生2003年去厦门打工，沈女士在家务农。2004年沈女士跟丈夫外出厦门在建筑工地打工两个月，清明节回家后就没再务农。2006年沈女士去泉州快餐店给人洗碗，后由于儿子不想读书，她又回到家中务农。
26	罗女士，福建人，34岁，文盲，丈夫杨先生，35岁，一家4口，两个女儿。杨先生秋收后出门打工。
27	罗先生，福建人，51岁，妻子严女士，46岁，一家5口，女儿已大学毕业，儿子读大一。罗先生农闲时外出打工。
28	罗先生，福建人，45岁，文盲，妻子张女士，42岁，文盲。2004年以前夫妻二人都在农村，罗先生农闲时外出打工，张女士在家务农。夫妻俩2004年一同外出龙岩，在建筑工地做工。
29	罗先生，福建人，37岁，文盲，妻子张女士，38岁，文盲，一家4口，两个女儿。2003年罗先生一个人出门打工，妻子张女士待在家里。2004年夫妻共同来泉州进厂打工。2008年受金融危机影响，罗先生被工厂辞退，回家务农。张女士年底拿到工资后也回家了。夫妻俩现在决定暂时不外出打工。
30	罗先生，福建人，高中文化，42岁，妻子严女士，41岁，文盲，一家4口，大儿子读大二，小儿子读大一。2007年罗先生夫妻为了给两个儿子筹集学费，决定到浙江开饮食店。

后　记

本书是我在中山大学（以下简称中大）经过三年苦读而完成的博士学位论文。在本书即将付梓之际，我要感谢我的恩师刘祖云教授。2006年我报考中大，恩师将我收入门下并为我争取公费名额。恩师在指导过程中经常告诉我们，做研究要"顶天立地"，所谓"顶天立地"是指理论要顶天、材料要立地。

三年的博士求学生涯使我沐浴在中大严谨的学术环境、优美的自然环境和良好的人文环境中。蔡禾、王宁、李若建、李伟民、丘海雄、万向东、王兴周、郭中华、王进等教授所开的理论与方法课程使我受益匪浅。博士论文开题会上，王宁、蔡禾、李伟民、刘林平、万向东、黎熙元等教授所提的中肯意见也使我受益良多。

尤其要感谢中山大学港澳珠三角研究中心的黎熙元教授，一度迷茫的我曾在博士论文预答辩之前向黎老师求教，黎老师正面的反馈意见给予了当时对论文底气不足的我很大的信心。博士论文预答辩过程中，蔡禾教授、李伟民教授、黎熙元教授、张和清教授所提的建设性意见使论文的修改得以顺利进行。感谢博士论文的评审专家和答辩专家。

感谢与我同甘共苦的学友，跟你们在一起真的很快乐。白云山下、学术沙龙、图书馆、餐厅都留下了我们美好的回忆。感谢林晓珊博士帮忙画框架图并提供相关文献资料，感谢博士论文写作期间与我相互打气的刘敏博士和胡蓉博士，感谢经常给我指点迷津的吕涛博士，感谢张国英、刘米娜、韩全芳、曹志刚等诸位博士，感谢戴建生博士兄长般的鼓励以及善意的提醒。

博士论文调查过程中提供过帮助的亲戚和朋友很多，尤其要感谢马华斌、李华林、江林茂，即使千言万语也表达不了我的感激之情。没有你们的帮助，实证资料的收集将寸步难行。

我以百分之百的诚挚感谢所有参加本研究的农民工朋友们。鉴于研究伦理，我不能把你们的姓名一一列出，但我真的从内心深处感激你们愿意接受我的访谈，谢谢你们愿意跟我分享你们不一样的经历。

攻读博士期间，很多老同学和老朋友以不同的方式关心和支持我。感谢李华林，你经常问我是否需要经济上的帮助；感谢尹彦、陈民强、石辉金、陈建坤、林荣茂、陈亚森、黄华龙对我的关心，你们让我感受到了友谊的真诚与温暖。

感谢我的父母及家人，你们在我人生道路上所付出的一切，我都难以回报。在我读书的日子里，年近六十的父母亲依然在农田辛勤耕作，不畏严寒与酷暑。为了供我读书，父母一方面拼命挣钱，一方面节衣缩食。经济的压力和心里的牵绊使他们未有须臾的轻松，在他乡求学的我常常自责给父母带来的负担。感谢我的妻子，谢谢你一直以来的理解与鞭策。在我曲折前进的道路上，来自家人的支持使我获得了源源不断的前进动力。

博士论文的部分章节修改后发表在《青年研究》、《中国社会科学报》、《甘肃行政学院学报》、《福州大学学报》（哲学社会科学版）、《江南大学学报》（人文社会科学版）等刊物，感谢各位责编的辛苦付出。

本书的出版得到福州大学"高水平大学建设计划"的资助，列入"福州大学群学论丛"。由衷感谢福州大学人文社会科学院以及社会学系各位领导和同事的支持和帮助，同时也感谢社会科学文献出版社社会学出版中心主任谢蕊芬老师所付出的辛勤劳动。

虽然我在本书的写作中已经倾尽全力，但受限于个人的学识和能力，著作的缺陷在所难免。书中的不足只能寄希望于在日后的学术研究中不断完善。恳请学界同人不吝赐教！

罗小锋

2018年3月于大学城福州大学

图书在版编目（CIP）数据

农民工家庭的性别政治 / 罗小锋著. -- 北京：社会科学文献出版社，2018.9
（福州大学群学论丛）
ISBN 978-7-5201-3032-5

Ⅰ.①农… Ⅱ.①罗… Ⅲ.①民工-家庭社会学-性社会学-研究-中国 Ⅳ.①C913.14

中国版本图书馆 CIP 数据核字（2018）第 146877 号

福州大学群学论丛
农民工家庭的性别政治

著　者 / 罗小锋

出 版 人 / 谢寿光
项目统筹 / 谢蕊芬
责任编辑 / 佟英磊　张小菲

出　　版 / 社会科学文献出版社·社会学出版中心（010）59367159
　　　　　　地址：北京市北三环中路甲29号院华龙大厦　邮编：100029
　　　　　　网址：www.ssap.com.cn

发　　行 / 市场营销中心（010）59367081　59367018
印　　装 / 三河市尚艺印装有限公司

规　　格 / 开本：787mm×1092mm　1/16
　　　　　　印 张：17.75　字 数：302千字
版　　次 / 2018年9月第1版　2018年9月第1次印刷
书　　号 / ISBN 978-7-5201-3032-5
定　　价 / 89.00元

本书如有印装质量问题，请与读者服务中心（010-59367028）联系

▲ 版权所有 翻印必究